汪曾祺因《受戒》而名噪文坛，从此便被看成审美上静穆的一派，细想起来有一种假象。简单地把他视为沈从文、朱光潜一脉的延续，自然不能看到他精神的全貌。其实汪曾祺身上有介于狂士气与匪气之间的幽默与洒脱，六朝文人的影子也现于此间。体现汪曾祺这一侧面的文字多在戏剧剧本中。比如《大劈棺》和《小翠》即是。前者以嬉戏之笔，写人欲与世情，用的是荒诞的笔法，那些对话与情节，令人想起加缪和萨特；后者是飘若仙人的浪漫咏叹，和西洋优秀的歌剧比亦有胜场，乃东方人的智慧。不仅民国的戏剧少见这样的文本，就是在二十世纪八十年代以来的戏剧中，有如此智慧者，也鲜之又鲜。他找到了一种真正的中国的荒诞精神的表达方式。那里有对庄子哲学的反讽，亦可见江湖文化的野性，还有昆曲式的缠绵。最怪诞的与最柔性的存在都在此间呈现，形成了很少见的精神维度。汪曾祺傲世独立的一面，在此间得以彰显。

闲话汪曾祺

孙 郁

江苏人民出版社

图书在版编目（CIP）数据

闲话汪曾祺 / 孙郁著. — 南京：江苏人民出版社，
2022.10
　ISBN 978-7-214-27560-8

Ⅰ.①闲… Ⅱ.①孙… Ⅲ.汪曾祺（1920-
1997）—传记 Ⅳ.①K825.6

中国版本图书馆CIP数据核字（2022）第184018号

书　　　名	闲话汪曾祺
著　　　者	孙　郁
责 任 编 辑	张延安
装 帧 设 计	黄桂敏
出 版 发 行	凤凰出版传媒股份有限公司
	江苏人民出版社
出版社地址	南京市湖南路1号A楼，邮编：210009
经　　　销	凤凰出版传媒股份有限公司
印　　　刷	天津市新科印刷有限公司
开　　　本	718毫米×1000毫米 1/16
印　　　张	22
字　　　数	290千字
版　　　次	2022年10月第1版　2022年10月第1次印刷
标 准 书 号	ISBN 978-7-214-27560-8
定　　　价	78.00元

汪曾祺，摄于一九八七年

朱文公云山谷诗云对客挥毫秦少游尝少游以一笔写去尽意垂字皆不问於好处二句直绝好 蔡正孙诗林广记後集

一九八六年十二月十首初雪黄昏消遣曾祺书
晋卒六十六本学黄坚夫少逵意作娄态书内廿春
韵致而玉楠性不凡逢空春游

再版自序

汪曾祺生前没有料到自己的重要价值,他的学识与文笔之好,同代人也一时难以描之。我觉得他生前是寂寞的,能够与其深聊的人不多。想起来我与他的几次交流,都在浅的语境里,后来感到可惜的是,没有很好理解他的思想,以致当年请教的问题都非本然之所。在他去世多年后,自己写这本书,其实是在补课。

据说当代作家身后,作品再版次数最多的,就有汪曾祺。这个现象说明他的别致,其人其文,乃文坛上的明珠。我觉得他其实是一个学问家,但他的学问不都是书本的知识,还有生活的道理。在其作品里,这些学问都以很东方的方式传达出来,且又有现代主义的背景。我们看他谈及历史掌故与古代文章,其眼光往往还在一般学者之上;对语言学、文学史的理解,都有专业人士少见的意识。但他没有把这些学究化,而是在诗意与风俗画的感性描绘中,不动声色地呈现出来。而且,他常能悟出生活里的理趣,那些我们以为平常的存在,经由其笔,便有了神异之调,仿佛佛光的临照,不明之物突然通透可感,无意义者便有了意义。

我当年写一点关于他的文章,想要寻找背后的那些东西,于是连带出同时代的一些人与事,在比较中思考一点审美的内容。这些,都是远远地旁观,遗漏的也有一些细节,其中不乏潦草的地方。对于其思想的透视不清,非不为也,而弗能也。一个作家如果不能被一下子说清,说明他远远走在我们的前头。

汪曾祺的好，不仅仅是衔接了传统写作的趣味，更重要的是对于自己生活的诗意的总结。我们看他的文字那么美，其实掩盖了许多感伤、忧虑与无奈。但他不是甘于陷在灰暗里的人，而是在自己的园地里自得其乐的自信者。那种自得其乐，不是麻醉自己，泯灭个性于寒冷之中。他的文字绵里藏针的地方甚多，对于伪道学和平庸的思想颇多揶揄，那些静谧的词章里晃动的火苗，温暖我们之余，也驱散了缠绕着思想的种种魔影。在一个特殊时代而创造出逆时代风气的审美哲学，这是他的贡献。我们对此，总结得远远不够。

通常的看法是，在其作品里看到世外桃源般的美丽，好像沈从文世界的另一种延伸。但这也仅仅是一种假象。他对于世态炎凉的体味，绝非常人可以察之。那些对于旧时代的不幸的描摹，有哀凉于斯，而嘲讽的力量不亚于左翼文人。只是那目光的温和遮掩了阴影，我们不易察觉更深的痕迹。他写军阀的残酷，描述百姓的苦楚，以及寻常之人的生命体验，不在一般文人的套路里，反士大夫的一面也是有的。那就是不是做儒家理论的注脚，在个人主义的精神里寻觅人性的亮点。他在俗人俗语里总能发现超然之美，又会于枯燥中点染精神的色泽，从传统文化的余痕里提炼现代人的趣味。于是浑浊里有莲叶晃动，死灭中却烛光闪闪。这其实已经不同于废名与沈从文，走出了别人没有的道路。

汪先生的存在，带来了许多稀少的元素，这在鲁迅那代人属于常识的东西，而当代作家多缺少类似的基因。例如，他的作品常常有对寺庙生活的描述，和尚、尼姑、居士在其小说中总有另外的寓意。他不像苏曼殊那样在词章里熏染佛音，而是看到世俗佛教里的中土文明的本然之色。鲁迅最早在《我的第一个师父》里写到世俗化的佛教中人的状态，诠释了寺庙间的世俗之景。汪先生是接着鲁迅继续走下去的人物。《受戒》《仁慧》写庙宇内外的人生，我们感慨的不都是宗教生活，而是宗教影子里的人性之旅。那些惆怅的苦旅里的微明的光，那么动人地暖着我们的心。汪曾祺于此,看出了人间世最为神奇的美质。

他曾经说自己是一个儒家,其作品也确实有儒家温和、悠远之味。但那不是朱熹的儒家,也非马一浮的儒家,而是经历了五四新文化沐浴的儒家。这中和之音与冲淡之曲,也有对于人性的拷问,带着清灵的爽意,引人到自审的高地去。不再观念先行,而是从经验里提取爱意。他剔去了鲁迅的残酷,远离了茅盾的隐喻,开辟出当代审美的新途。那些被许多新文化人压抑的传统,被一点点召唤出来,于是现代白话与明清白话的书写,已不再是断裂的对立者。我们古老的文明与现代之间的鸿沟,被慢慢抹平了。

批评汪曾祺的人,以为其格局不大,革命话语在他那里被稀释了。我们如果细细分析其文本的内蕴,就会发现他往往比神往重大主题的作家要丰富得多:简单化与概念化在他那里消失了;反讽、静观、冷思都在词语的背后游动,对于存在的描述,也有幽默有趣之处,且显出冷峻后的超脱。《聊斋新义》集中体现了他于流俗里透视人性的智慧,这给他的作品带来复杂的一面。从这个意义上说,他是一个反本质主义的作家,就审美的突围而言,他的存在比先锋作家可能更为重要。

被读者持续认可的作家,才真的活在自己的母语里。汪先生不仅仅打捞了失去的文明之光,也恢复了汉语的尊严。当代作家能够体味母语气味和哲学意味的人不多,先生独得其神,且以百姓之趣为之,在看似平淡之间,已有层叠不已的气象。弹指之间,山河变色;一语之出,百卉悉开。这是鲁迅之后重要的精神存在。时间越久,他的价值便越发清晰地凸显出来。

他的文字接续了千百年的文脉。节奏、章法、意象,都在金石之趣里浸泡过,宋明文人的文章之道,以一种日常的方式儒雅地涌动。他的美不在那些刻意的词采选择上,而是体现在口语与文言的变奏中。粗看起来,平淡如水,而整篇视之,高低起伏,阴阳回旋,寂寞之处突现奇音,细微之中有着深的寓意。百年的小说家,有此种功底者,唯二三子矣,先生于荒漠里独拓出审美的绿地,至今让我们感到文章的爽意。

这其实不仅仅是审美的突围,也有人生哲学的雨露。这样的书写有他对于人生的特别的态度。有意回避无序化的谈吐,不再以灰色涂抹人生之境,那自然不及卡夫卡的深度,也缺了鲁迅的苍凉之气,却开启了寻常之人的爱意之门。那门的背后不都是枯燥与无聊,天地之间,是初露的曙色,燥热里流出夏日的清凉。在细小的世界看人间万象,未尝不能有酣畅之咏。那些醉心于宏大叙述的人,精神的高墙一个个坍塌下来,而他却于幽微里折射出纷繁的气象。对于研究者而言,其审美理念真的改写了文学的地图。

当代文学已经有了近七十年的历史,作家之多已经让我们眼花缭乱。如果不是汪先生的存在,贯通古今的写作便会中断。这使当代文学有了与民国文学对话的资本,而且连接了现代性的版图,变得完整了。民国文学是晚清文化的产物,而当代文学除红色传统外,也含有民国文学的基因,后者的代表就是汪曾祺先生。而且他的存在也告诉人们,当代文化,其实也是在民国文学的基础上延伸出来的。民国之后,新生的与固有的文学意象,都在汪曾祺那里有趣地得以保留。他给我们的教益,今天还没有被很好地品味。

没有想到这本书很快会再版,这是借了汪曾祺热的推力,真的是与有荣焉。这几年的大学论文里,谈及汪曾祺的越来越多,有的已经很有深度,深觉自己多年前的文字乃过时之咏,只是凑些热闹而已。我们这些喜欢汪曾祺的人,愿意为其传播努力再三,实则也是自我的洗礼。如果因了此书,有人能够再去重读汪曾祺先生的文字,那么吾愿足矣。

二〇一八年二月十九日于大连

目录

一　一个儒者………1
二　在昆明………11
三　爱的文学………23
四　诗人教授………35
五　拍曲……45
六　浦江清………53
七　朱德熙………63
八　文道……71
九　李健吾………81
一〇　黄裳……93
一一　午门上……105
一二　大众之音………117
一三　老舍先生………127
一四　安之若命………137
一五　样板戏……149
一六　革命话语………161

一七　乡土气………171

一八　废名………183

一九　人间世………193

二〇　梨园内………201

二一　文人画………211

二二　贾平凹………223

二三　林斤澜………235

二四　各自的路………245

二五　杂学………253

二六　美国之行………265

二七　聊斋新义………277

二八　狂放之舞………287

二九　食与色………297

三〇　墨痕内………309

三一　张爱玲的眼光………319

后记………331

一 一个儒者

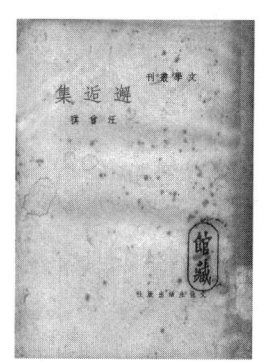

《邂逅集》，一九四九年十月，文化生活出版社

汪曾祺,摄于二十世纪九十年代初期

一 一个儒者

我认识汪曾祺先生是在二十世纪九十年代初。那时候做记者,有一年春节的时候,文艺部搞联欢,把汪先生与陈建功、刘恒等人请来。我与汪先生是邻居,那次上他家送请柬才开始与之交往。其后,偶有信件和电话联系,直到他去世,时间不长,只有五年。

他去世的消息是我在报社连夜发出去的。那次经历给我深深的刺激,因为此前不久我们还见过面,谈了些趣事。他还帮助一个退休的女作者,为其文约来几篇评论文字,发在我编的版上。我很感动于他的悲悯之情,以及他对人的爱怜态度。只能用"真"来形容这个人,老一代的温暖感,在他那里都有一些,可谓古风吧。那时候经常接触一些傲气十足的作家,我得到的只是一些失望感。可是汪先生完全是别样的,在我看来,他是灰蒙蒙天底下一湾清泉,走到哪里,哪里的晦气就消失了。

当时文坛吸引我的人只有张中行、孙犁和汪曾祺三人。孙先生无缘见面,汪先生和张先生给我的印象之深,则是永难忘记的。那时候人们说汪曾祺是个士大夫式的人物,我却在他那里感到了一丝孤独,是从他内心流露的孤独。我们谈天的时候随意而快慰,我感觉自己在这个老人面前很放松。他身上有迷人的东西在流溢着,声音、神态都像林风眠的绘画一样透着东方的静谧;对时弊的不时讥讽,都自然无伪,很有趣的。

他的住所在晚年变动了两次。第一次是搬到蒲黄榆,我那时就住在附近；后来搬到虎坊桥，与邵燕祥先生很近，我也多次去过。他家里普通得不能再普通，没有奢华的装裱，也见不到大量的藏书，可是很有味道。汪先生对来客很热情，从没有拒人千里的感觉。我见到他，像面对自己的父辈一样随意，觉得这是个很值得信任的人。直到我为他逝世十周年举办展览的时候，内心依然保留着对他的那份眷恋和敬意。我觉得他对汉语的贡献，是我们这些后来者难以达到的。

二十世纪八十年代的文坛如果没有汪曾祺的存在，将大为逊色。我在他那里读出了废名、沈从文以来的文学传统。汉语的个体感觉在他那里精妙地呈现着。那时候的青年喜欢创新，可是他们的文体都有些生硬，让人觉得不那么自在。汪先生的作品不是这样，一读就觉出很中国的样子；而且那么成熟，简直是我们躯体的一部分。我也正是通过他的小说，发现了现代以来文化遗失部分的复苏。

汪曾祺的人缘好，像他的文字一样被许多人喜爱。他好像没有等级观念，与人相处很随和。他的身上有种温润的东西，我们从中能呼吸到南国的柔风。沈从文的清秀，废名的古朴，在他那里都有些。重要的是他的文字后有着欧美文学的悲凉的况味，这是一般作家所没有的。较之于他的文学前辈，他似乎更好地处理了文学个人化问题。当人们还在讨论人道主义与异化的问题时，他已无声地回答了诸多的难题。而且，就精神的色彩而言，他总要比别人多一些什么。

关于汪曾祺的生平，已经有多部作品介绍，研究者日见其多。我一直喜欢他的自述。在《自报家门》中，他写道：

> 我是一九二〇年生的。三月五日。按阴历算，那天正好是正月十五，元宵节。这是一个吉祥的日子。中国一直很重视这个节日。到现在还是这样。到了这天，家家吃"元

一 一个儒者

> 宵",南北皆然。沾了这个光,我每年的生日都不会忘记。
> 我的家庭是一个旧式的地主家庭。房屋、家具、习俗,都很旧。整所住宅,只有一处叫做"花厅"的三大间是明亮的,因为朝南的一溜大窗户是安玻璃的。其余的屋子的窗格上都糊的是白纸。一直到我读高中时,晚上有的屋里点的还是豆油灯。这在全城(除了乡下)大概找不出几家。[1]

汪曾祺谈到自己的家谱多少还是有些自豪的。他的爷爷是清末的"拔贡",自然有文墨;而父亲则是地方的文人,琴棋书画都会一些,士大夫的喜好也带在身上。他很有感情地说:

> 我父亲是我所知道的一个最聪明的人。多才多艺。他不但金石书画皆通,而且是一个擅长单杠的体操运动员,一名足球健将。他还练过中国的武术。他有一间画室,为了用色准确,裱糊得"四白落地"。他后半生不常作画,以"懒"出名。他的画室里堆积了很多求画人送来的宣纸,上面都贴了一个红签:"敬求法绘,赐呼××。"我的继母有时提醒:"这几张纸,你该给人家画画了",父亲看看红签,说:"这人已经死了。"每逢春秋佳日,天气晴和,他就打开画室作画。我非常喜欢站在旁边看他画,对着宣纸端详半天。先用笔杆的一头或大拇指指甲在纸上划几道,决定布局,然后画花头、枝干、布叶、勾筋。画成了,再看看,收拾一遍,题字、盖章,用揿钉钉在板壁上,再反

---

[1] 汪曾祺. 蒲桥集. 北京:作家出版社,1991:354.

复看看。他年轻时曾画过工笔的菊花。能辨别、表现很多菊花品种。因为他是阴历九月生的,在中国,习惯把九月叫做菊月,所以对菊花特别有感情。后来就放笔作写意花卉了。他的画,照我看是很有功力的。可惜局处在一个小县城里,未能浪游万里,多睹大家真迹。又未曾学诗,题识多用成句,只成"一方之士",声名传得不远。很可惜!他学过很多乐器,笙箫管笛、琵琶、古琴都会。[1]

应当说,他小时候的环境和古中国没有什么区别,乡村世界的礼俗、古风依旧。他晚年对民俗学的喜好,无疑和早期的记忆有关。在民间土生土长的东西,恰是中国文化不衰的因子。那些遗存一旦和现代的人文理念交融,就会产生不凡的气象。汪曾祺在艺术上的成绩,是受惠于乡土社会的各类遗传的。

汪曾祺的故乡江苏高邮,是个有古风的地方。他在为《高邮风物》写序时,说家乡的文化有两个特点:一是多半和水有关;二是许多景点都有浪漫主义特征。[2]那些神异的传说和建筑、古老的诗文搅动在一起,成了他后来创作的底色。他属于典型的江南才子式的人物,故土的历史遗迹,那么强地刻在躯体里。我们说乡土文学在复苏的过程中借鉴了旧时的记忆,是对的。

香港的舒非有一篇文章《汪曾祺侧写》,其中说:

> (汪老)外表看来比实际年龄小。虽然双鬓凝霜,但他那神采奕奕的眼睛和与眼睛配合得天衣无缝的两道浓

---

[1] 汪曾祺. 蒲桥集. 北京:作家出版社,1991;355—356.

[2] 汪曾祺. 汪曾祺全集:第4卷. 北京:北京师范大学出版社,1998;129.

眉,时时显现出活力和睿智。正如诗人顾城所说:"北京作协开会,整个会场有一双眼睛最聪明,那就是汪曾祺。"据说这次赴美,颇有几位中外女士赞汪老眼睛很亮,这是后来汪老得意地悄悄告诉在香港的好朋友董秀玉。

汪老中等身材,背微微有点儿驼。皮肤是健康的褐色,连手指也是,使人感觉不像长期伏案灯下,倒反而像经常在户外活动似的。

他说有次和友人在北京一家小茶馆对饮,邻桌有一老者默默注视他,末了对旁人说:"别看此人相貌平平,笔下功夫可不同凡响。"汪曾祺觉得奇怪,问何以得见?老头儿答曰:"单凭执盏的三根指头就可看出!"

....

接触之中,我觉得最有趣莫过于见到汪老"笑":他把头歪过一边去,缩起脖子,一只手半掩着嘴,就这样"偷偷地"笑。那模样,直叫人想起京剧《西游记》里的美猴王,当捉弄整治猪八戒得逞之后,闪在一边得意洋洋,乐不可支,愈想愈开心。[1]

见过汪曾祺的人,多少都有类似的感觉,但这是外在的。其实他是个很洒脱的人,有一点名士气和狂者风范,比如喜欢独处,愿意喝酒,又是美食家。酒后口吐狂言,天真得像个孩子。众多友人中,谈到他都故事多多,倒愿意描写酒后的汪氏的可爱。高晓声写过《杯酒告别》,醉意缭绕的影子煞是可爱。陆文夫的《酒仙汪曾祺》里有多个醉酒的场景,写得传神。其中有一段说:

---

[1] 段春娟,张秋红,编. 你好,汪曾祺. 济南:山东画报出版社,2007:108—109.

汪曾祺不仅嗜酒，而且懂菜，他是一个真正的美食家，因为他除了会吃之外还会做，据说很能做几样拿手的菜。我没有吃过，邓友梅几次想吃也没有吃到。约好某日他请邓友梅吃饭，到时又电话通知，说是不行，今天什么原料没有买到。改日。到时又电话通知，还是某种菜或是什么辅料没有买到。邓友梅要求马虎点算了。汪曾祺却说不行，在烹饪学中原料是第一。终于有一天，约好了时间没有变，邓友梅早早地赶到。汪曾祺不在家，说是到菜场买菜去了。可是等到快吃饭时却不见他回来，家里的人也急了，便到菜市场去找。一看，他老人家正在一个小酒店里喝得起劲，说是该买的菜还是没有买到，不如先喝点吧，一喝倒又把请客的事儿忘了。邓友梅空欢喜了一场，还是没有吃到。看来，要想吃酒仙的菜是不容易的。[1]

上面的记录都有点《世说新语》的味道，那些平凡而有趣的故事，倒透露了其性情中可爱的一面。

汪曾祺在理论上没有什么天赋，但在审美的感觉里，提供了诸多文化人类学的谈资。许多人类学家感兴趣的存在，从他的文章里都能够找到。而且，庄子和孔子的传统，在那些有趣的文字里也有，只是诗文里的韵致是现代的，受过西洋文明的沐浴。这个交错的现象，在五四前后存在过，汪曾祺把它们单纯化了。而我相信，故土的那些经验，也是他无法切割与士大夫传统联系的根由。

高邮的水色，给了他柔软、温和的性格。自然，那些浪漫的遗

---

[1] 陆文夫. 陆文夫散文百篇. 上海：上海文艺出版社，2005：108.

产地，也暗示着生命的情趣。凡人苦乐，草木虫鱼，都有存在的理由，那些一闪即逝的灵光，总该留念吧？

汪曾祺总体来说是个儒者，马克思主义懂得不多，要说懂，也是皮毛，不足深论。而儒家的不偏不倚、君子忧道不忧贫、敬鬼神而远之等理念，在他的骨髓深处存着，使其在最革命的年代，依然未能忘情其间，真真是处乱世而不改其颜的中行之人。马克思的思想要进入体内，似乎不及孔老夫子那么容易。这也是他在二十世纪八十年代脱颖而出的原因。复古的热情拯救了小说，他身边的人，很难意识到此点的。

最难忘的是他谈天时的笑。神情颇有趣味，沙哑的声音似铜钟般回响。那是穿透历史的声音，在旧书与新书间形成一股劲风，吹着身边的人们。我喜欢听他谈天，慢条斯理，有时是轻描淡写的流盼，没有什么顾忌。对历史人物的短长并不回避，有的看法直入核心，落地有声。那些趣事在他的倾诉里获得了一种神异的力量，接触过他的人，都从中获取了些什么。

现在，回望那些熟悉的场景，许多片段已散失到历史的空洞里。但瞭望汪先生的时候，也是我对自己生命的一次自省。和他对话的时候，我发现自己缺少许多精神的准备，有的东西是从来就没有的，是先天的贫血。有时候私下想想，也许，我的喜欢他，是自己未曾有过那样的生命体验吧，是他把我们这些俗人从喧嚷里隔离开来，让我们稍微体味到静穆的味道。在相当长的时间里，我是没有过静观的快乐的。也恰恰是他，在粗糙的时代，贡献了精巧的珍品。汉语写作的魅力，无法抵挡地在我们的身体里蠕活了。

二 在昆明

《羊舍的夜晚》,一九六三年一月,中国少年儿童出版社

在西南联大读书时,汪曾祺与李荣(左一)、朱德熙(左三)

二 在昆明

二十世纪三十年代的北大中文系，其教育思想、方式基本是沿袭旧路的。五四落潮后，激进主义运动和政党政治及其文化发生了联系，可是大学里的建制基本未变，新旧杂陈，流派众多，各行其是。后来国难当头，学校南迁，整个教育结构也发生了变化，知识队伍的分化也就在所难免了。

我注意到汪曾祺进入西南联大时的读书环境，与老北大的确不同，情况发生了一点变化。昆明是梦一般的城市，四季如春的天气和民族风情，一开始就吸引了他。大学原来这样：没有高楼，也没有像样子的图书馆；居住的地方也土。这就是西南联大。因为抗战，北大、清华、南开三所学校在昆明组成了联合大学。同学们从四面八方赶来，知道是临时的学校，也没有挑剔的理由，能够读书已经很不错了。

一九三九年，汪曾祺考入西南联大中文系。关于那一段的生活，他晚年写了很多短文，都传神得很，乃至成了人们研究西南联大重要的感性资料。也由于他的神来之笔，昆明时代许多泯灭的故事悠然地走来，仿佛一幅幅写意画，贫瘠时代的一切竟有了趣味流溢。当代大学生要在自己的身边再看到这样的故事，几乎难而又难。

我读汪曾祺回忆西南联大的文章，觉得年轻时代的他不是一个好学生，甚至不是个合格的学生。也多亏那时的战乱与校纪松散，他得以自由地读书。中文系的好老师多多，对大家要求却并不严格，甚至可以说管理松弛，随随便便。这在今天是不可想象的。

中文系的系主任是罗常培，教师有朱自清、刘文典、闻一多、王力、浦江清、沈从文、许维遹、余冠英、陈梦家等，多是清华来的老师，治学极为严谨。学生们可以选修其他院系的课程，像哲学系的金岳霖的课，汪曾祺就很喜欢。外语系的老师中名家很多，钱锺书、吴宓都在。汪曾祺旁听过一些老师的课，没有太大兴趣，就远离而去了。沈从文那时在中文系讲写作，这是汪曾祺最喜欢上的一门课。闻一多的也不错，给他很深的印象。但对他最好的是沈从文。沈从文开设的课程有：各体文习作、创作实习和中国小说史。汪曾祺选他的这三门课，一是老师好；二是自在，没有压力；三呢，可以写点文章。他的梦想就是做一名作家。那时他心目中的楷模，自然是沈从文。

新学生渴望写作，在感性的世界里打转转，对于学问有点敬而远之。中文系的老师学问很大，大得吓人。这类老师汪曾祺有点不敢接近。有的老师又出奇地浅，比如外语系老师吴宓，第一节课讲的是诗"一去二三里，烟村四五家"，他觉得不解渴，就不再去听了。[1] 联大的治学精神，他得到的不多，对朱自清、闻一多、刘文典的那些本领，也有隔膜的地方。这对他未尝不是好事。中国文学系培养不了作家，和感性的写作训练太少有关。他没有被枯燥的知识训练俘虏过，是那代人的幸运。现在的大学，就不易遇到类似的环境了。

从北京大学文科研究所的记事可以看到，南迁昆明的时候，教师的科研依然有古风，和胡适时期的治学理念相似。一九三九年到一九四五年油印的论文很多，譬如：

《唐代俗讲考》（向达）

---

[1] 汪曾祺. 汪曾祺全集：第4卷. 北京：北京师范大学出版社，1998：370.

二 在昆明

《言意之辨》（汤用彤）

《贡山俅语初探》（罗常培）

《唐代行用的一种韵书目次》（魏建功）

《隋书西域传附国之地望与对音》（郑天挺）

《王命传考》（唐兰）

《隋书西域传缘夷之地望与对音》（郑天挺）

《宋故四川安抚制置副使知重庆彭忠烈公事辑》（张政烺）

《文选序"事出于沈思，义归乎翰藻"说》（朱自清）

............[1]

这只是其中的一部分，中文系的学风却由此可见一斑。不过对一些青年学子来说，这些东西过于古奥，不易进入。他们知道这些文章的重要，受到老师身上的旧学的熏陶是自然的。

学科的内容是丰富的，但青年人在此的压力并不大，学风严谨而空气自由，对大家来说都是开心的事。《西南联大中文系》是汪曾祺介绍母校的一篇有趣的文章，能够让我们这些后人嗅到当年的气息，其中有云：

> 西南联大中文系教授对学生的要求是不严格的。除了一些基础课，如文字学（陈梦家先生授）、声韵学（罗常培先生授）要按时听课，其余的，都较随便。比较严一点的是朱自清先生的"宋诗"。他一首一首地讲，要求学生

---

[1] 北京大学，清华大学，南开大学，云南师范大学，编. 国立西南联合大学史料：三，教学、科研卷. 昆明：云南教育出版社，1998：574.

记笔记,背,还要定期考试,小考,大考。有些课,也有考试,考试也就是那么回事。一般都只是学期终了,交一篇读书报告。联大中文系读书报告不重抄书,而重有无独创性的见解。有的可以说是怪论。有一个同学交了一篇关于李贺的报告给闻先生,说别人的诗都是在白地子上画画,李贺的诗是在黑地子上画画,所以颜色特别浓烈,大为闻先生激赏。有一个同学在杨振声先生教的"汉魏六朝诗选"课上,就"车轮生四角"这样的合乎情悖乎理的想象写了一篇很短的报告《方车轮》。就凭这份报告,在期终考试时,杨先生宣布该生可以免考。[1]

　　较之于老北大的氛围,这里多了一种现实感的东西。许多老师在西南开始进行田野调查,采集民族学与语言学的标本。比如罗常培就三次对西南少数民族的语言进行调查,丰富了学术生活。沈从文还邀请诸多作家来校讲演,推荐学生的文章到刊物上发表,和社会互动的地方很多。这个风气对学生不能不产生影响。汪曾祺自己回忆,是颇为受益的。

　　昆明是个好地方。风土、草木、街市、茶舍、书店、衣食、岁时等,都不同于内地。那里地处高原,少数民族多,城里的味道是特别的。对于有诗人气的人来说,都有可感可怀的内容。那是在战时,空气里弥漫着火药味,大学也是匆忙组建的。没有像样的校园,那么天地间就算即食之所,有什么比这还要快乐呢?他常去的图书馆,在他眼里是神秘又可亲的,曾说那是他一生中去过次数最多的图书馆。他在《翠湖心影》里说:

---

[1] 汪曾祺. 汪曾祺全集:第4卷. 北京:北京师范大学出版社,1998:358.

二 在昆明

图书馆不大，形制有一点像一个道观。非常安静整洁。有一个侧院，院里种了好多盆白茶花。这些白茶花有时整天没有一个人来看它，就只是安安静静地欣然地开着。图书馆的管理员是一个妙人。他没有准确的上下班时间。有时我们去得早了，他还没有来，门没有开，我们就在外面等着。他来了，谁也不理，开了门，走进阅览室，把壁上一个不走的挂钟的时针"喀拉拉"一拨，拨到八点，这就上班了，开始借书。这个图书馆的藏书室在楼上。楼板上挖出一个长方形的洞，从洞里用绳子吊下一个长方形的木盘。借书人开好借书单，——管理员把借书单叫做"飞子"，昆明人把一切不大的纸片都叫做"飞子"，买米的发票、包裹单、汽车票，都叫"飞子"，——这位管理员看一看，放在木盘里，一拽旁边的铃铛，"咣啷啷"，木盘就从洞里吊上去了。——上面大概有个滑车。不一会，上面拽一下铃铛，木盘又系了下来，你要的书来了。这种古老而有趣的借书手续我以后再也没有见过。这个小图书馆藏书似不少，而且有些善本。我们想看的书大都能够借到。过了两三个小时，这位干瘦而沉默的有点像陈老莲画出来的古典的图书管理员站起来，把壁上不走的挂钟的时针"喀拉拉"一拨，拨到十二点：下班！我们对他这种以意为之的计时方法完全没有意见。因为我们没有一定要看完的书，到这里来只是享受一点安静。我们的看书，是没有目的的，从《南诏国志》到福尔摩斯，逮什么看什么。[1]

---

[1] 汪曾祺. 蒲桥集. 北京：作家出版社，1991：142—143。

连上课都是随便的。除了朱自清过于严格,其他的老师上课,都很轻松,似乎也喜欢了悠闲的氛围,自在地讲着天南地北的事情。比如金岳霖的课,就很有意思。汪曾祺回忆说:

> 金先生的样子有点怪。他常年戴着一顶呢帽,进教室也不脱下。每一学年开始,给新的一班学生上课,他的第一句话总是:"我的眼睛有毛病,不能摘帽子,并不是对你们不尊重,请原谅。"他的眼睛有什么病,我不知道,只知道怕阳光。因此他的呢帽的前檐压得比较低,脑袋总是微微地仰着。他后来配了一副眼镜,这副眼镜一只的镜片是白的,一只是黑的。这就更怪了。后来在美国讲学期间把眼睛治好了,——好一些了,眼镜也换了,但那微微仰着脑袋的姿态一直还没有改变。他身材相当高大,经常穿一件烟草黄色的麂皮夹克,天冷了就在里面围一条很长的驼色的羊绒围巾。联大的教授穿衣服是各色各样的。闻一多先生有一阵穿一件式样过时的灰色旧夹袍,是一个亲戚送给他的,领子很高,袖口极窄。联大有一次在龙云的长子,蒋介石的干儿子龙绳武家里开校友会,——龙云的长媳是清华校友,闻先生在会上大骂"蒋介石,王八蛋!混蛋!"那天穿的就是这件高领窄袖的旧夹袍。朱自清先生有一阵披着一件云南赶马人穿的蓝色毡子的一口钟。除了体育教员,教授里穿夹克的,好像只有金先生一个人。他的眼神即使是到美国治了后也还是不大好,走起路来有点深一脚浅一脚。他就这样穿着黄夹克,微仰着脑袋,深一脚浅一脚地在联大新校舍的一条土路上走着。

二 在昆明

金先生教逻辑。逻辑是西南联大规定文学院一年级学生的必修课，班上学生很多，上课在大教室，坐得满满的。在中学里没有听说有逻辑这门学问，大一的学生对这课很有兴趣。金先生上课有时要提问，那么多的学生，他不能都叫得上名字来，——联大是没有点名册的，他有时一上课就宣布："今天，穿红毛衣的女同学回答问题。"于是所有穿红毛衣的女同学就都有点紧张，又有点兴奋。那时联大女生在蓝阴丹士林旗袍外面套一件红毛衣成了一种风气。——穿蓝毛衣、黄毛衣的极少。问题回答得流利清楚，也是件出风头的事。金先生很注意地听着，完了，说："Yes！请坐！"[1]

在好几篇文章里，汪曾祺都写到了金岳霖，金先生的渊博与可爱，他古怪的一生，都给汪曾祺留下了难以磨灭的印象。师生平等，乃新文化的传统；加之学院里的老师多有古风，环境是美的，那简直不是智力训练，而是精神的漫游与行走。他所遇所感的生活，成了晚年写不完的题材。

在西南联大读书，有点传奇色彩。因为是战时，一切都有点不太正规：一是大家有时住在百姓家里；二是总要跑警报；三是把许多时间放到泡茶馆上。比如跑警报，紧张而多故事。有的因为害怕而远远逃离校舍，有的在放松地谈着恋爱，还有的毫不在乎，警报响起来的时候安然做事，泰然自若。他回忆说：

跑警报是谈恋爱的机会。联大同学跑警报时，成双作

---

[1] 汪曾祺. 蒲桥集. 北京：作家出版社，1991：75—78.

对的很多。空袭警报一响,男的就在新校舍的路边等着,有时还提着一袋点心吃食,宝珠梨、花生米……他等的女同学来了,"嗨!"于是欣然并肩走出新校舍的后门。跑警报说不上是同生死,共患难,但隐隐约约有那么一点危险感,和看电影、遛翠湖时不同。这一点危险感使两方的关系更加亲近了。女同学乐于有人伺候,男同学也正好殷勤照顾,表现一点骑士风度。正如孙悟空在高老庄所说:"一来医得眼好,二来又照顾了郎中,这是凑四合六的买卖。"从这点来说,跑警报是颇为罗曼蒂克的。有恋爱,就有三角,有失恋。跑警报的"对儿"并非总是固定的,有时一方被另一方"甩"了,两人"吹"了,"对儿"就要重新组合。[1]

此前此后世界上大概没有这样的大学。紧张里的愉快与苦楚,在那时候诗一般地写着青春的奇迹。国难当头,学业要继续,自然要克服种种困难;而在他们这些青年眼里,死神面前也有诗意的存在,忧戚里沉思似乎是少的。战时的生活给汪曾祺带来的是轻松的感受,他从没有去写血淋淋的场景,也许没有注意,也许根本就没有去想。联大的特别生活,也使善于读人的他,学到了书本里没有的东西。

无论从哪个角度看,西南联大都是既有静的一面,也有动的一面。中国文化幽深与现实的价值都在校园里有所展示。你可以选择为学术而学术的道路,许多扇门在等待你敲开;也可以不忘情于社会,成为一个作家和社会活动家。汪曾祺最大的收获,是知道了学问的深,那是无边的海,怎么能一望到边呢?另一方面,他相信了自己写作的潜能,也创作出了新奇的小说,那也其乐融融吧。

---

[1] 汪曾祺. 蒲桥集. 北京:作家出版社,1991:158.

二 在昆明

昆明乃一个神奇之地，许多人在此呼吸到了自由和爱意。汪曾祺晚年一再写昆明的记忆，几乎篇篇好，那是对它的感激之情。我们在那些文字间可以看到他的快意，也可以看到他青春的惆怅，比如《昆明的雨》：

> 我不记得昆明的雨季有多长，从几月到几月，好像是相当长的。但是并不使人厌烦。因为是下下停停、停停下下，不是连绵不断，下起来没完。而且并不使人气闷。我觉得昆明雨季气压不低，人很舒服。
>
> 昆明的雨季是明亮的、丰满的，使人动情的。城春草木深，孟夏草木长。昆明的雨季，是浓绿的。草木的枝叶里的水分都到了饱和状态，显示出过分的、近于夸张的旺盛。
>
> ....
>
> 雨，有时是会引起人一点淡淡的乡愁的。李商隐的《夜雨寄北》是为许多久客的游子而写的。我有一天在积雨少住的早晨和德熙从联大新校舍到莲花池去。看了池里的满池清水，看了着比丘尼装的陈圆圆的石像（传说陈圆圆随吴三桂到云南后出家，暮年投莲花池而死），雨又下起来了。莲花池边有一条小街，有一个小酒店，我们走进去，要了一碟猪头肉，半斤市酒（装在上了绿釉的土瓷杯里），坐了下来。雨下大了。酒店有几只鸡，都把脑袋反插在翅膀下面，一只脚着地，一动也不动地在檐下站着。酒店院子里有一架大木香花。昆明木香花很多。有的小河沿岸都是木香。但是这样大的木香却不多见。一棵木香，爬在架上，把院子遮得严严的。密匝匝的细碎的绿叶，数不清的半开的白花和饱涨的花骨朵，都被雨水淋得湿透了。我们走不

了,就这样一直坐到午后。四十年后,我还忘不了那天的情味,写了一首诗:

莲花池外少行人,
野店苔痕一寸深。
浊酒一杯天过午,
木香花湿雨沉沉。[1]

酒馆、友人、不绝的雨,还有微末的忧愁,是古代诗文里才有的心影。一个人在大学时代有这样的境遇,内心布满古典的记忆也是不足为奇的。西南联大是现代的,也是乡土的。后者的氛围,对青年时期的汪曾祺而言,是诗意的底色。我们有时也能够在其文字里,读到一种昆明微雨的清爽、明快和温润之气,想起来不禁幽思暗涌。

---

1 汪曾祺. 蒲桥集. 北京:作家出版社,1991:147—148,150—151.

三 爱的文学

《芦荡火种》,一九六四年六月,中国戏剧出版社

一九六一年,汪曾祺与沈从文(右)在中山公园

三　爱的文学

沈从文出现在他视野里的时候，年轻的汪曾祺有着异常兴奋的感情。许多年后，他写下多篇关于沈从文的文章，描绘了入学时的心情。中文系有许多知名的教授，唯独沈从文对他最有帮助。这个作家在大学里出现，真有点意外的效果。青年学子喜欢感性的作家教师，因为没有枯燥的学理的障碍。也由于沈从文学识有限，不能把学生引向更深的层面，一些教授并不看好他，甚至颇有微词。不过在开明的西南联大，这都算不了什么，汪曾祺不是不知道这些。

民国的教育不定于一尊，许多方面满足了学生的需要。学者们不太关注创作，青年人却对创作怀有神秘感和好奇心。到联大读书前，汪曾祺就喜欢上了沈从文。他自己坦言，投考联大，和沈从文隐隐约约有点关系，所谓慕名而去者正是。《自报家门》中说：

> 在这座小庵里我除了带了准备考大学的教科书，只带了两本书，一本《沈从文小说选》，一本屠格涅夫的《猎人日记》。说得夸张一点，可以说这两本书定了我的终身。这使我对文学形成比较稳定的兴趣，并且对我的风格产生深远的影响。我父亲也看了沈从文的小说，说："小说也是可以这样写的？"我的小说也有人说是不像小说，其来有自。
> ……

不能说我在投考志愿书上填了西南联大中国文学系是冲着沈从文去的，我当时有点恍恍惚惚，缺乏任何强烈的意志。但是"沈从文"是对我很有吸引力的，我在填表前是想到过的。[1]

那时沈从文正值盛年，处于创作止佳的时期，在文坛上也已经很有名望。在西南联大，他是个特殊的教员，一没有大学文凭，二缺乏学术专著，要不是小说闻名于世，是难于跻身联大教授行列的。沈从文虽自称乡下人，可是审美的偏好和留学欧美的作家很是接近，胡适、梁实秋、徐志摩、巴金都喜欢他。一个自学出身的人在大学里任教，在那时候也为数不多，吸收他到学校来任教，证明了校方的眼光。而这，在后来的中国大学师资队伍里，是很少见的现象。

沈从文的课很单一，不是学问家的那一套，但细心听下去还是很有意思的。汪曾祺后来回顾说，沈的课程没有系统，随意讲些创作经验一类的东西。这些非学院派的东西让他感到新奇，有些正符合他当时的情感状态，一些谈天式的讲授还启发了他创作的灵感。不过，沈从文日常的状态更让他着迷。因为在文坛很有名气，就和各种作家有交往，同学们也跟着沾点儿仙气。比如请一些作家来校讲课，推荐发表作品，对青年学生来说都是难得的记忆。这是一个纯情的人，没有教授腔与文艺腔的人，而且他的驳杂、多趣，又带有淡淡的哀伤的情感方式，打动了汪曾祺。他回忆说：

沈先生教书，但愿学生省点事，不怕自己麻烦。他讲《中国小说史》，有些资料不易找到，他就自己抄，用夺金

---

[1] 汪曾祺. 蒲桥集. 北京：作家出版社，1991：359—360.

三 爱的文学

标毛笔,筷子头大的小行书抄在云南竹纸上。这种竹纸高一尺,长四尺,并不裁断,抄得了,卷成一卷。上课时分发给学生。他上创作课夹了一摞书,上小说史时就夹了好些纸卷。沈先生做事,都是这样,一切自己动手,细心耐烦。他自己说他这种方式是"手工业方式"。他写了那么多作品,后来又写了很多大部头关于文物的著作,都是用这种手工业方式搞出来的。

沈先生对学生的影响,课外比课堂上要大得多。他后来为了躲避日本飞机空袭,全家移住到呈贡桃园新村,每星期上课,进城住两天。文林街二十号联大教职员宿舍有他一间屋子。他一进城,宿舍里几乎从早到晚都有客人。客人多半是同事和同学,客人来,大都是来借书,求字,看沈先生收到的宝贝,谈天。

沈先生有很多书,但他不是"藏书家",他的书,除了自己看,是借给人看的,联大文学院的同学,多数手里都有一两本沈先生的书,扉页上用淡墨签了"上官碧"的名字。谁借了什么书,什么时候借的,沈先生是从来不记得的。直到联大"复员",有些同学的行装里还带着沈先生的书,这些书也就随之而漂流到四面八方了。沈先生书多,而且很杂,除了一般的四部书、中国现代文学、外国文学的译本,社会学、人类学、黑格尔的《小逻辑》、弗洛伊德、亨利·詹姆斯、道教史、陶瓷史、《髹饰录》、《糖霜谱》……兼收并蓄,五花八门。这些书,沈先生大都认真读过。沈先生称自己的学问为"杂知识"。一个作家读书,是应该杂一点的。沈先生读过的书,往往在书后写两行题记。有的是记一个日期,那天天气如何,也有时发一点感慨。

有一本书的后面写道:"某月某日,见一大胖女人从桥上过,心中十分难过。"这两句话我一直记得,可是一直不知道是什么意思。大胖女人为什么使沈先生十分难过呢?[1]

沈从文是念着社会这本大书长大的。他的写作没有受到士大夫那些东西的深扰,一切仿佛天籁。他的心性太温和,没有强烈的精神冲撞。家乡的水的清纯沐浴了他,以至于他的文字也是清纯的。中国唯美派的理论家意识到了这样纯情的文化的意义,可是他们很少遇到类似的文本。当沈从文天外来客般出现在文坛上的时候,理论家们找到了精神的对应体,沈从文便成了纯文学的象征符号。新月派及胡适周围的人都挺喜欢他,那些留过洋的美学家,对他的文本备加赞扬,因其有着儒雅的美丽和平淡的气象,和现代的静穆的审美精神相符;加之文字的清秀洗练,沈从文很快在知识界获得了认可。而在国内读者的圈子里,他也越来越受欢迎,那种别具一格的目光和从容的笔触,对于青年读者来说,实在是不可多得的存在。

一般读者在沈从文的作品里读到的是美丽得没有杂色的东西,他竭力要表现的也是这个神异的存在。这其实是一种假象。如果深入探寻他的文章,也能嗅出敏感的气息,那里的苦楚与忧伤。幼年的记忆里更不乏死灭、残忍的片影。十几岁在军队里生活,从事的是司书的工作,得到的也非诗意的感受。后来他在青岛写下的回忆录,就说自己看到了许多血与泪,荒谬的场景历历在目。《从文自传》里写道:

我在那地方约一年零四个月,大致眼看杀过七百人。

---

[1] 汪曾祺. 蒲桥集. 北京:作家出版社,1991:48—49.

三 爱的文学

> 一些人在什么情形下被拷打，在什么状态下被把头砍下，我皆懂透了。又看到许多所谓人类做出的蠢事，简直无从说起。这一分经验在我心上有了一个分量，使我活下来永远不能同城市中人爱憎感觉一致了。从那里以及其他一些地方，我看了些平常人不看过的蠢事，听了些平常人不听过的喊声，且嗅了些平常人不嗅过的气味；使我对于城市中人在狭窄庸懦的生活里产生的作人善恶观念，不能引起多少兴味，一到城市中来生活，弄得忧郁强悍不像一个"人"的情感了。[1]

他的湘西的经验使他一直与都市有着距离。如果没有这个经验，他也许就同化到平庸的世界里了。看了那么多杀戮的场面，便知道了人间的冷暖。在大自然面前，在美妙的江水边上，他察觉到生命的深意。于是他变得有点忧郁，在没有污染的世界里学会了精神的逃逸。他说：

> 我喜欢辰州那个河滩，不管水落水涨，每天总有个时节在那河滩上散步。那地方上水船和下水船虽那么多，由一个内行眼中看来，就不会有两只相同的船。我尤其欢喜那些从辰溪一带载运货物下来的高腹昂头的"广舶子"，一来总斜斜的孤独的搁在河滩黄泥里，小水手从那上面搬取南瓜，茄子，成束的生麻，黑色放光的圆瓮。那船在暗褐色的尾梢上，常常晾得有朱红裤褂，背景是黄色或浅碧色一派清波，一切皆那么和谐，那么愁人。

---

[1] 沈从文. 沈从文全集：第13卷. 太原：北岳文艺出版社，2002：306.

美丽总是愁人的。我或者很快乐,却用的是发愁字样。但事实上每每见到这种光景,我总默默的注视许久。我要人同我说一句话,我要一个最熟的人,来同我讨论这些光景。[1]

在沈从义的身上,这种美丽的愁人的氛围,一直挥之不去,他的小说与散文,都是这样。到了都市后,回忆那些生活,有种复杂的感受,他不忍去再现那些丑陋的场景,要留住的是纯情的瞬间。即使像《边城》这样纯情的作品,也有淡淡的感伤。

沈从文的小说弥漫着水气和草木的清香,协调、自然、有趣,对家乡的风貌的描摹,很有韵味。他的好处是没有中士大夫语言的毒,既不是道德主义者,也非西洋文学理念的俘虏。其作品是对人性的本然的描述,剔去了种种伦理的话题,从自然状态里找诗意的存在。

《边城》是没有杂色的乡俗图,《萧萧》乃山野的笛声,《丈夫》是民间的野调,都美丽得很。他写青年男女的爱欲,看不到五四知识青年的感伤的、自恋的因素,倒像天地间的水气,自然蒸腾着,生命在和谐间自如地运行着。这是一种现实的再现呢,还是一种神往的图景?在左派作家那里,没有这些,在"右派"文人那里也殊少此风,我们在此读出的是陶渊明般隐逸的清寂和齐白石式的空蒙。在观念俘虏着艺术的时候,这个远离各种观念的纯然的作家,把生命感从世间的囚牢里解放到原始的山林间了。

汪曾祺看到老师当年的作品,第一个印象就是亲切,唤起了自己早年的记忆,和一种类似的倾诉的欲望。也许是什么暗暗撩拨了他脆弱的心,使他从中有所发现也未可知。沈从文的文字,是青年

---

[1] 沈从文. 沈从文全集:第13卷. 太原:北岳文艺出版社,2002:319.

汪曾祺内心神异的火，在那样的年月温暖着他的心。和那些正襟危坐的大学教授比，他和自己的生命更为接近，他自己的内心何尝没有"美丽是愁人的"式的感叹？

沈从文在几个方面影响了汪曾祺，欣赏苦难边上的美丽的谣俗是一个因素。沈从文在乱世中觅到一块精神的绿洲，似乎是为了逃逸苦楚，但在故土上寻到的未被污染的世界，其实是对现实的观照，那未尝不是一种挣脱和抗争。中国不乏怨怼的文字，美丽纯情的存在对人的心灵是多么重要。沈从文写乡间的礼俗、情调十分耐心，他把自然与人心里最好的部分呈现给人们，并非隐逸的陶醉，更有深切的提醒。汪曾祺后来在作品里延续了这些，两人可以说在路径上是一致的。对比《边城》与《受戒》，两者好像流着相似的思想与趣味，在审美上是有师承关系的。

另一个因素是远离社会核心地带，与政治保持距离。沈从文那些乡间故事，没有政党文化的痕迹，却含着人生的本源。在大讲阶级斗争的年代，远离阶级的概念，正显示了他的特点。桃花源与乌托邦的故事，是苦难王国之外的存在，弱小与无力感自然是有的，可是在那个时代，连这些也没有了恐怕更是悲哀的。不错，世间存在着阶级和阶级斗争，有时甚至残酷得很。但他厌恶流血，一切死亡都是忧伤的，所有的杀戮都与人性相悖。汪曾祺后来一直生活在残酷的阶级斗争时代，他懂得，直面人间固然不错，在灰暗里点缀着美丽与隐逸的情思，让人知道再昏暗的年代还有人沉浸于纯粹、审美的静观，也是好的吧？

还有一个因素很重要，那是对内心感受的忠诚。他们都不去涉猎自己不明白或无法知晓的现实，对记忆的记录是自然的，绝不是生硬地解释世界。因为自己不是走在时代前面的人，也没有伟大的思想要流布世间，所以甘于渺小，只去写自己知道、喜欢的东西。

本乎心性，源于灵魂，按美的体验来表达自我，如此而已。后来中国的文艺是要求齐一的，不准有多样的存在，小情调更是有问题的。可是在小的世界里亦有大的境界，那里奔放着爱意的激情。在激烈与悲慨的文字四溢的时候，我们偶与这些神异安静的作品相逢，好像得到了精神的歇息。在四面杀声的时候，看到了明亮的宁静；在沙漠遍布的时候，见到了一点点绿色，难道不是一种惬意？中国固然需要宏大的叙事，需要超人的伟岸之神，也缺少温润的爱意。在残酷的岁月里保持一点安宁的美，也非一般人可以达到的境界。沈从文做到了这一点，汪曾祺后来也做到了这一点，我们由此看到了一个文学的传统。

　　这三点，是他们恪守的信条。在现代文学史里，也是稀有的存在。汪曾祺从中体验的要比一般人更多、更深刻。

　　他们之间的关系，牵涉中国文学的许多敏感点。在《沈从文的寂寞》里，汪氏讲到自己的老师与鲁迅的价值，是把他们放到一起来讨论的。许多对鲁迅高度评价的话语，他都安到了沈从文那里。比如说鲁迅的小说是悲凉的，而沈从文则是寂寞的；前者是斗士，后者也非"悲观主义者"。他极为推崇老师的语言，以为沈从文有超常的功力，那些文字的力量与鲁迅一样都不可小视。[1] 将鲁迅与沈从文放在一起讨论，其实有点勉强，汪曾祺不过强调其重要性而已。后来，他讲自己的老师的特点，说"他是真正淡泊的作家"，才是知人之论。若说沈从文对他有什么影响，这算是比较重要的一点吧。

　　不能不提的是，汪曾祺晚年写了许多为沈从文辩护的文章，尽力为自己的老师争取文学史上的价值。《与友人谈沈从文》，一再强调诗意的重要，文学如果没有温情，总有些问题。他写道：

---

[1] 汪曾祺. 汪曾祺全集：第3卷. 北京：北京师范大学出版社，1998：256.

三 爱的文学

多数现代作家对这个问题是绝望的。他们的调子是低沉的,哀悼的,尖刻的,愤世疾俗的,冷嘲的。沈从文不是这样的人。他不是一个悲观主义者。一九四五年,在他离开昆明之际,他还郑重地跟我说:"千万不要冷嘲。"这是对我的作人和作文的一个非常有分量的警告。[1]

憎恨的文学自有其存在的价值,但带来的灰色和无情的怨怼,不能说不是一种社会疾病。人被压迫了,自然要反抗,可是若只有反抗而殊乏温情,或者说没有爱意的反抗,也应该说是一种缺失。汪曾祺从自己的老师身上学到的,大概是爱意的挥洒、友善的倾诉。这是京派文学的精神。在革命进入极端化的时代,沈从文、汪曾祺的文字所闪烁的那种暖意,日渐稀少,变得越来越珍贵。二十世纪八十年代他们一起被人推崇,和多年的仇恨文学的气尽不能说没有关系。

汪曾祺如此敬重沈从文的遗产,意味着要从极端的革命语境中剥离出生命的躯体,或者说远离革命的叙述方式也是可能的。他年轻的时候,还不能从理论上说清原委,从一种感觉中他意识到:鲁迅固然重要,沈从文也很重要。到了晚年,他已可以从理论上从容地解释这个问题了。那是后话。

---

[1] 汪曾祺. 汪曾祺全集:第6卷. 北京:北京师范大学出版社,1998:348.

四 诗人教授

《汪曾祺短篇小说选》,一九八二年八月,北京出版社

二十世纪四十年代的汪曾祺

四　诗人教授

西南联大有一些老师是诗人，穆旦、卞之琳都很有名气。在中文系授课的老师，可以算作诗人的也有几位。朱自清、闻一多在当时则是老资格的诗人了。大学生活比汪曾祺想的要有趣得多。虽然是联大，条件亦差，可感念的东西却使之念念不忘。年轻时候遇到一个好老师，也许会影响人的一辈子。有的可能作为精神的前导，有的则在趣味与学识上暗示着自己。西南联大的几年，汪氏感到可记忆的东西颇丰，沈从文大概属于前者，闻一多或许属于后者吧。像闻一多这样的人，在学识上影响了他什么很难说，但作为一个有趣的人，是可以言之再三的。汪曾祺《闻一多先生上课》一文写道：

> 闻先生性格强烈坚毅。日寇南侵，清华、北大、南开合成临时大学，在长沙少驻，后改为西南联合大学，将往云南。一部分师生组成步行团，闻先生参加步行，万里长征，他把胡子留了起来，声言：抗战不胜，誓不剃须。他的胡子只有下巴上有，是所谓"山羊胡子"，而上髭浓黑，近似一字。他的嘴唇稍薄微扁，目光灼灼。有一张闻先生的木刻像，回头侧身，口衔烟斗，用炽热而又严冷的目光审视着现实，很能表达闻先生的内心世界。[1]

---

[1] 汪曾祺. 汪曾祺全集：第6卷. 北京：北京师范大学出版社，1998：299.

在西南联大的教师里，闻先生的色调很特别。他本来是学习美术的，后来以诗名世，又对楚辞与中国神话多有研究。最初，闻一多的唯美主义倾向很重，当年与梁实秋讨论艺术问题，两人都认可超功利的文学与绘画，对新出的作品是警惕的时候多。他的美学理念是古典的，那些肃穆、劲健的古诗文，他才有深的趣味。从他写过的一篇文章能够看出他的偏好，那文章的题目是《电影是艺术么》，大意是，电影由声光电等技术组成，不能算是艺术。他和哈佛大学的白璧德教授几乎一孔出气了。

唯美的文人在某种程度上也是保守的人。这在一定程度上使闻一多与现实拉开了距离。不过闻先生不是抱着旧理念过活的人，早期虽和新月派关系很深，可在国难当头之际，他比一般象牙塔里的人有气度，思想是灵动而激越的。他的才高，有识见，对艺术的理解极为鲜活。你总能在他那里感到丝丝锐气，在被久久困扰的时候冲将出来，跌宕往复。听过闻一多讲课的人，对其古朴而冲荡的气韵印象极深。

这样一位先生的样子，其实有诸多难点。闻一多是诗人特征很强的人。他的诗好，画亦好，对人的心灵有敏感的悟性。他的书，是没有被污染的存在，萦绕着诗与神异之色，还有历史的旧影。他被历史长长的影子罩着，却又时时有着冲出旧影的激情。那些晦明不已的存在，在课堂上都有所体现，滋润着青年。汪曾祺很喜欢闻先生，大概是为那种洒脱的风格所吸引吧。

西南联大名师多多，但有些人汪曾祺就不敢接近，原因是他们过于刻板或严厉。比如对朱自清，他就有些疏远，朱氏的严格令青年人有点畏惧。闻先生则很随意，也多趣，上课时激情四射，板书里有画，有诗，对学生而言是一种享受。汪曾祺回忆道：

四　诗人教授

我在读西南联大时，闻先生先后开过三门课：楚辞、唐诗、古代神话。

楚辞班人不多。闻先生点燃烟斗，我们能抽烟的也点着了烟（闻先生的课可以抽烟的），闻先生打开笔记，开讲："痛饮酒，熟读《离骚》，乃可以为名士。"闻先生的笔记本很大，长一尺有半，宽近一尺，是写在特制的毛边纸稿纸上的。字是正楷，字体略长，一笔不苟。他写字有一特点，是爱用秃笔。别人用过的废笔，他都收集起来，秃笔写篆楷蝇头小字，真是一个功夫。我跟闻先生读一年楚辞，真读懂的只有两句"嫋嫋兮秋风，洞庭波兮木叶下"。也许还可加上几句："成礼兮会鼓，传葩兮代舞，春兰兮秋菊，长毋绝兮终古。"

闻先生教古代神话，非常"叫座"。不单是中文系的、文学院的学生来听讲，连理学院、工学院的同学也来听。工学院在拓东路，文学院在大西门，听一堂课得穿过整整一座昆明城。闻先生讲课"图文并茂"。他用整张的毛边纸墨画出伏羲、女娲的各种画像，用按钉钉在黑板上，口讲指画，有声有色，条理严密，文采斐然，高低扬抑，引人入胜。闻先生是一个好演员。伏羲女娲，本来是相当枯燥的课题，但听闻先生讲课让人感到一种美，思想的美，逻辑的美，才华的美。听这样的课，穿一座城，也值得。

能够像闻先生那样讲唐诗的，并世无第二人。他也讲初唐四杰、大历十才子、《河岳英灵集》，但是讲得最多，也讲得最好的，是晚唐。他把晚唐诗和后期印象派的画联系起来。讲李贺，同时讲到印象派的 pointlism（点画派），说点画看起来只是不同颜色的点，这些点似乎不相连属，但凝视之，则可感觉到点与点之间的内在联系。这样讲唐诗，必须本人既是诗人，也是画家，有谁能办到？闻先生讲唐诗的妙语，应该记录下来。我是个大大咧咧的人，上课从不记笔记。听说比我高一班的同学郑临川记录了，而且整理成一本《闻一多论唐诗》，出版了，这是大好事。

我颇具歪才，善能胡诌，闻先生很欣赏我。我曾替一个比我低一班的同学代笔写了一篇关于李贺的读书报告，——西南联大一般课程都不考试，只于学期终了时交一篇读书报告即可给学分。闻先生看了这篇读书报告后，对那位同学说："你的报告写得很好，比汪曾祺写的还好！"其实我写李贺，只写了一点：别人的诗都是画在白底子上的画，李贺的诗是画在黑底子上的画，故颜色特别浓烈。这也是西南联大许多教授对学生鉴别的标准：不怕新，不怕怪，而不尚平庸，不喜欢人云亦云，只抄书，无创见。[1]

自由环境里的互动，我们今人已难以感受，那是联大历史上不灭的一页。闻一多式的教学方式，在今天未必能被校方认可，所谓野狐禅者正是。在青年学生看来，却恰恰是他有趣的地方。一是有感情，能从枯燥里得到赏心悦目的刺激，把沉睡的思想激活了；二是益智，由趣味这条路，把人引入新奇的世界，精神是飞扬的。

青年初入学校，接受大学教育，固然有程式化的一面，但最终还是精神的自然游走，知道思想的亮点在哪里，美丽的闪光何在，能进入那个有趣的创造过程。

应当说，闻一多的授课，不属于什么教育流派，他在学生面前

---

[1] 汪曾祺. 汪曾祺全集：第6卷. 北京：北京师范大学出版社，1998：299—300.

四　诗人教授

呈现的是诗人与思想者的本然。因为心是热的，又能理解历史的明暗与黑白，引起共鸣是必然的。久处书斋，未必就不谙现实，情怀总是在的。学问家如果是个诗人，就有飞起来的冲动，创造性也含在其间。对此，中文系的同学多有感触。联大的风气，在古朴中还有灵动的情思的漫游，拥有美的光环。

今人谈那段历史，也能体察出那时候办学的仓促、师资的短缺及知识结构的不平衡。坦率地说，闻一多授课的方式，可能受古人影响甚深，陈述的理论似乎有些问题。那时候的中国诗人教授们，精神大抵还没达到鲁迅的境界，对域外小说与诗学的理解都还是单面的，不能从各个学科来对比为之。连后来在别的大学授课的冯至，阐释诗学的文字都有点平淡，甚至不及他崇拜的里尔克、雅斯贝尔斯丰富，不知道是审美的问题呢，还是价值观的问题。我们看海德格尔阐释诗歌时的冲动，哲学与诗意都得以攀升，是有大眼光的。西南联大为中国文学教育最好的时期，空白点却是明显的。像朱自清这样懂诗、为诗的人，学术著述则有些平淡，都属于这样的问题。青年人那时候未必会认识到这一点，有几个诗人气质很强的人做老师，大家很是兴奋。汪曾祺后来对联大独说佳处，鲜提遗憾，大约是过度爱怜自己的母校的缘故。

教育学理论讲到师生互动的时候，使用了许多概念和事例，意在讲知识与精神承传的最佳途径。就中文系而言，讲文学史与作家作品，没有文学的体验，或说缺乏审美的经验的演绎，则会使文学的意味遗失掉，是很可惜的。诗人教授们大概可以避免这些，如果他们真有学问的话。文学史要有知识，还要有诗意的体验，至于后者，闻一多这样的人容易完成。当知识无法抵挡诗意的来袭时，师生的互动一定是美的。许多回忆闻一多的文章，给人的印象差不多都集中于此。

闻一多在西南联大是个受人尊敬的人，宗璞在《东藏记》里就以他为原型，写了那些丰富的年月。不管是儒者流，还是现代派的追随者，都不排斥闻一多。近读何兆武《上学记》，其中有关于闻一多的片段，与汪曾祺的描述庶几近之。何先生不仅写了唯美主义的闻一多，也写了反传统的闻一多：

> 闻先生晚年讲诗（其实那时候他还不到五十岁），有一首初唐诗人张若虚的《春江花月夜》他特别欣赏，在他的《宫体诗的自赎》一文中，曾把这首诗评价为"诗中的诗，顶峰上的顶峰"。当然这首诗写得的确很美，我也非常欣赏，不过除了浓厚的唯美倾向，却带有几分人生幻灭、虚无颓唐的味道，好像和他民主斗士的形象不大合拍。所以我以为，闻先生的思想主潮早年和晚年是一以贯之的，本质上还是个诗人，对美有特别的感受，而且从始至终都是一包热情，一生未曾改变过。现在不是有很多人在讨论：如果鲁迅活着会怎么样？其实同样可以问：如果闻一多活着会怎么样？仅凭一包热情，恐怕也不会畅行无阻的吧，我这么想。
>
> 闻先生那一辈人的旧学根底非常之好，可他同时又是极端反传统的。社会转型时期，有的人唯恐中国的旧文化不存在了，拼命维护；还有一种人，认为传统的东西束缚中国人太久了，中国要进入新的时代，就要彻底抛弃，全面创造新文化，闻先生、鲁迅、胡适都属于这种人。鲁迅激烈反对中国的旧文化，甚至提出不看中国书，《狂人日记》里宣称：什么"仁义道德"，满书都写着血淋淋的"吃人"两个字。闻先生在这一点上跟鲁迅非常相像。在搞民主运

动的时候，他在课堂上对我们说："你们是从外面打进来，我从里边杀出去，我们里外合应，把传统的腐朽文化推翻！"意思是说：青年学子没有受过中国传统文化的毒害，所以你们须从外部推翻它；我是受过这个教育的，所以我现在要反对它，从里边杀出来与你们合作。我想这代表他当时真实的思想情况，虽然他研究的是中国传统文化，但他并不认同。[1]

何兆武的回忆比汪先生的文字有思想的力度，不愧是学过哲学的，思考问题就深切得多，与张中行颇为相似；只是没有汪曾祺的文字传神，少了点趣味。汪曾祺看人还是诗的因素多，不太从精神的层面讨论问题，这就和明清文人的文字相似，士大夫的因素也是有的吧。汪先生对闻一多反传统的一面不是不知道，却不愿意深谈，大概对此有所保留也未可知。不管闻一多那代人看人看事如何怪，可是还存有真的诗意，那就大不容易。至于对旧的遗产的看法不同，在汪氏眼里，则并非怪事。西南联大本来就是思想多元的地方，在那个并不齐一的时代，总还是趣多苦少的。

---

[1] 何兆武. 上学记. 北京：生活·读书·新知三联书店，2013：141—142.

五 拍曲

《晚饭花集》，一九八五年三月，人民文学出版社

二十世纪四十年代末,汪曾祺和夫人施松卿

五 拍曲

汪曾祺在西南联大的数年,业余生活中值得一提的是与昆曲的结缘。我们看他的回忆文字,当可想见那时候的乐趣。

先前听到"拍曲"这个词,不知道是什么意思。我出生在东北,乃荒野之地,不谙京剧,遑论昆曲?后来读前人的书,才知道一点旧学里的趣味,恍然悟出:士大夫们喜欢戏曲,有一种文化上的血缘。诗文和戏剧在读书人那里,是快慰的两种表达。翻阅汪曾祺读书时期的资料,发现在西南联大还有些人在拍曲,沉浸在古典的审美快慰里,那是知识群落的乐趣。

昆曲太古雅,到了民国已经衰微了。汪曾祺的家乡离昆曲的发源地昆山不远,在乡间受到旧音的熏陶是自然的。大凡喜欢昆曲者,对传统文化典丽的一面都有依恋。在士大夫眼里,昆曲从容博雅,文人唱才有意思,由演员来演绎就有点向俗的方向滑动。明清以来,文人拍曲,大概有点传统,这余绪现在不易看到了。联大这个地方还残存着古风,实在是有趣的,汪曾祺自觉地加入其间,其乐融融。他后来的文字在很多地方能让人想起古曲的悠扬,真的是绕梁三日,不绝如缕。在那个世界里,纯净得没有杂质,在曲调与词汇里流的是清丽的旋律。汪氏《晚翠园曲会》写道:

> 每次做"同期"(唱昆爱好者约期集会唱曲,叫做同期)必到的是崔芝兰先生。她是联大为数不多的女教授之

一，多年来研究蝌蚪的尾巴，运动中因此被斗，资料标本均被毁尽。崔先生几乎每次都唱《西楼记》。女教授，举止自然很端重，但是唱起曲子来却很"嗲"。

崔先生的丈夫张先生也是教授，每次都陪崔先生一起来。张先生不唱，只是端坐着听，听得很入神。

除了联大、云大师生，还有一些外来的客人来参加同期。

有一个女士大概是某个学院的教授或某个高级职员的夫人。她身材匀称，小小巧巧，穿浅色旗袍，眼睛很大，眉毛的弧线异常清楚，神气有点天真，不作态，整个脸明明朗朗。我给她起了个外号："简单明了"，朱德熙说："很准确"。她一定还要操持家务，照料孩子，但只要接到同期通知，就一定放下这些，欣然而来。

有一位先生，大概是襄理一级的职员，我们叫他"聋山门"。他是唱大花面的，而且总是唱《山门》，他是个聋子，——并不是板聋，只是耳音不准，总是跑调。真也亏给他撅笛的张宗和先生，能随着他高低上下来回跑。聋子不知道他跑调，还是气势磅礴地高唱：

"树木叉桠，峰峦如画，堪潇洒，喂呀，闷煞洒家，烦恼天来大！"

给大家吹笛子的是张宗和，几乎所有人唱的时候笛子都由他包了。他笛风圆满，唱起来很舒服。夫人孙凤竹也善唱曲，常唱的是"折柳·阳关"，唱得很宛转。"叫他关河到处休离剑，驿路逢人数寄书"，闻之使人欲涕。她身弱多病，不常唱。张宗和温文尔雅，孙凤竹风致楚楚，有时在晚翠园（他们就住在晚翠园一角）并肩散步，让人想起"拣名门一例一例里神仙眷"（《惊梦》）。[1]

这段生活对汪曾祺后来的戏剧创作很有影响。他对拍曲队伍里的人也产生了诸多兴趣，有的成了他后来朋友圈子里的人物。京派作家喜欢昆曲的很多，俞平伯、浦江清都拍过曲子。在北平的教授圈子里，颇有名声。拍曲子的人对民间文化多少有些感情，但毕竟还是缺少泥土的精神，境界仍停留在士大夫的层面。现在北京的读书人中已难以见到这样的精神群落，想起来那些吟唱真的去而难返了。在喜欢昆曲的群落里，沈从文的夫人张兆和及其姊妹是重要的角色，汪曾祺对此颇感亲切。他回忆说：

> 有一个人，没有跟我们一起拍过曲子，也没有参加过同期，但是她的唱法却在曲社中产生很大的影响，张充和。她那时好像不在昆明。
> 张家姊妹都会唱曲。大姐因为爱唱曲，嫁给了昆曲传习所的顾传玠。张家是合肥望族，大小姐却和一个昆曲演员结了婚，门不当，户不对，张家在儿女婚姻问题上可真算是自由解放，突破了常规。二姐是个无事忙，她不大唱，只是对张罗办曲会之类的事非常热心。三姐兆和即我的师母，沈从文先生的夫人。她不太爱唱，但我却听过她唱《扫花》，是由我给她吹的笛子。四妹充和小时没有进过学校，

---

[1] 汪曾祺. 汪曾祺全集：第6卷. 北京：北京师范大学出版社，1998：210—211.

只是在家里延师教诗词，拍曲子。她考北大，数学是零分，国文是一百分，北大还是录取了她。[1]

沈从文先生后来的精神的雅化，与结缘张家是否有关不太好说，但他们超俗的气韵相近那是无疑的。昆曲是古曲里有意味的存在，其中，诗词、绘画、音乐得以很好地结合。士大夫者流欣赏昆曲，乃旧文人心绪诗意的表达。那里有静穆的东西，感伤与激愤、无奈与欣喜都有。这很容易被读书人接受。它后来的衰败，乃社会变迁所致，文人的情调毕竟太窄，遂被别的大众艺术所取代。

张家的二小姐张允和后来嫁给周有光，在许多年间一直坚持拍曲。周有光的文字有特点，是出色的语言学家。他们周围的人对旧有的学问与现代人文理念多有感情。并非专业的人才，而是玩玩的心态，那就很有意思了。

查俞平伯日记，关于拍曲的记载很多，这几乎成了他的生活的一部分。汪曾祺的老师浦江清常和俞平伯一起拍曲，此间的乐趣是很多的。浦江清在联大的时候是否参与过类似的活动，不得而知，但在战前是频繁的。比如一九三六年十月四日的俞平伯日记云：

前晚之文始脱草。趁九时公车偕江清、延甫进城，在公园下车，在柏斯馨茶点。出时遇陶光。至景山东前街许潜庵宅，曲集于十一时始，唱《赐福》《拾画》《叫画》《玩笺》《借饷》《藏舟》。饭后唱《盘夫》《议亲》《茶叙》《琴挑》《痴梦》《佳期》《游园》《折柳》。五时半毕返舍。侍二亲讲《论语》。父讲"吾日三省吾身"章，旨云圣贤

---

[1] 汪曾祺. 汪曾祺全集：第6卷. 北京：北京师范大学出版社，1998：212.

五　拍曲

> 心迹在人我之间，忠恕之道与禅门止观不同，所谓一以贯之者是也。[1]

昆曲的词与曲都很美，旋律之中有古奥的因素。京派文人喜欢昆曲，自然也会把感受写到学术文字里去。俞平伯研究词，就有拍曲的经验在。浦江清谈中国的戏曲与小说，也不乏独有的感受。年轻时期的汪曾祺接触昆曲，还没有老师们理解得那么深，但其间的形式美感动了他，对他来说是有趣的经验。汪曾祺回忆说，参加拍曲的结果，是学会了吹笛子，这对于他是意外的收获：

> 参加了曲社，我除学了几出昆曲，还酷爱上吹笛，——我原来就会吹一点，我常在月白风清之夜，坐在联大"昆中北院"的一棵大槐树暴出地面的老树根上，独自吹笛，直至半夜。同学里有人说："这家伙是个疯子！"[2]

民国的读书人业余时间消耗在剧场或沙龙里，和梨园颇为亲近。这种旧式的生活方式，保留了士大夫的某种精神。后来汪曾祺进入梨园行，以写戏谋生，一下子进入角色，可说已有长久的训练。

士大夫喜欢昆曲，有久远的传统。明代的袁宏道、张岱在文章里都有记载，钱谦益、吴梅村的诗文也曾谈及，袁宏道《锦帆集之三·尺牍·龚惟长先生》云：

> 然真乐有五，不可不知。目极世间之色，耳极世间之声，

---

[1] 俞平伯. 俞平伯全集：第10卷. 石家庄：花山文艺出版社, 1997：233.

[2] 汪曾祺. 汪曾祺全集：第3卷. 北京：北京师范大学出版社, 1998：432.

> 身极世间之鲜,口极世间之谭,一快活也。堂前列鼎,堂后度曲,宾客满席,男女交舄,烛气薰天,珠翠委地,金钱不足,继以田土,二快活也。箧中藏万卷书,书皆珍异。宅畔置一馆,馆中约真正同心友十余人,人中立一识见极高,如司马迁、罗贯中、关汉卿者为主,分曹部署,各成一书,远文唐、宋酸儒之陋,近完一代未竟之篇,三快活也。千金买一舟,舟中置鼓吹一部,妓妾数人,游闲数人,泛家浮宅,不知老之将至,四快活也。然人生受用至此,不及十年,家资田地荡尽矣。然后一身狼狈,朝不谋夕,托钵歌妓之院,分餐孤老之盘,往来乡亲,恬不知耻,五快活也。士有此一者,生可无愧,死可不朽矣。[1]

读此段文字,能感觉到明代文人的潇洒。审美之乐,亦即生命之乐。此间只有感官的愉悦,不涉道学。宋代以后,理学渐胜,但文人驻足词曲之间,晃身一动,遂有超凡入神之欢。戏曲给人的享受是巨大的。人的肢体语言与声音绘画,倘和诗文杂糅起来,有着不可小视的快感。此风流荡多年,直到民初仍有文人优游此间。及至洋人的文化传来,新文人开始嘲笑此道,才一点点没落了。

现在的青年读书人不太知道这些生活内容,与那代人的精神自然有隔膜。一代人有一代人的审美生活,后人不知前人的感性经验,也就不能重复他们的生活,艺术语言也难以重合。没有办法,随着历史的演进,我们丢失的太多了。

---

[1] 袁宏道. 袁宏道集笺校. 上海:上海古籍出版社,1981:205.

六

浦江清

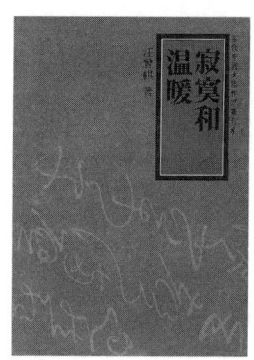

《寂寞和温暖》，一九八七年九月，新地出版社

汪曾祺,摄于二十世纪八十年代中期

六　浦江清

西南联大的老师中优秀者甚多,有的气味与汪氏相同,有的较远。年轻时候不谙世事,阅历与见识都不够,对一些老师说不出好来,失去治学的机会都是自然的。不过耳濡目染之间,还是有些心得,甚至到后来倍觉珍贵。老年忆及旧人,对一些人则感念再三。在汪曾祺佩服的学人里,浦江清算是一位吧。

大约是二十世纪八十年代,汪曾祺写了篇《八仙》。文章清爽悦目,很有见识,文气直逼古人。这篇文章受了浦江清的影响是无疑的。汪曾祺都听过他的什么课,我们不得而知。我猜想浦江清的文采及考据之功,是征服过汪氏的。

浦江清生于一九〇四年,江苏松江县人,毕业于东南大学外语系。后受吴宓赏识,到清华做陈寅恪的助手,抗战时期到西南联大。他授课的内容多系文学史的,很多文字留下了讲课的心得。他在许多地方像周作人周围那类人物,和俞平伯、朱自清、吕叔湘、江绍原等人关系不错。在文风上,走的是顾炎武、张岱的路子,古朴深切,善于考订旧迹,熟读野史札记。读他的论文,看似枯燥,实有诸多可玩味的气息。

浦江清如果得享中寿,会留下很多著作。可惜五十年代后他多病缠身,一九五七年就辞世了。他去世后,杨晦、游国恩、吕叔湘等颇为感伤,觉得学界失去了一个重要人物。后来《浦江清文录》问世,收有《八仙考》《花蕊夫人宫词考证》《词曲探源》《词的讲解》

《评王著〈元词斛律〉》《论小说》《谈〈京本通俗小说〉》《逍遥游之话》《评江著〈中国古代旅行之研究〉》《屈原》《屈原生年月日的推算问题》等文。《八仙考》尤为引人，文笔之好，见解之深，可谓古调独弹。

汪曾祺谈八仙，在资料使用上很可能受到了浦江清的影响，观点也有接近的地方。他说：

> 八仙是反映中国市民的俗世思想的一组很没有道理的仙家。
>
> 这八位是一个杂凑起来的班子。他们不是一个时代的人。张果老是唐玄宗时的，吕洞宾据说是残唐五代时人，曹国舅只能算是宋朝人。他们也不是一个地方的。张果老隐于中条山，吕洞宾好像是山西人，何仙姑则是出荔枝的广东增城人。他们之中有几位有师承关系，但也很乱。到底是汉钟离度了吕洞宾呢，还是吕洞宾度了汉钟离？是李铁拐度了别人，还是别人度了李铁拐？搞不清楚。他们的事迹也没有多少关联。他们大都是单独行动，组织纪律性是很差的。这八位是怎么弄到一起去的呢？最初可能是出于俗工的图画。
>
> ……………
>
> 八仙后来被全真教和王重阳教拉进教里成了祖师爷，但他们的言行与道教的教义其实没有多大关系。他们突出的事迹是"度人"。他们度人并无深文大意，不像佛教讲精修，更没有禅宗的顿悟，只是说了些俗得不能再俗的话：看破富贵荣华，不争酒色财气……。简单说来，就是抛弃一切难于满足的欲望。另外一方面，他们又都放诞不羁，随随便便。他们不像早先的道家吸什么赤黄气，饵丹砂。

六 浦江清

他们多数并非不食人间烟火,有什么吃什么。有一位叫陈莹中的作过一首长短句赠刘跛子(即李铁拐),有句云:"年华,留不住,触处为家。这一轮明月,本自无瑕。随分冬裘夏葛,都不会赤火黄芽。谁知我,春风一拐,谈笑有丹砂。"总之是在克制欲望与满足可能的欲望之间,保持平衡,求得一点心理的稳定。达到这种稳定,就是所谓"自在"。"自在神仙",此之谓也。这是一种很便宜的,不费劲的庸俗的生活理想。[1]

汪曾祺谈八仙,还显得简单,浦江清则是深切的,考据与思想都有,确有跨俗的气象。《八仙考》云:

此八仙的构成,有好多原因:(一)八仙空泛观念,本存在于道家。(二)唐时道观有十二真人图等,为画家所专工,此种神仙图像可移借为俗家祝寿之用,因此演变成此八仙图,至久后亦失去祝寿之意,但为俗家厅堂悬画。改为瓷器,则成摆设。其用意与"三星"同,祝主人吉祥长寿之意。(三)戏剧本起于宴乐,《蟠桃会》等本为应俗家寿宴之用的,神仙戏亦多用以祝寿。其中八仙排场最受欢迎,适合戏剧的组织。(四)此八人的会合,约略始于宋元之际。(五)此八人的会合并无理由,在绘画方面,犹之唐宋道家画《十二真人图》,南宋板画雕四美人,宋元俗画《七贤过关图》的随便的组合。戏剧方面,名录颇有出入,也从演变而渐渐固定的。从这样看来,八仙的

---

1 汪曾祺. 蒲桥集. 北京:作家出版社,1991:275—277.

组成与真正的道教的关系很浅。只有钟、吕两人有两重人格，一是神仙，二是教主。所以他们一边加入为民俗艺术所采用的神仙集团，一边被全真教推尊为祖师。然则全真教应该只尊钟、吕为祖师了，但后来又容纳另外数仙，而认为别派。此是晚起，显系化于民俗。[1]

大凡对八仙感兴趣的，都是对民俗兴味浓的人；对民俗学有所研究者，能从中悟出诸多话题来。从这个意义上说，汪曾祺和自己的老师有不少接近的地方。浦先生毕竟是学者，从他的文章能看出来受陈寅恪的影响很大，考据与作品解析走的都是陈寅恪的路子，也多少受到王国维的暗示，但文章的写法有周作人式的古雅。只是他没有抱苦雨翁那样的小品心态。浦江清的学问没有虚幻的那一套，乾嘉学派的东西是有一些的。在文章的格局上，他比周作人要大气，史学与诗学的因素结为一体；思想上不及周氏深远，多少能看出俞平伯式的韵致。所以，我猜想汪曾祺注意到这位前辈是自然的。

在某种意义上，浦江清是个有文体意识的学者。他对文言与白话的关系有着独到的理解，是少有的文学史家。他在《词的讲解》中说：

> 何以中国的文人习用文言而不用他们自己口说的语言创造文学，这一个道理很深，牵涉的范围太广，我们在这里不便深论。要而论之，中国人所创造的文字是意象文字而不用拼音符号（一个民族自己创造的文字，应该是意象文字，借用外族的文字方始不得不改为拼音的办法），所以老早就有脱离语言的倾向。甲骨卜辞的那样简短当然不

---

[1] 浦江清. 浦江清文录. 北京：人民文学出版社，1958：14—15.

六 浦江清

是商人口语的忠实的记录。这是最早的语文分离的现象，由意象文字的特性而来，毫不足怪。以后这一套意象文字愈造愈多，论理可以作忠实记载语言之用，但记事一派始终抱着简洁的主张，愿意略去语言的渣滓。只有记言的书籍如《尚书》《论语》，中间有纯粹白话的记录。而《诗经》是古代的诗歌的总汇，诗歌是精炼的语言，虽然和口头的说话不同，但《诗经》的全部可以说是属于语言的文学。所以在先秦的典籍里实在已有三种成分，一是文字的简洁的记录，二是几种占优势的语言如周语、鲁语的忠实的记录，三是诗歌或韵语的记录。古代的方言非常复杂，到了秦汉的时代，政治上是统一了，语言不曾统一，当时并没有个国语运动作为辅导，只以先秦古籍教育优秀子弟，于是即以先秦典籍的语言作为文人笔下所通用的语言，虽然再大量吸收同时代的语言的质点以造成更丰富的词汇（如汉代赋家的多采楚地的方言），但文言文学的局面已经形成，口语文学以及方言文学不再兴起。[1]

浦江清对文言与白话的理解，很是透彻。他看到了汉语的意象性，看法颇为有趣：

文言的性质不大好懂。是意象文字的神妙的运用。中国人所单独发展的文言一体，对于真实的语言，始终抱着若即若离的态度。意象文字的排列最早就有脱离语言的倾向，但所谓文学也者要达到高度的表情达意的作用，自然

---

[1] 浦江清. 浦江清文录. 北京：人民文学出版社，1958：110.

不只是文字的死板的无情的排列如图案画或符号逻辑一样；其积字成句，积句成文，无论在古文，在诗词，都有它们的声调和气势，这种声调和气势是从语言里摹仿得来的，提炼出来的。所以文言也不单接于目，同时也是接于耳的一种语言。不过不是真正的语言，而是人为的语言，不是任何一个时代或一个地方的语言，而是超越时空的语言，我们也可以称为理想的语言。从前的文人都在这种理想的语言里思想。至于一般不识字的民众不懂，那他们是不管的。[1]

这篇文章写于二十世纪四十年代，考虑的问题之深不亚于胡适当年的论断。四十年后汪曾祺谈论语言的问题，和浦江清多有相似的地方，只是没有老师的深切周密，更有作家的意味。所以，汪曾祺在八十年代横空出世，不是天外来客。

民国以后，在白话文里体现明清笔记风韵的人很多。文人随笔大致有几种写法：一是周作人式的学术小品；一是浦江清那样的随笔式的考据论文。前者有点思想漫步的意味，后者则是纯粹的学术文章。汪曾祺介于两者之间，多的是作家的风采。现代以来的作家在文学的路上走得很远，文体越来越白，这样的风采越来越罕见。

浦江清那样的文字，因为太深，能沉潜其中的读者甚少，殊为可惜。倒是汪曾祺把文学意味和古雅的学问融会贯通，扩大了影响。

周作人式的小品要有智慧才行，浦江清的文字是逻辑与诗的，都不好学。汪曾祺得其一点，点染成片，遂成大势，但一面也弱化了思想，不及周氏多致，也无浦氏深厚；却不能不承认汪曾祺兼得

---

[1] 浦江清．浦江清文录．北京：人民文学出版社，1958：111．

六　浦江清

前人的神采，自成一路，中断的传统在他这里被衔接上了。

周作人、俞平伯、浦江清写文章喜欢引用野史杂记里的东西。浦江清对非正宗的文化颇有兴趣。这是五四后的文人的新眼光，把内容搞得美妙回旋，而叙述上不失古人的雅态。在许多地方，汪曾祺和这位老师有相似的一面，都喜欢民间的谣俗，对野史杂记颇有心得。浦江清论文里引用的明清文人杂书，汪氏也爱看，且常化于文中，彼此在趣味上很接近。近来谈汪曾祺的文章渐多，比较浦汪两人关系者鲜见，这是个题目，我们细细体味，还有不少趣谈呢。

七

朱德熙

《汪曾祺自选集》,一九八七年十月,漓江出版社

汪曾祺夫妇与挚友朱德熙(中)

七　朱德熙

汪曾祺一生朋友很多，倘用知己的概念形容的话，终生的密友，应该是朱德熙。朱德熙是与汪曾祺来往持续时间最久的人。他们相识在西南联大，住在一起，有相近的爱好，彼此没有秘密，直到晚年，依然来往频繁，两家人像亲戚一般。谈汪曾祺的学识，朱德熙是个参照，虽然彼此专业不同，但在境界上不俗，多一致的地方。汪曾祺在"俗"界混的时候，内心总需要宁静的一面，这多半是因为他的友人中还有潜心于学问的人。那些无用之学在汪曾祺看来真是好玩的存在。什么东西高明，他清楚得很。

西南联大的学生生活，因为有朱德熙这样的人存在，就有了诸多趣味。朱德熙是苏州人，生于吉林长春，入联大的时候进物理系，后因为喜欢古文字学而转到中文系。他钟情于昆曲，谙于诗文，身上有士大夫的气质。汪曾祺拍曲子的时候，总和他在一起，说他们情同手足也不为过。有一年朱德熙大病一场，是汪曾祺跑前跑后护理，这给同学们的印象很深。那些年在昆明，也是苦乐共享。

朱德熙在气质上和汪曾祺略有不同，他是适合教书的人，生活里有宁静的一面。汪曾祺要野一点，随便惯了，不适宜做逻辑性强的工作。朱德熙在学问上受到唐兰的影响，和王力、吕叔湘、王瑶的关系都不错，与丁石孙、李荣感情也很不错，处事随和。他的气质里有儒雅的因素，知识面广。汪曾祺和朱德熙经常泡茶馆，偶尔也到饭店打牙祭。朱德熙的夫人何孔敬在《长相思：朱德熙其人》

一书中说：

> 同学中，德熙最欣赏曾祺，不止一次地对我说："曾祺将来肯定是个了不起的作家。"
>
> 曾祺有过一次失恋，睡在房里两天两夜不起床。房东王老伯吓坏了，以为曾祺失恋想不开了。正在发愁时，德熙来了，王老伯高兴地对女儿（我中学的同学王昆芳）说："朱先生来了，曾祺就没事了。"
>
> 德熙卖了自己的一本物理书，换了钱，把曾祺请到一家小饭馆，还给曾祺要了酒。曾祺喝了酒，浇了愁，没事了。
>
> 后来德熙对我说："那个女人没眼力。"[1]

汪曾祺在文章中也讲到德熙卖书请他喝酒的事，但恋爱的事情绝没谈起。英雄也有走麦城的时候，青年时代的汪曾祺，总有种失败的感觉，认为晦气与己相伴而行。中老年后，他看淡了一切，和早年的记忆或许有关。有的恋意与期望，如流水一般，走了就走了吧。

朱德熙后来在清华大学教书，院系调整后去了北大，成了王力之后最好的语言学教授之一。后来名气也越来越大，做了北大的副校长。五十年代初，曾去保加利亚教授汉语，在那时候是受重用的人物。不过朱德熙回国后，政治运动多，学业自然受阻，和汪曾祺一样，一直在风雨里荡来荡去；"文革"结束后，和汪曾祺一家往来才增多了。何孔敬回忆说：

> 上世纪八十年代，德熙和曾祺来往相当频繁。

---

[1] 何孔敬. 长相思：朱德熙其人. 北京：中华书局，2007：67.

七　朱德熙

> 有回曾祺和松卿来了。刚好德熙由昆明出差回来,带回一大块昆明的宣威火腿。德熙关照我说:"孔敬,今天曾祺来了,切块昆明宣威火腿蒸蒸,给曾祺下酒。"
>
> 想不到曾祺就了火腿喝了大半瓶洋酒和大半瓶茅台酒。松卿发话了,说:"曾祺呐!我看你够了,不要再喝了。"德熙说:"曾祺喝酒很少喝醉,就由曾祺喝吧!"
>
> 曾祺边喝酒,边抽香烟,边和德熙谈天。两人谈着谈着,谈到昆曲上来了。曾祺冲我一笑,问我说:"孔敬,你和德熙唱昆曲,最喜欢哪出戏?"这一问,问得我面红耳赤地说不出话来。德熙说:"她会《游园惊梦》。我去拿笛子,你吹,由孔敬来唱。"曾祺说:"多年不吹笛子了,门牙没有了,还能吹吗?试试看。"曾祺试吹了笛子,笑嘻嘻地说:"奇怪,门牙没了,还能吹。"[1]

在友人家里的放松、自在与士大夫式的飘然,那是老一代学人才有的境界。汪曾祺后来名声大振,朱德熙颇为得意,以有这样的朋友为乐。其实汪曾祺在一些地方也得力于这位老同学,从朱德熙那里学到了不少东西。汪曾祺佩服朱德熙的学问,但并不都认可他的观点。两人讨论的问题很广,有时是很专业的东西。查汪氏的信札,有致朱德熙的数封,都是难得的资料。比如在"文革"期间,汪氏给朱德熙的信件没有一点时代氛围,倒像是民国文人的文字,颇为好玩。一九七三年一月四日,他写道:

> 《战国文字研究》收到。这回我倒是读得很有兴趣,

---

[1] 何孔敬. 长相思:朱德熙其人. 北京:中华书局,2007:194.

虽然还未读完。我觉得逻辑很严谨，文体清峻。

　　不知是不是你有一次问我，古代女人搽脸的粉是不是米做的，仿佛这跟马王堆老太太的随葬品有点什么关系。近日每在睡前翻看吴其濬的《植物名实图考长编》以催眠，卷二"谷类·稻"（一四六页）云："……米部曰：粉，傅面者也，可证也。许不言何粉，大郑云豆屑是也。"又"糵米"："此正正是以米为糵尔，非别米名也。末其米，脂和傅面，亦使皮肤悦泽……"看来，说中国古代（汉以前？）妇女以米涂面（我疑惑古人是以某种油脂或草木的"泽"和着粉而涂在脸上，非为后来似的用粉扑子扑上去），是不错的。沈公有一次说中国本用蛤粉，不知有何根据。蛤蜊这玩意本来是很不普遍的。记不清是《梦溪笔谈》还是《容斋随笔》里有一条，北人庖馔，惯用油炸，有馈蛤蜊一筐，大师傅亦以油（连壳）炸之至焦黑。蛤肉尚不解吃，蛤粉之用岂能广远？蛤粉后世唯中药店有卖，大概有止泻的作用，搽脸则似乎无论大家小户悉用铅粉了。铅粉不知起于何代，《洛神赋》已有"芳泽无加，铅华弗御"，李善注："铅华，粉也"。又偶翻《太平御览》果木门·荔枝条，引《后汉书》云："胡粉傅面，搔首弄姿"。所谓"胡粉"，我想乃是铅粉。不过，这是想当然耳，还没有查到文献根据。以上这些，不知对你有没有一点用处。[1]

　　在许多通信里，汪氏的考据与辨析能力是很强的。我想他的这种能力比大学里的教授不差，只是有点随意，乃读书得间所致。他

---

[1] 汪曾祺. 汪曾祺全集：第8卷. 北京：北京师范大学出版社，1998：157—158.

觉得学问要有点趣味，思想是该在趣味中进行的。可是那时候大学里的老师，在学问上显得干瘪，把丰富的东西窄化，有趣的东西枯燥化。一九七二年底，汪曾祺致朱德熙的信里有这样一段话：

> 所读妙书是赵元任的《国语罗马字对话戏戏谱最后五分钟一出独折戏附北平语调的研究》。这书是我今天上午在中国书店的乱书堆中找到，为剧团资料室购得的。你看过没有？这真是一本妙书！比他译的《爱丽斯漫游奇境记》还要好玩儿。他这个戏谱和语调研究，应该作为戏剧学校台词课的读本。这本书应当翻印一下，发到每个剧团。你如没看过，等资料室登记落账后我即借出寄来给你。如已看过或北大有这本书，那就算了。
>
> 读了赵书，我又想起过去多次有过的感想，那时候，那样的人，做学问，好像都很快乐，那么有生气，那么富于幽默感，怎么现在你们反倒没有了呢？比如："没有读物，全凭着演绎式的国音教学法来教是——多数人学不会的，就是有少数的特别脑子的人这么样学会它了，他没有书报看，他学它干嘛？"（序）你们为什么都不这样写文章呢？现在多提倡这样的文风啊，比如："这样长的文章，谁看？"多好！语言学家的文章要有"神气"，这样就可逼一下作家，将作家一军。此事有关一代文风，希望你带头闹一下。[1]

在"文革"中，那么清醒地思考文风，与时代的距离殊远，透露出对流行文化的厌恶。他身在样板团，却知道那里的问题，也知道整

---

[1] 汪曾祺. 汪曾祺全集：第8卷. 北京：北京师范大学出版社，1998：155.

个中国的文化界出了问题。"文革"的最大不幸,是人没有了自己的思想,连表达都不会了。这个情况如果发生在知识界,就更为可怕。汪曾祺和友人交流透出的忧虑,可看出他与时代的疏离。身在此地,心存高远,寄居在别一世界,是一点也不奇怪的。

　　朱德熙深知这位老友的价值,他也许是赞佩汪氏观点的吧。语言学家,也可以把文章写得很漂亮的。王力、吕叔湘都是好的文学家。后来搞文学与搞语言的分得太清,彼此都有点单调了。倒是张中行这样的人,把文史哲打通,境界大开,使人精神为之一振。张中行学问的深与趣味的真连为一体,多有闪光,是汪曾祺也自叹弗如的。

八

文道

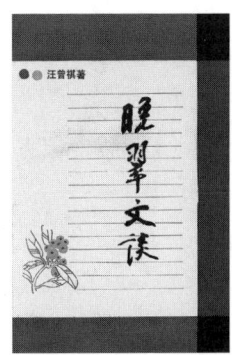

《晚翠文谈》,一九八八年三月,浙江文艺出版社

汪曾祺,摄于二十世纪四十年代后期

八 文道

汪曾祺还没有毕业，就显露出创作的天分。沈从文在给施蛰存的一封信中，曾言及这位学生的才华：

> 新作家联大方面出了不少，很有几个好的。有个汪曾祺，将来必有大成就。[1]

沈从文的预见，根据的是几篇习作，都分别被他推荐到外地发表。他是第一个赏识汪曾祺的人，这个预见后来得到了应验。沈从文后来终止的写作，是被这个学生完成的。

汪曾祺去世后很久，我才读到他早期的文字。那些都是二十世纪四十年代的作品，在风格上完全是现代青年那种唯美的东西。我相信他受到毛姆、纪德的影响，伍尔芙的影子也是有些的。当然，他接触的都是译文体，他从中得到启发，模仿着谈吐，把色彩、韵律变得神秘而无序，文字间是浓厚的现代主义因素。

有趣的是，汪曾祺那时候的文章没有一点左翼文学的痕迹，是社会边缘人的倾吐。作者的情趣在自然和历史旧迹之间，没有清晰的理念，完全是意识流动的碎片，有感而发，绝不矫情。在阅读他的作品时，总是感到文字间流溢着忧郁。我想，他内心的感伤一定

---

[1] 沈从文. 沈从文全集：第18卷. 太原：北岳文艺出版社，2002：391.

是无法排遣才那样抒情地发泄吧。屠格涅夫在写到山川河谷的时候，自己就有着淡淡的哀伤。那是与生俱来的呢还是环境使然，不太清楚。汪曾祺的文字倒像是先天的沉郁，好像在内心深处一直淌着轻轻的、漠漠的苦楚。

在汪曾祺早年的几篇文章里，透露出他和废名、沈从文相近的爱好。文字是安静的，即便有焦虑，也是生命内省时的焦虑，那些时髦的观念几乎没有反映。在回忆儿时的文章中，闪现的是对童真的诗意描摹。那是没有成年理念的精神涂抹，在随意点染里可看出他对童声的兴趣。对乡俗的敏感，神秘的猜想，我们在废名的文字里也能看到。同样是花草、云雨、河谷，各自神姿摇曳，宋词般倾泻着天地人的美意。他对鸟虫、林木的眷恋几乎有着童话般的美丽，那些失去家园的惆怅似乎也有鲁迅的痕迹在，只是他显得更为单纯。而他运用文字时，毫无模仿的痕迹，心绪自然地流露着，以至于我们不知道是从别人的文体那里受到了暗示呢，还是别的什么影响了他。总之，读他的文字，有成熟的秋意，色彩里反射着生命的一部分。他的向内在世界延伸的渴念，与雨果、屠格涅夫的笔触偶然重合了。但是他的目光没有在废名式寂寞里久站，很快就闪现出现代绘画般的凌乱、无序及思想的紧张。在《背东西的兽物》《礼拜天的早晨》中，我看到了梵高的诱人的色彩。画面朦胧多致，甚至有波多莱尔的痉挛。他一定是欣赏着现代主义的艺术，那些冲荡而迷惘的颤音在其字里行间可以彻骨地感受到。《礼拜天的早晨》写到疯子：

> 我走着走着。……树，树把我覆盖了四步，——地，地面上的天空在我的头上无穷的高。——又是树。秋天了。紫色的野茉莉，印花布。累累的枣子。三轮车鱼似地一摆尾，沉着得劲的一脚蹬下去，平滑的展出去一条路。……啊，

八 文道

> 从今以后我经常在这条路上走,算是这条路的一个经常的过客了。是的,这条路跟我有关系,我一定要把它弄得很熟的,秋天了,树叶子就快往下掉了。接着是冬天。我还没有经历北方的雪。我有点累——什么事?
>
> 在这些伫立的脚下树停止住了。路不把我往前带。车水马龙之间,眼前突然划出了没有时间的一段。我的惰性消失了。人都没有动作,本来不同的都朝着一个方向。我看到一个一个背,服从他们前面的眼睛摆成一种姿势。几个散学的孩子。他们向后的身躯中留了一笔往前的趋势。他们的书包还没有完全跟过去,为他们的左脚反射上来的一个力量摆在他们的胯骨上。一把小刀系在链子上从中指垂下来,刚刚停止荡动。一条狗耸着耳朵,站得笔直。
>
> "疯子。"
>
> 这一声解出了这一群雕像,各人寻回自己从底板上分离。有了中心反而失去中心。不过仍旧凝滞,举步的意念在胫踝之间徘徊。秋天了,树叶子不那么富有弹性了——疯子为什么可怕呢?这种恐惧是与生俱来的还是只是一种教育?惧怕疯狂与惧怕黑暗,孤独,时间,蛇或者软体动物其原始的程度,强烈的程度有什么不同?在某一点上是否是相通的?他们是直接又深刻的撼荡人的最初的生命意识么?[1]

完全是絮语、低吟,光线的零乱与场景的倒置,和毕加索的绘画呼应着。汪曾祺晚年回忆自己的写作时,承认曾受到现代主义的

---

[1] 汪曾祺. 汪曾祺全集:第3卷. 北京:北京师范大学出版社, 1998: 54.

影响。因为生活的复杂，用程式化的语言是无法还原社会的，于是从逆反的语序和晦涩的句子里隐曲地释放幽思。这样的描写是一种快慰。但汪曾祺年轻时的尝试只是短暂的一闪，他还在摸索的途中，运笔并不入化，对比鲁迅的《野草》，就能见出彼此的距离。汪曾祺好像只是意识到这种写法的价值，但背后的东西稀少，后来随着年龄的增长才有所领悟，才从形式的展示向内心出发了。

在最初的作品里，他的画面感是好的。这显示出他的高超的技能。清寂的江南的雨、北京街市的风土、灰蒙蒙的人群，都刺激了他的苦梦。张爱玲也描述过南国街巷里的微雨和古道，那是贵族式的流盼，冷冷的目光里是台阁间的冰意，我们只能远远地观望。汪曾祺不是这样，他的苦楚似乎是幼稚的孩童的旋转，根底还是单纯的。他的画面是水彩的写意，西洋的与东洋的光泽都有一些。他不愿意把画面搞得一本正经，喜欢在视觉上呈现奇异的东西，沈从文不就是喜欢向陌生感挑战的人吗？

他用自己的画面要证明的是，好的散文不像散文，好的小说也不该像小说。智巧的东西才是作家要留意的存在，我们的一些写家似乎不注意这些了。尤其那些相信外在理念的人，把文字搞得狰狞无味，在他眼里是毫无价值的什物。文学要有清静之地，他觉得自己要找寻的就是这个吧。所以文章之道不是作家伦理的问题，而是趣味的问题；作品非社会的传声筒，而是作家个体的智慧的延伸，别的低语都没有太多的意思。作家向着自己的空间展开，与神秘中的自我对话才是真的。汪曾祺注意的就是与自己的对话。这一点上，他与周作人、废名真是接近得很。

有意思的是，汪曾祺那时候的审美观念与毕加索、梵高很像。他在《短篇小说的本质》里说出这样的话：

八 文道

  毕加索给我们举了一个例。他用同一"对象"画了三张画，第一张人像个人，狗像条狗；第二张不顶像了，不过还大体认得出来；第三张，简直不知道是什么东西了。人应当最能从第三张得到"快乐"，不过常识每每把人谋害在第一张之前。[1]

  明显得很，他对那时候的写实文学是不满的，镜子般地反射生活似乎不能满足他的需求。不满于写实主义的人大概有以下几种：一是浪漫的人，他们以为那些拘泥于生活的人太粗俗了，殊不可取；另一种是逃逸现实的人，总觉得在非现实的环境里才可以有美的陶冶，想象对人来说是多么重要；还有的人乃以智性的攀缘，在审美的冒险里承受沉重，以洒脱的精神游弋于此岸与彼岸之间。汪曾祺显然是最后一种。这在二十世纪四十年代是颇为左翼蔑视的群落，汪曾祺却觉得中国那时候缺少的恰恰是这样的艺术。在与纪德、伍尔芙的相遇里，他很快就意识到了这一点。

  青年汪曾祺对一些具有浪漫色彩的哲学有点兴趣。他说自己读过尼采、叔本华、弗洛伊德的书。这些人的灰色的东西究竟给他多大的影响，恐难以说清。就其留下的文字看，其倾向性是明显的。卞之琳曾译过阿索林（又译为阿左林）的小说，对西南联大时期的汪曾祺很有影响。汪曾祺晚年提起此事还念念不忘。一九九三年，他在《阿索林是古怪的》一文里说，阿索林是其终生膜拜的作家。这大概可以解释其审美的偏好。因为这样的作家精神是漫游式的，在自由自在中，常有出奇的神笔，这神笔，恰是作者喜爱的。他在另一篇文章中说：

---

1 汪曾祺. 汪曾祺全集：第3卷. 北京：北京师范大学出版社，1998：30.

我读的是中国文学系,但是大部分时间是看翻译小说。当时在联大比较时髦的是 A. 纪德,后来是萨特。我二十岁开始发表作品。外国作家我受影响最大的是契诃夫,还有一个西班牙作家阿索林。我很喜欢阿索林,他的小说像是覆盖着阴影的小溪,安安静静的,同时又是活泼的、流动的。我读了一些苏金妮亚·沃尔芙的作品,读了普鲁斯特小说的片段。我的小说有一个时期明显地受了意识流方法的影响,如《小学校的钟声》《复仇》。[1]

人在青年时代喜欢非理性的作品,这很正常。因为厌恶身边早就流行的语体,希望出奇,喜欢在陌生里寻找自由,乃青年的梦使然。西南联大是个易使人做梦的地方,在风俗迥异的异乡,又读了那些超常规的诗文,内心总要产生波动。那结果,便是自己也染有苦涩之味。

作家怪一点,只要还有常情在,并不可怕。汪曾祺最欣赏的一些作家,都有古怪的地方,但其中的美,就在古怪中。叔本华因为偏离了正襟危坐的路,有了高妙的情思;庄子鲲鹏展翅,就有了逆俗之言。汪曾祺大学期间因为听老师的课,对庄子是迷恋的,那些诡异的思想便悄悄向他袭来。细说起来,智者在驶入精神盲区的时候,思想和美都易出现,因为那些漫步与游弋,是诗情四射的,尘世间怎么能遇见这些呢? 值得注意的是,那时候汪曾祺的审美里还多了一点静谧的因素。在欣赏零乱的、意识流的文本的同时,他又对沉潜在精神之海的诗意表示赞美。这能够看出他的另一个倾向。他一再谈起阿索林,对其笔法敬之又敬:

---

[1] 汪曾祺. 蒲桥集. 北京: 作家出版社, 1991: 361.

八 文道

> 他是一个沉思的、回忆的、静观的作家。他特别善长于描写安静,描写在安静的回忆中的人物的心理的潜微的变化。他的小说的戏剧性是觉察不出来的戏剧性。他的"意识流"是明澈的,覆盖着清凉的阴影,不是芜杂的、纷乱的。热情的恬淡,入世的隐逸。阿左林笔下的西班牙是一个古旧的西班牙,真正的西班牙。[1]

一面是孤寂,一面是恬淡,这是文学里诱人的光影。孤寂的时候,写出的文字别人不一定懂,他在大学二年级写下的文字,就被人指为看不懂。因为不是给外人阅读,孤芳自赏也是有的。但要恬淡,则不容易。阿索林能够做到,他那时候做不到,故心向往之。到了老年,那些沉寂的安逸之美,才在他身上完美地呈现出来。

汪曾祺早期创作有快意,也有迷惘。而后者,给他的文字带来了朦胧"难懂"的风格。"难懂"是不清楚还是无法言说的困惑?他晚年回忆说:

> 我年轻时写的那些作品,思想是迷惘的。在西南联大时,我接受了各式各样的思想影响,读的书很乱,读了不少西方现代派作品。我在大学一、二年级写的那些东西,很不好懂,它们都没有保留下来。比如那时我写的一首诗中有这样一句:"所有的东边都是西边的东边。"这是什么东西呢?我和许多青年人一样,搞创作,是从写诗起步的。一开始总喜欢追求新奇的、抽象的、晦涩的意境,有点"朦胧"。我们的同学中有人称我为"写那种别人不懂,他自

---

[1] 汪曾祺. 晚翠文谈. 杭州:浙江文艺出版社,1988:104.

己也不懂的诗的人"。大学二年级以后，受了西班牙作家阿左林的影响，写了一些很轻淡的小品文。有一个时期很喜爱A.纪德的作品，成天挟着一本纪德的书坐茶馆。那时萨特的书已经介绍进来了，我也读了一两本关于存在主义的书。虽然似懂不懂，但是思想上是受了影响的。[1]

我们可以把这样的自白解释为作者的文本由来的依据。这似乎也能印证西南联大的学术风气和文学环境。中文系的课程一般较为保守，按部就班。那些学究也未必都读过现代主义的作品。作为学生，课外的阅读环境可能比课内的氛围更为诱人，大家受知识界新风的熏陶是自然的。我们至少可以看出，汪曾祺是带着个人的爱好走进文学的，大学课程对他的辐射还不及文学作品有力。

怀有梦想的他，在那时候得到的一定是孤独的反应，因为在民不聊生的时候，类似的声音往往是微弱的，而且只有唯美主义者或先锋主义者才可以意识到新风的价值。很长一段时间里，他的文字没有引起人们的兴趣，虽然沈从文为之推荐的作品得以行世。他清楚自己具有深入艺术之海的能力，别人在乎与否并不重要。四十年代的中国遭逢巨变，他也盼着艺术的内在转型。他转了，而时代未转，精神的天空越发灰暗起来。

1　汪曾祺. 晚翠文谈. 杭州：浙江文艺出版社，1988：22—23.

九 李健吾

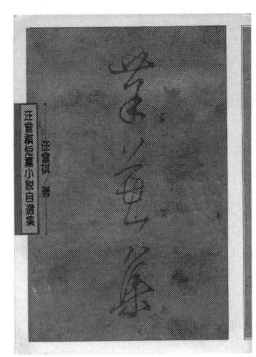

《茱萸集》，一九八八年九月，联合文学出版社

汪曾祺,约一九四七年在上海

九　李健吾

告别大学生活,梦就灭了。汪曾祺似乎没有这样的准备,有时用酒和烟来麻醉自己,有些精神潦倒的样子。

他最大的收获,是有了爱人,迷上了施松卿。施松卿是福建人,一九一八年生。她和汪曾祺同年考入联大,先入物理系,与杨振宁同学,后因病转入西语系。汪曾祺一生和施松卿在一起,留下的故事多多。他们的儿女在《老头儿汪曾祺》一书中多有谈及。

抗战胜利了,可是国家的元气大伤,人文环境还在恢复中。汪曾祺的第一个工作是教书,地点在昆明郊区。不久他便选择了去上海谋职,进入文化热闹的地方。在许多联大的学生看来,要搞艺术,上海是个不错的选择,教育、出版、艺术演出,是中国最繁荣的。

汪曾祺到上海是在一九四六年,因为初出学校,一切都陌生得很,一时没有工作。他对这个大都市,似乎没有什么感觉,失业的焦虑,使他连一点创作的雅兴也没有了。

那时候的上海有左翼文人的圈子、鸳鸯蝴蝶派的圈子、海派的圈子,但他对这些圈子都没有什么感觉,反倒对京派意味的人情感很深。这固然和沈从文有关,接触的李健吾等人,对他的帮助也不小。

要不是遇到李健吾,他就真的要过流浪的生活了。他回忆说:"一九四六年初秋,我由昆明到上海。经李健吾先生介绍,到一个私立中学教了两年书。一九四八年初春离开。这两年写了一些小说,结为《邂逅集》。"[1]

他认识李健吾大约是在巴金家里。巴金那时候名气很大,也是许多青年喜欢的作家。他走进巴金的客厅,则是沈从文的关系,也有巴金妻子萧珊的因素。萧珊与他是联大的同学。那时李健吾也是巴金家的常客。一身文人气的汪曾祺很快赢得了周围人的好感。随后,经李健吾推荐,汪曾祺到私立的致远中学做了教师。

许多年后,汪曾祺红遍文坛,他常和人讲起李健吾。那是二十世纪八十年代初,他在文章中多次提到这位有恩于己的人,认为要讲文学批评的文章好,首推李健吾先生。

李健吾生于一九〇六年,山西运城人。一九二一年入北师大附中,后考入清华中文系。因为自幼喜欢戏剧,入学后便成为戏剧社的头面人物。此间他开始了翻译和文学批评的写作。在清华,他的兴趣很广,后到外语系读书,外文功底不错,眼界大开,遂有诸多美文问世,一时被朱自清等人看重。二十世纪三十年代初,他赴法国留学,一下子钻入法国文化的历史里,后因写《福楼拜评传》而名播学界。回国后在北平,成为京派的活跃人物。李健吾的婚礼还是由周作人主持的,可见他人缘之好。此外与朱光潜、杨振声、朱自清、靳以、沈从文、巴金关系亦深。一九三五年八月,他到上海工作,任教于暨南大学。直到抗战,一直在孤岛苦住。四十年代后期,其文学活动频繁起来,在上海有一定的活动空间,汪曾祺就是在这个空间开始自己的新生活的。[2]

那时候的李健吾是个风头正健的人物,汪氏还只是个文学青年。

---

[1] 汪曾祺. 蒲桥集. 北京:作家出版社,1991:362.

[2] 见《李健吾自传》,李健吾:《咀华与杂忆》,中央编译出版社2005年第一版。关于李健吾的生平,韩石山《李健吾传》有细致的描述,本文亦参考了该书的内容。

九 李健吾

对李健吾的文字,他一直是敬佩的。不独汪氏如此,沈从文、巴金也颇看重他。因为有法国文学研究的背景,加之乡土化写作的基础,京派的作家与上海的文人都欣赏他。在孤岛时期及内战的日子,他的文字引起了许多人的兴趣。钱锺书、杨绛与他的交往,也是有趣的佳话。

在一般人眼里,李健吾的翻译是好的。他所译的罗曼·罗兰、列夫·托尔斯泰、莫里哀、巴尔扎克的作品,影响很大。其实他最喜欢的是戏剧,在此领域探索很久,成果亦多。小说也写过许多,除了《一个兵和他的老婆》,大多平平。但他的批评是好的,用"刘西渭"的笔名写下的剧评、小说评论,别有风采,至今还有些文字被研究者所注意。在现代文学批评史上,他显得格外特别。

李健吾在审美倾向上,亲近的不是巴金那样的人,而是沈从文先生,他在《〈边城〉——沈从文先生作》一文中写道:

> 在今日小说独尊的时代,小说家其多如鲫的现代,我们不得不稍示区别,表示各个作家的造诣。这不是好坏的问题,而是性质的不同,例如巴尔扎克(Balzac)是个小说家,伟大的小说家,然而严格而论,不是一个艺术家,更遑论乎伟大的艺术家。为方便起见,我们甚至于可以说巴尔扎克是人的小说家,然而福楼拜,却是艺术家的小说家。前者是天真的,后者是自觉的。同是小说家,然而不属于同一的来源。他们的性格全然不同,而一切完成这性格的也各各不同。
>
> 沈从文先生便是这样一个渐渐走向自觉的艺术的小说家。有些人的作品叫我们看,想,了解;然而沈从文先生一类的小说,是叫我们感觉,想,回味;想是不可避免的

步骤。废名先生的小说似乎可以归入后者,然而他根本上就和沈从文先生不一样。废名先生仿佛一个修士,一切是向内的;他追求一种超脱的意境,意境的本身,一种交织在文字上的思维者的美化的境界,而不是美丽自身。沈从文先生不是一个修士。他热情地崇拜美。在他艺术的制作里,他表现一段具体的生命,而这生命是美化了的,经过他的热情再现的。大多数人可以欣赏他的作品,因为他所涵有的理想,是人人可以接受,融化在各自的生命里的。但是废名先生的作品,一种具体化的抽象的意境,仅仅限于少数的读者。他永久是孤独的,简直是孤洁的。他那少数的读者,虽然少数,却是有了福的(耶稣对他的门徒这样说)。[1]

此段批评文字有理论的直觉,刀一般地切割着文本,透彻而爽快。汪曾祺看过他的文字,想必是心以为然的吧。李健吾欣赏沈从文的原因很多,不说教,在故事与诗境里拓展丰富的人性,那是一般观念化写作者没有的东西。沈从文的文字没有学者腔,自然也没有文艺腔,他的天然的本色的存在,以及善意的内省,将乡村的未被污染的人性之美记录下来。李健吾惊异地发现,"沈从文先生在画画,不在雕刻"。画画,则不必分析与刻意,自然喷吐,如意挥洒,却又那么安静。雕刻就坏了,有着做作的一面。二十世纪三十年代后,许多文学是雕刻的,就不免呆相,像被束住了什么。

这些看法,简直像对半个世纪之后的汪曾祺所说。后来的汪曾祺,走的就是"画画"的路,而非"雕刻"之径。如此说来,两人的心是近的。我们现在已无法知晓当年的情形,二人的交往、友情,

---

[1] 李健吾. 李健吾文学评论选. 银川:宁夏人民出版社,1983:51—52.

九　李健吾

都散失到时光的空洞里了。但我们能猜想彼此相知的惬意，至少在谈论沈从文时，两人的心是相通的。

李健吾对京派文人的认识很是特别。他谈到周作人、废名等人的创作，如今看来依然有趣。在内心深处，他是欣赏苦雨斋中的文人的。关于周作人与废名，他在《〈画梦录〉——何其芳先生作》中说：

> 冯文炳先生徘徊在他记忆的王国，而废名先生，渐渐走出形象的沾恋，停留在一种抽象的存在，同时他所有艺术家的匠心，或者自觉，或者内心的喜悦，几乎全用来表现他所钟情的观念。追随他历年的创作，我们从他的《枣》就可以得到这种转变的消息。他已然就他美妙的文笔，特别着眼三两更美妙的独立的字句。着眼字句是艺术家的初步工夫，然而临到字句可以单自剔出，成为一个抽象的绝句，便只属思维者的苦诣，失却艺术所需的更高的谐和。这种绝句，在一篇小说里面，有时会增加美丽，有时会妨害进行，而废名先生正好是这样一个例证。所以，纯就文学的制作来看，友谊不能决定它的类属。周作人先生有广大的趣味，俞平伯先生有美丽的幻想，而废名先生，原可以比他们更伟大，因为他有具体的想象，平适的语言；不幸他逃免光怪陆离的人世，如今收获的只是绮丽的片段。[1]

尽管文中有诸多批评的言辞，但你能感到作者的亲切口吻与精神的共鸣。无疑，李健吾是民国间一流的鉴赏家。在上海编《文艺复兴》时，他身边就集聚了一批作家，钱锺书的《围城》就是在此刊刊载的，

---

[1] 李健吾. 李健吾文学评论选. 银川：宁夏人民出版社，1983：121—122.

此已成其得意之事。直到五十年代,他依然认为钱锺书乃罕有的人才,具学识与价值,非一般人可及。那判断至少比夏志清要早多年。一个亲历历史的人,有时能跳出历史瞭望旧迹,眼光总会不同寻常。

汪曾祺觉得,李健吾的批评,其实也是创作,他的笔下涌动的,有波澜不惊的玄思,亦多吞云吐月的冥想。批评也是诗,以一种感情接纳另一种感情,在更自我的叙述里演绎着别致的叙述;而且多种对照里不乏哲思与史的意味,在瞭望别人的同时,自己也成了其中的风景。批评家是远离作家的陌生人,一旦有会心的发现,亦可与之成为亲密的同路者。他不必认同,却可进入对象世界,将隐曲不明的内蕴说出,一任性情的流淌,揉碎、撕断诸多线条,看那图景未显的部分,及已显的存在隐含的因子。京派文人的文字,易被这样拆解,且趣味绵绵。周作人、废名、俞平伯的作品都有文字后的东西。沈从文就对此羡慕不已,但他说不出自己的感受。李健吾在众人沉默的时代,说出了别人说不出的话。批评因他的存在艺术化了,也就社会化了。

李健吾的批评文章,很容易使人想起朱光潜的美学观点,他们在许多方面是相近的,和激进的思潮总有些距离。朱光潜在理论上建树很高,谈具体的作品的分析文章不及其理论叙述深切,是象牙塔里的存在。李健吾的批评有时候可以作为朱光潜美学思想的注解来读,二者互为里表。这些看法不仅与沈从文的创作思想吻合,与汪曾祺的追求也不差。我们看这些人的文章,对比一下那个时期的一种流派的东西,面目就清楚了。

一些留学欧洲的学者,在审美方面讲究超功利的创作,对实用的精神和浅薄的模仿持保留的态度。朱光潜在四十年代有一篇文章《流行文学三弊》,发表在《战国策》杂志上,其中的观点颇符合李健吾和汪曾祺的口味。作者说,目前文坛的问题是:一、陈腐;二、

九　李健吾

虚伪；三、油滑。讲到陈腐的问题，他写道：

> 谈现在流行文学作品——尤其是所谓"宣传"品——我们常嗅到"善书""感应篇"之类的气息。著"善书"，说"圣谕"，以及写八股文的精神和方法，在任何时代都是要不得的，而现在还在那里滋长蔓延，这是我们最为新文学危惧的。尽管传统派批评家呐喊着要永恒性与普遍性，每个艺术作品的境界必定是独到的，新鲜的。没有创造，就没有艺术。所谓"创造"，并不是根据一个口号，敷衍成一篇文字，贴上"诗""小说"或"戏剧"的标签，而是用适当的语言表现出一个具体的境界和亲切的情趣。这是资禀和修养的结晶，不是支票或头衔所能买到的。[1]

这一段话很像是周作人说的，和李健吾、沈从文、汪曾祺神似得很。他的文章，似乎在为一批人的理念发言，与浪漫诗学真的距离远了。他还写过对"含泪的文学"的看法，也有意思。他以为只会煽情的文章不是好文章，应当警惕。文艺作品在感伤里久久盘旋，使人流泪，不是艺术的极致，文学里有超出我们的泪水的更高的境界，那大概是理性与智性的混杂。此话也易使人想起沈从文传统的色调，在审美上是独立于文坛的。但他们又和梁实秋这些白璧德主义的追随者不一样，不是狭隘的唯美主义的拥护者。梁实秋在讲到审美的时候，把文学中的情感经验和道德因素排斥出去，是很有问题的，朱光潜在《与梁实秋先生论〈文学的美〉》中，批评了梁氏的观点，以为其过于褊狭。按照梁实秋的观点，沈从文、汪曾祺的小

---

[1] 朱光潜. 朱光潜全集：第9卷. 合肥：安徽教育出版社，1993：23.

说都有问题，因为把精神体验的极端意绪表现出来，是不合乎白璧德新人文主义的精神的。可是李健吾、朱光潜一致认为，创作中的历险，未尝不好，独到性才是文学的追求之一。对于他们来说，沈从文的经验，实在是重要的。

无疑，这样的观点在那时候被淹没到动荡社会的呐喊里，乱世之音哀而怨，谁会去注意那些精美的存在呢？汪曾祺不久就意识到，自己的那些文字，和李健吾的抒怀，终究要被无情的大潮卷去。血和泪的文学，是青年钟情的存在，而他们这些书斋里的情调，仿佛是脆弱的幼林，存活下来不易。

那时候文坛流行的是别林斯基、车尔尼雪夫斯基、周扬、胡风的批评文字。二十世纪五十年代后，社会主义现实主义的批评观一统天下。胡适被批，俞平伯被批，胡风被批，最后只剩下周扬、姚文元了。对那些批评家，汪曾祺都隔膜得很，但也不去争论。他业余时间看的是另类的文字，趣味没有多少改变。每每想起李健吾那样的人，一定是无奈的叹息。

沉寂了多年之后，李健吾的批评因为汪曾祺等人的介绍，开始引起青年作家的注意。我也是在二十世纪八十年代才注意到这个批评家。汪曾祺对当代的批评家不以为然是一定的。大概是因为缺少学问和诗意，多显得无趣。其实，汪曾祺自己也能写一手漂亮的批评文字，他谈林斤澜、邓友梅、铁凝，文字好，且散文的美和理论的沉思都有，在文体上别具一格。有一次我在他家里做客，谈到当代的批评和他自己的批评文字，他对周围的批评风气并不满意的。那次谈话还提及李健吾，他一脸敬重的样子，说，李健吾的感悟好，还有西学的底子，自然高于别人。而我那时看到他写的评论短文，也没有一点时风，古雅、散淡、形象，弥漫着悠然的美意，真的就像民国时的书评，学识和诗趣迸放其间，深切而美丽。作家的书评

九　李健吾

写得好的，一是茅盾，二是王蒙，三是孙犁，汪曾祺可谓紧随其后吧。读汪曾祺的书，其实能看到一个时代的某种风气。那是一代人的风尚，我们看了，除了感叹，还有神往。这在别的作家那里，很难见到。

一〇

黄裳

《受戒》（法文版），一九八九年，中国文学出版社

一九四八年冬，汪曾祺与夫人施松卿

一〇 黄裳

汪曾祺在上海的教书工作并不顺利,不久他就有些厌恶了。他写信给在北平的老师沈从文,希望换一个地方。沈从文觉得他会画画,通美术,也许到博物馆更为合适,于是给在南京博物馆的两个画家李霖灿、李晨岚去信,时间在一九四七年二月,信中说:

> 我有个朋友汪曾祺,书读得很好,会画,能写好文章,在联大国文系读过四年书。现在上海教书不遂意。若你们能为想法在博物馆找一工作极好。他能在这方面作整理工作,因对画有兴趣。如看看济之先生处可想法,我再写个信给济之先生。[1]

沈从文的推荐,一时没有见效,汪曾祺显得无可奈何。而这时候他结识了黄裳、黄永玉,枯燥的生活因此平添了诸多趣味。

黄裳在二十世纪四十年代便有名气,随笔天分高,乃沪上名笔。汪和他一见如故,两人同逛书铺,相饮而歌,关系颇为密切。黄裳《故人书简·记汪曾祺》云:

> 认识曾祺,大约是在一九四七至一九四八年顷,在

---

[1] 沈从文. 沈从文全集:第18卷. 太原:北岳文艺出版社, 2002:465.

巴金家里。那里经常有萧珊西南联大的同学出入，这样就认识了，很快成了熟人。常在一起到小店去喝酒，到DD'S去吃咖啡，海阔天空地神聊。一起玩的还有黄永玉……[1]

我有时想，如果不是因为喜欢小说，汪曾祺说不定也会成为黄裳那类人物。我读汪氏的一些笔记，谈古书与艺林旧事，风雅毫不逊于黄裳，有的甚至更为传神，但他偏偏没有在这条路上走下去，注意的倒是《聊斋》式的笔意，写人间草木与凡人轶事，于是运笔就有了黄裳少见的韵致。那是小说家的天赋，其文介于故事与谈话之间，诗词与序跋之间，超出了一般文人的格局。对比鲁迅与周作人，我们就可看出：前者的峻急、深幽，是小说与哲思的对碰，延伸着张力；而后者止于小品之调，遂不出明清文人的笔记，灵动的一面就少了。小说家写随笔，倘通些旧学与西学，有点杂家气，就比一般的散文家高明。孙犁、叶兆言的文字在某些方面就要比一般散文家更有宽度与深度。

黄裳的文章多，勤于书话，是不可多得的杂家。汪曾祺在学问上大概要逊于他。黄裳虽为报人，却很留意学问家的动向，对版本学与文物情有独钟，见识不凡。他的文章介于周氏兄弟之间，谈历史掌故与文人习性，飘逸多姿，为文坛中罕有之人。钱锺书、沈从文、俞平伯都看重他。在报人中，被学界认可的读书人，他可能是最重要的。

黄裳回忆汪曾祺时，言及当年的通信，有一封一九四七年的信件，汪曾祺的语言很怪，对黄裳很有好感，也能够看出彼此的友情：

黄裳仁兄大人吟席：仁兄去美有消息乎？想当在涮羊

---

[1] 黄裳. 故人书简. 北京：海豚出版社，2013：213.

> 肉之后也。今日甚欲来一相看,乃舍妹夫来沪,少不得招待一番,明日或当陪之去听言慧珠,遇面时将有得聊的。或亦不去听戏,少诚恳也。则见面将聊些甚么呢,未可知也。饮酒不醉之夜,殊寡欢趣,胡扯淡,莫怪罪也。慢慢顿首。[1]

看此信,能嗅出汪曾祺年轻时候的狂傲气息,喜酒、爱戏,加之交友之乐都有。他和黄裳对戏剧都有研究,都写过一些谈戏的文章,两人的通信也颇多涉及这方面的内容。这大概也可以说是旧式文人的一种爱好。那时候的黄裳、黄永玉对汪曾祺都很看重,以为他大有潜力。三个人之间的互相欣赏,现在看来也是一段佳话。

我编副刊时,刊发过黄裳、汪曾祺的文章,印象是精善秀雅,字好,有书法家的痕迹,文章舒朗自在,学识暗含其中。他们阅读面广,读人亦深,文章是有力度的。近几十年间,讲版本与藏书的文章,能及黄裳者不多;而言草木虫鱼,汪曾祺则是佼佼者吧。他们在一些地方神似,尤其涉及明清前后的野史,连叙述的口吻都是一样的。如黄裳《六朝文絜》:

> 《六朝文絜》是著名的六朝文选本,一直盛传不绝,影响甚大。光绪中又有黎经诰笺注本,今有新印本。这是许珊林所刻的名作之一。珊林生于嘉道之顷,刻书有盛名,《笠泽丛书》《字鉴》《古韵阁宝刻录》《洗冤录详义》等,无不校刻缜密,纸墨精良,是清代后期刻本有代表性的精品。徐森玉先生极称道之,我曾听他谈许刻书种种故事,娓娓不绝,可惜已经记不仔细了。秦跋记《文絜》版刻甚详,

---

[1] 黄裳. 来燕榭文存二编. 北京:生活·读书·新知三联书店, 2011:62.

不愧目录学者。傅跋则畅谈了他对套版印本的意见，虽然不免陈旧，但确也说出了清末以来的藏书风尚。不知道什么时候起，套印本忽然大行其时，估计可能与万历吴兴凌闵刻朱墨套印本戏曲的风行有关。平心而论凌闵的创为套版，自是出版史上的一件大事，所刊曲本又往往附有绝精的版画，其受到读书界的重视，是不奇怪的。六七十年前专事搜集明刻套印本书的陶湘，所得不少，曾印涉园明本书目，请傅增湘作序，沅叔对套印本大加称许，与上引题跋中的话大两样了，大概是敷衍陶兰泉的门面话。[1]

这样的文章很好玩，学识见解都有，殊为难得。黄裳的学识与见解，汪氏颇为欣赏，他在讲到上海逛书摊时，提到了这位书友。《读廉价书·旧书摊》云：

> 在上海，我短不了逛逛旧书店。有时是陪黄裳去，有时我自己去。也买过几本书。印象真凿的是买过一本英文的《威尼斯商人》。其时大概是想好好学学英文，但这本《威尼斯商人》始终没有读完。
>
> 我倒是在地摊上买到过几本好书。我在福煦路一个中学教书。有一个工友，姑且叫他老许吧，他管打扫办公室和教室外面的地面，打开水，还包几个无家的单身教员的伙食。伙食极简便，经常提供的是红烧小黄鱼和炒鸡毛菜。他在校门外还摆了一个书摊。他这书摊是名副其实的"地摊"，连一块板子或油布也没有，书直接平摊在人行道的

---

1 黄裳. 春夜随笔. 合肥：安徽教育出版社，2006：157—158.

水泥地上。老许坐于校门内侧，手里做着事，择菜和清除洋铁壶的水碱，一面拿眼睛向地摊上瞟着。我进进出出，总要蹲下来看看他的书。我曾经买过他一些书，——那是和烂纸的价钱差不多的，其中值得纪念的有两本。一本是张岱的《陶庵梦忆》，这本书现在大概还在我家不知哪个角落里。一本在我来说，是很名贵的：万有文库汤显祖评本《董解元西厢记》。我对董西厢一直有偏爱，以为非王西厢所可比。汤显祖的批语包括眉批和每一出的总批，都极精彩。这本书字大，纸厚，汤评是照手书刻印的。汤显祖字似欧阳率更《张翰帖》，秀逸处似陈老莲，极可爱。我未见过临川书真迹，得见此影印刻本，而不禁神往不置。"万有文库"算是什么稀罕版本呢？但在我这个向不藏书的人，是视同珍宝的。这书跟随我多年，约十年前为人借去不还，弄得我想引用汤评时，只能于记忆中得其仿佛，不胜怅怅！[1]

对比二人的文字，彼此的个性就看出来了。黄裳一旦进入版本话题，就十分专业，愈说愈深，痴意绵绵；汪氏则偏于经历与书的漫谈，他乐于谈书，更乐于谈书外的人与事。孙犁好像也有一点类似的样子，记得读过孙犁一篇《野味读书》，与汪曾祺行同一调，此为小说家笔法，自然有些弦外之音。

说起来，二人的性情在一点上是相近的，那就是他们都是慈悲的人，对现代革命的态度是积极的。风潮来了，被裹进去，也并不焦虑，不前不后，不高不低，跟着走就是。对比张中行，他们就"入世"得很，

---

[1] 汪曾祺．汪曾祺全集：第4卷．北京：北京师范大学出版社，1998：37．

看人看事还是有一般的伦理尺度的，或者说是不逾矩。张中行是逾矩的，因而走得就比常人远，乃哲人之旅，常人怎么能及！

但随着大流走，并非没有操守，二人至少在审美追求上，是逆社会潮流而动的。他们在喧哗的岁月里保持了一份宁静，以沉潜之笔画出山河之色与人性之光，都是深远的存在，读之可久久驻足。写作并非都是自娱，也有抵抗的意味。社会都如此就好吗？个性的表达都该有自己的空间，何必与人一样呢？所以，对他们来说，能在有限的园地，拓出一点未曾有的颜色，冲出荒凉所在，也是一种快慰。傅山的书法与散文，在明末大放光芒，大概就是逆俗所致；徐文长晚年灵光出现，以凡笔写出神韵，也是对流俗反抗所致。黄裳与汪曾祺不是不知道此点，他们有时就走着类似的路，众人皆醉我独醒，众人皆醒我却醉，总要和世界有点距离。

汪曾祺晚年出名之后，脑子并不发热，有几个人他是佩服的：一是孙犁，一是黄裳。因为二人的文字有常识与情调，而且二人都是自革命队伍过来的人。革过命的人，并非都横刀立马，有时候不免小桥流水和曲径通幽。在汪曾祺看来，社会变革与人间潮流，抗不了，只能顺；但顺之中，也要有点小反抗，不被风潮卷得太远。在无人的地方，慢慢地行走，心与上苍交流，世道人心，总免不了凄风苦雨，而文章家的乐趣，乃在于建了自己的亭子，在风雨之日寻了片刻宁静。读这些人的书，有时就觉得，人生有时停下来，不急于走路，环视四周，也内看己身，是很好的。

许多年后，黄裳回忆与汪曾祺的交往，留下了这样一段话：

> 回忆一九四七年前后在一起的日子。在巴金家里，他实在是非常"老实"、低调的。他对巴老是尊重的（曾祺第一本小说，是巴金给他印的），他只是取一种对前辈尊

一〇 黄裳

敬的态度。只有到了咖啡馆中,才恢复了海阔天空、放言无忌的姿态。月旦人物,口无遮拦。这才是真实的汪曾祺。当然,我们(还有黄永玉)有时会有争论,而且颇激烈,但总是快活的、满足的。我写过一篇《跋永玉书一通》,深以他俩交往浸疏为憾,是可惜两个聪明脑壳失去碰撞机会,未能随时产生"火花"而言。是不是曾祺入了"样板团"、上了天安门,形格势禁,才产生了变化,不得而知。

…………
  二十世纪八十年代前后,我有两次与曾祺同游。一次是随团去香港访问。不知曾祺是否曾被邀作报告,我是有过经验的。推辞不掉,被邵燕祥押赴会场(燕祥兄与陆文夫似同为领队),并非我不喜说话,实在是觉得那种在会场上发言没有什么意思。又一次与曾祺同游,一起还有林斤澜,叶兆言负责照管我们的生活,从扬州直到常州、无锡,碰到高晓声、叶至诚。一路上逢参观院校,必有大会。曾祺兴致甚高,喜作报告,会后请留"墨宝",也必当仁不让,有求必应。不以为苦,而以为乐。这是他发表《受戒》后名声鹊起以后的事。[1]

  黄裳的回忆透出许多信息。他们相知的深没有问题,但彼此差异较大,也是可以看出来的。报人做久了,厌倦应酬是自然的。可是汪曾祺晚年并不拒绝应酬,也许是真的没有耐得住寂寞吧。他喜欢与青年人交往,交游也是不反对的。这在黄裳看来大概有损文气,应引起警觉。所以他和汪曾祺不同的是,更能沉潜下来,默默地在

---

[1] 黄裳. 故人书简. 北京:海豚出版社,2013:242—245.

书海里游走，不为外物所扰。汪曾祺不得高寿，乃痴心于现实的美意，自己深陷在艺术的享受里，饮酒、游玩，耗费了许多时光。不单纯隐含在诗意里，而是多享世主义式的快慰，这样的洒脱，黄裳是没有的。他清秀的文笔也透露出一种寂寞来，唯有诗情是可以自娱的。寂寞也有美，黄裳似乎是这样的。

在精神气质上，黄裳先追随周作人，后靠近鲁迅的传统，可一生也没有摆脱周作人的影响。而汪曾祺与鲁迅隔膜的地方很多，道并不同：一是没有鲁迅式的批判意识，不喜欢金刚怒目式的存在；二是认为安静的文字可能紧接人性的深处，总有美妙的一面，比如沈从文就是这样。黄裳是喜欢打笔墨官司的人物，对不喜欢的东西，会说一些刺耳的话，表里一致，也未尝没有火气。汪曾祺有牢骚多在私下说说，很少形诸笔墨，以和为贵，不伤人。这样的选择，是审美的差异，其实未尝不是人生观的差异。在散文的写法上，黄裳古朴，汪曾祺则是清淡也有，温润也多，更有意思。他们的文章，在中国是少有的好文章。而汪氏富于变化，那是黄裳不及的地方。

汪曾祺在心里是佩服黄裳的，因为知道黄裳有学问，文字也属于高水准的。一九八八年，香港要搞一个飞马奖，奖励华人作家，他推荐了黄裳，但黄裳拒绝了。汪曾祺当时如何想，不得而知。从他们晚年的情形来看，路径真的不同，好像也有隔膜的地方。黄裳越来越像个学者，汪氏则还是社会的游走者，随意而好玩。我们把这两个老人的故事放在一起考量，会发现许多有趣的地方。人间的路，总是不同为好。各自的行走，有着各自的快慰，为什么要齐一呢？

若说革命时代的士大夫，他们两人有许多可代表的一面。黄裳在离古人近的地方抨击现实，接着旧事说事，根底在今世，思想是左翼的无疑。比如张爱玲大热，他却不以为然，以为其气节不好，与汉奸文化过近，不足取也。张中行为明末的文人说了些好话，黄裳斥其为汉奸言论。这样的表白，我以为大可商榷。究其原因，那自然是他的信仰所致。同样是好古，他还是革命者的思维，就有现代的理念在此。无论怎样谈过去，黄裳其实都是在讲今天的体验。所以黄裳的文章一直好读，那是有激情在焉。革命者的情结，在阅读国故中也表现得淋漓尽致。

汪曾祺的古风背后，自然也有现代革命因子的影响。他在二十世纪八十年代的思想虽然属于自由派的一边，但绝不突破底线，对近代的革命也非否定的态度。在《我是一个中国人》中，他说：

> 我当然反对利用"人道主义"来诋毁社会主义，诋毁我们伟大的祖国。[1]

在《文化的异国》中写道：

> 中国文学没有在世界范围内得到公平的评价，一方面是因为缺乏了解，另一方面，不能不说，全世界的文学界对中国文学存在着偏见。有人甚至说："中国无文学"，这不仅是狂妄，而且是无知![2]

汪曾祺在《悬空的人》中有这样的叙述：他去美国，认识了一个黑人学者，谈得很投机。文章的结尾道：

> 在我起身告辞的时候，赫伯特问我：我们没有历史，

---

[1] 汪曾祺．逝水．北京：中国青年出版社，1996：199．
[2] 汪曾祺．汪曾祺全集：第5卷．北京：北京师范大学出版社，1998：172—173．

你说我们应该怎么办?

我说,既然没有历史,那就:从我开始!

赫伯特说:很对!

没有历史,是悲哀的。

一个人有祖国,有自己的民族,有文化传统,不觉得这有什么。一旦没有这些,你才会觉得这有多么重要,多么珍贵。

我在美国,听说有一个留学生说:"我宁愿在美国做狗,不愿意做中国人",岂有此理![1]

这些表达,在那时候都显得落后、古板,不合时宜,但那是他真心的表露。这与黄裳的思路几乎一致。张中行看到汪曾祺这样的看法,有些微词。彼此的道路的确不同。现在看来,在二十世纪八十年代,解放思想的程度是不同的,有的微步前行,有的反骨铮铮。黄裳、汪曾祺还在老路上,至少在四十年代末的路上走着。

在一个剧烈变化的时代随着潮流走,却又和潮流保持距离,可说是另类的精神存在。五十年代后,中国旧式读书人的传统,是靠这样的在革命队伍里的人传播下来的。革命的人真的复杂,毛泽东酷爱古书,康生玩玩古董,舒群则弄弄书法,都是在革命年代的悠闲。革命真的与传统思想没有关系吗?我们读那段历史,这些复杂的人物,似乎都暗示了些什么。

---

[1] 汪曾祺. 蒲桥集. 北京:作家出版社,1991:263—264.

一

午门上

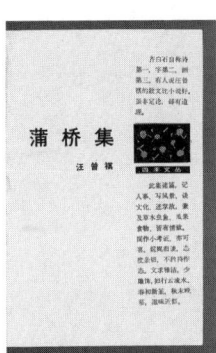

《蒲桥集》,一九八九年三月,作家出版社

一九四八年汪曾祺与夫人施松卿在北平

北平并非乐土。二十世纪四十年代末，兵荒马乱，不宜安心写作。汪曾祺到北平是在一九四八年，原因是女友到了北大任教，他随之北上是自然的。那时候沈从文在北平主持几个报刊，他心里也有了依托。

　　其实工作并不好找，开始他一直处于失业的状态。偌大的古城，没有自己的落脚之地，心里是苦楚的。从一些材料看，沈从文为他在历史博物馆觅一小职，总算可以安定下来了。他在北平的时候，心里也并不快乐。

　　初到北平，内心像灰蒙蒙的雾，一片茫然。他大概还在做作家的梦，还是大学时代的为艺术而艺术的憧憬。他写的东西也不多，但佳作是有的。邵燕祥就注意到了他的作品，留下的印象很深。汪曾祺年轻时期的文字有生气，是沈从文式的清谈，可是他自己并不满意，好像潜能未被挖掘出来。探索的年龄是躁动的，他也不能免俗。

　　他和施松卿在政治态度上属于中立，对党派文化都有点隔膜。西南联大的学生左翼的也有一些，不问政治的温和派也不在少数。到北平后，他们还保留着旧的风格，好像世风未能影响一般。汪朗、汪明、汪朝在《老头儿汪曾祺》一书中介绍说：

　　　　爸爸在午门闲极无聊打发时光，妈妈在北大教书倒是挺上心。当时她负责公共英语的大课，解放战争打得热火朝天，她还在劝导学生好好学习。有一个学生运动积极分子经常缺课，妈妈就专门找他进行个别教育，说像你这样不好好学习，将来是没有前途的——此人就是胡启立。爸爸和妈妈，真真正正是一对书生。[1]

不问政治，又没有多少社会关系，生活自然单纯。历史博物馆的工作更把汪曾祺变成一个闲人。那段生活对于他来说，只能以无聊谓之。

历史博物馆是鲁迅那代人在民初创建的，很长时间里设在午门上。自从宣统皇帝被逐出宫门后，皇宫变成了故宫博物院，午门则归属历史博物馆。汪曾祺到博物馆工作，对那里的环境并不熟悉，也一直没有进入这个行业的中心去。倒是他的老师沈从文深入此间成了文博专家，那已是后来的事情了。

在《午门》一文里，汪曾祺写道：

> 一九四八年，我曾在历史博物馆工作过将近一年，而且住在午门的下面。除了两个工友，职员里住在这里的只我一个人。我住的房间在右掖门一边，据说是锦衣卫值宿的地方。我平生所住过的房屋，以这一处最为特别。夜晚，在天安门、端门、左右掖门都上锁之后，我独自站立在午门下面的广大的石坪上，万籁俱静，满天繁星，此种况味，非常人所能领略。我曾写信给黄永玉说：我觉得全世界都是凉的，只我这里一点是热的。[2]

---

1 汪朗，汪明，汪朝. 老头儿汪曾祺. 北京：中国青年出版社，2012：64.
2 汪曾祺. 蒲桥集. 北京：作家出版社，1991：32—33.

―― 午门上

  汪曾祺在午门都做了什么工作,他语焉不详,好像对那里并无深情。匆匆一年,几乎没有留下什么痕迹,就那么一点点虚度过去了。他回忆道:

> 午门居北京城的正中。"午"者中也。这里的建筑是非常有特色的。一是建在和天安门的城墙一般高的城台之上,地基比故宫任何一座宫殿都高。二是它是五座建筑联成的。正中是一座大殿,两侧各有两座方形的亭式建筑,俗称"五凤楼"。旧戏曲里常用"五凤楼"作为朝廷的代称。《草桥关》里姚期唱:"到来朝陪王在那五凤楼",《珠帘寨》里程敬思唱:"为千岁懒登五凤楼"。其实五凤楼不是上朝的地方,姚期和程敬思也不会登上这样的地方。
> 　　五凤楼平常是没有人上去的,于是就成了燕子李三式的飞贼的藏身之所。据说飞贼作了案,就用一根粗麻绳,绳子有铁钩,把麻绳甩上去,钩搭住午门外侧的城墙,倒几次手,就"就"上去了。据说在民国以后,午门城楼上设立了历史博物馆,在修缮房屋时,曾在正殿的天花板上扫出了一些烧鸡骨头、桂元、荔枝皮壳。那是飞贼遗留下来的。我未能亲见,只好姑妄听之。理或有之:躲在这里,是谁也找不到的。[1]

  可以想象他那时候的孤独。午门内外,都是冷冷的世界。那时候在北平可接触的人没有几个,所得也只能是空漠吧。单位的工作都很平凡,翻资料,做卡片,接待参观者。单调和乏味笼罩着他。

---

1 汪曾祺. 蒲桥集. 北京:作家出版社,1991:32.

在文化单位，往往感受不到文化，只能呆看着周围的世界。那时候筒子河边常有杂耍之人，算卦、卖艺者多多，据说还有些叉鱼者，他好奇地看着这些。对他来说，可做的事情还是太少了。

一九四八年的北平，文物界十分萧条。中断了二十年的中国博物馆协会开始活动，故宫博物院院长马衡被选为会长。年底，故宫的一些文物开始往台湾迁运，社会动荡对博物馆界的影响是很大的。据《故宫博物院八十年》介绍，国民党部队数次要进入故宫，均被拒绝。于是只好紧闭大门，不得开放，而午门则成了少数可以参观的景点。到了一九四九年二月，故宫才又开始售票，参观的人数并不太多。午门的情形可想而知。

而文化生活也不如想象的那么活跃。左右翼的期刊各有市场，在政治极为复杂的情况下，艺术的光芒被战云所遮掩。那些不谙政治的文人大概也意识到了问题的复杂性，内心有诸多困扰是自然的。邵燕祥在《我死过，我幸存，我作证》一书中写道：

> 按照当时通用的区分左中右的惯例，我那些地下党同志所推许的作品，所发表的言论，所介绍的书刊，包括胡风主编的《希望》等等，是左派，当时的影响主要在若干左倾同学中间，也可能及于个别报纸的副刊。如我常读的《经世日报》副刊上，就有我认为是进步倾向的诗歌，不止柯原《雪夜的祝福》一例，至今我不知道那版的编者是谁。《国民新报》的副刊也是这样，编者孙复如不是地下党员，也必是党的同情者。天津《大公报·文艺》似是劳荣、刘北汜主编，至少应该算是中间偏左；天津《益世报·语林》是文艺性综合副刊，有些散文随笔小小说很好，其中有一位署名甲乙木的作者，就是地下党员、老报人吴

云心。

当时平津有几个大报的文艺版面,大体上属于中间派。

天津《大公报》的"星期文艺",冯至主编,天津《益世报》的"文学周刊",沈从文主编,都是从一九四六年秋冬就开始了的。前者除了文艺作品,有时评介外国文学和美学著作,对纪德、萨洛扬、克罗齐等都发过专论。后者以作品为主,穆旦的诗,汪曾祺的小说,黄永玉的木刻都在这里崭露头角,还有些看来是北大中文系同学如王连平等课堂作业中的佳作。穆旦当年曾招致左派朋友抨击的《时感四首》就发表在这里。

北平的《平明日报》是傅作义办的,有个《星期艺文》标明沈从文、周定一主编;北平的《经世日报》,李宗仁办的,有个《文艺周刊》,标明杨振声主编,实际有金隄、袁可嘉协助;北平的《华北日报》,是国民党党报,有个"文学"周刊,由沈从文委托吴小如主编,"文学"二字先后由沈从文和吴父吴玉如题签。这三处我都因投稿结下文字缘。[1]

邵燕祥的记忆到晚年一直清晰得很,他替我们还原了汪曾祺午门岁月的文学环境。汪曾祺对发生过的事情只记得心理体验,不太注意历史的细节,但这些资料足以证明那时候北平的写作群落的状态。

汪曾祺在二十世纪四十年代末的创作不多,也没有邵燕祥那么热情,他和激烈的环境还是一种不即不离的关系。

此时北平处于大分化和大变动的时期,沈从文不断感受到左翼

---

[1] 邵燕祥. 我死过, 我幸存, 我作证. 北京:作家出版社, 2016:61.

作家的力量。自由主义的文人和象牙塔里的文人都有点落伍的样子，包括沈从文在内，焦虑的心情是时常有的。对于这些压力，汪曾祺大概感觉不深，因为他还是个小萝卜头，没有谁关注过这个外乡人。在这个古老的地方，他认识的人十分有限。他和施松卿过得很浪漫，经常逛逛名胜，到饭店去吃饭。有时候到清华大学去见见老同学朱德熙，甚至有一年新年就是在朱德熙家里度过的。朱德熙过的是学者生活，他是否羡慕不得而知。做博物馆的馆员，在他是合适的，对其作家的生活不无益处，虽然他那时候并未意识到。

北平给汪曾祺的印象是苍古的，许多风情与旧迹他都喜欢。关于这座古城的过去的描述，曾略知一二，真的置身于此，却有些茫然。他最初的感觉是寂寞，这里的一切和上海不同，古老的街道掩映着岁月的风尘。唤起他的诗情的地方很多，可是在与其对话的时候，却没有什么言辞了。

他在北平一年多的生活，参加过一些文化活动，多与沈从文有关。在《大公报》上能够看到他的一些活动的片段，对了解彼时的文人生活不无参考。《大公报》的副刊很活跃，作者以京派作家学人为主，也不乏左翼色彩的文章。书评方面有苏联的情况，高尔基的作品也在版面中可以看到。所议论的中国作家最多的是鲁迅，但多谈艺术与生平史料方面，如牛山《鲁迅与木刻》、洛雨《鲁迅与周作人》等。朱自清去世后，刊载的文章很多，左翼学生王瑶《朱自清先生未完成的一篇序文》等，文字都很滚烫。不过《大公报》总体上偏于趣味与学理。张申府、李长之的谈孔子，钱谷融的议论国文教育，袁可嘉关于新诗的连载文章，以及靳以、唐湜的随感，都没有血色的渲染。副刊所介绍的外国作品亦有品位，关于T.S.艾略特的短文、纪德的游记，都能看出编者的眼光。作品版有时候也有小小的怨怼的文字，那多是域外的作品，是小知识分子式的感伤。如挪威诗人A.尔弗兰《我们要活下去》，因为是洋人的作品，与当下中国人的感受自然有别。

汪曾祺参与报社的活动，一是和沈从文等人出席一个关于文学前途的座谈会，一是积极投稿。有趣的是，他和女友施松卿都给《大公报》写过文章。汪曾祺的那一篇叫《昆明的叫卖缘起》，发在一九四八年六月二十七日《大公园地》上。到了十月二十四日，副刊上就有了施松卿的《在汽船上》。两个人的文字，都很安静。汪曾祺那篇，完全带着社会学家和诗人的趣味，杂学的味道悠然飘来，他晚年在此类文本中大显身手，不是一日之功，可以看出他出道之早，这也可以作为沈从文欣赏他的证据。在气脉上，他们之间的确有相通的地方。

那时候左翼文化对文坛的冲击很大，作家们惶惑的地方殊多。一九四八年，汪曾祺在关于文学前途的座谈会上，听到袁可嘉、沈从文诸人的讲话，内心不免有些惆怅。京派作家的普遍的压力，让他意识到时局的严酷，而神往的还是远离血与火的生活。作为晚辈，在座谈会上他最后一个发言，很低调，对艺术的偏爱依然在京派的世界里。他的创作兴致还没来得及发挥，晦气就罩到了头上。

一个南方人忽然在北地生活，对地域的反差是看得清楚的。北方正在轰轰烈烈地革命，地下党的活跃、左翼作家的运动，似乎比上海和昆明更甚。他躲在博物馆里，能够感觉到外面的世界的变动，对于血色的时局，也只能听之任之。

在动荡的时候，艺术收获平平，生活的感触却在一点点增加，使汪曾祺有了阅人读世的感受。后来谈到北京的特点，他概括说，北京人一是爱满足，二是喜欢看热闹。满足，当然就没有剧烈的冲撞，能心平气和地打量世界；看热闹，那是天子脚下民众的传统。这在审美上，是独特的方式，可是人生的状态，就少了朝气和生气。京城人也是有骨气者多，只是乱骂罢了。在博物馆，他接触过地道的北京人，京腔京调，都很美。有一个叫老董的人，给他的印象一直挥之不去。他在《老董》一文里专门写到了自己的印象：

> 他什么时候到历史博物馆来，怎么来的，我没有问过他。到我认识他时，他已经不是"手里的钱花不清"了，吃穿都很紧了。
> 历史博物馆的职工中午大都是回家吃，有的带一顿饭来。带来的大都是棒子面窝头、贴饼子。只有小赵每天都带白面烙饼，用一块屉布包着，显得很"特殊化"。小赵原来打小鼓的出身，家里有点积蓄。
> 老董在馆里住，饭都是自己做。他的饭很简单，凑凑合合，小米饭。上顿没吃完，放一点水再煮煮，拨一点面疙瘩，他说这叫"鱼儿钻沙"。有时也煮一点大米饭。剩饭和面和在一起，擀一擀，烙成饼。这种米饭面饼，我还没见过别人做过。菜，一块熟疙瘩，或是一团干虾酱，咬一口熟疙瘩、干虾酱，吃几口饭。有时也做点熟菜，熬白菜。他说北京好，北京的熬白菜也比别处好吃，——五味神在北京。"五味神"是什么神？我至今没有考查出来。
> 他对这样凑凑合合的一日三餐似乎很"安然"，有时还颇能自我调侃，但是内心深处是个愤世者。生活的下降，他是不会满意的。他的不满，常常会发泄在儿子身上。有时为了一两句话，他忽然暴怒起来，跳到廊子上，跪下来对天叩头："老天爷，你看见了？老天爷，你睁睁眼！"[1]

---

[1] 汪曾祺. 汪曾祺文集：散文卷. 南京：江苏文艺出版社，1993：173.

汪曾祺在短短的时间就感受到了京城底层人的原态，素朴的生活背后的焦虑也烤灼着他。破败古都的人与事，早已没有了诗意。联想到十余年前看北京作家对那里的冲淡古意的描写，他恍然意识到文字里的世界与真的人生之不同，意识到自己和这个旧都有着既亲又离的关系。他有些茫然，甚至产生了淡淡的哀伤。北方也无非如此，大家都在非人的世界上存活着，有什么办法呢？

　　半年下来，他对这里的生活就有点厌恶了，很长一段时间无法融入其间。毕竟年轻，没有定力是一个因素；另外，时局动荡也是个因素。所以，解放军进城后，他选择了随军南下，离开了古城。陌生而新鲜的生活在召唤着他。对他来说，过于寂寞也非真的人的生活。刺激与庄严，对这个青年人而言，依然比沉寂好。他不能成为一个学人，由此也可印证一二。

一二 大众之音

《晚饭后的故事》（英文版），一九九〇年，中国文学出版社

二十世纪五十年代后期汪曾祺（左五）与中国民间文艺研究会的同事合影

一二　大众之音

　　汪曾祺从南方调回北京时，新中国已经成立，旧京已经今非昔比。他的工作变动有一番周折，最后终于如愿，落脚到北京文联，任务是编辑《说说唱唱》。

　　这个杂志创刊于一九五〇年一月，因为可以接触到民间文艺作品，民俗中的有意味的因素含在其间，编起来有一点趣味。新中国成立之初办这个杂志，有点和知识分子的文本作对的意思。新中国了，一切要不同于过去，古文不行，外国的文艺不行，可以生长的唯有民间性的作品。创刊号上有郭沫若的题词："说说唱唱要表现出新时代的新风格，不仅内容要改革，说唱者的身段服装也须得改革。请大家认真考虑一下。"茅盾的题词写道："民族的、大众的、科学的说说唱唱。"这些观点，大概可以看作杂志的纲领，汪曾祺的工作，只能在这个框架内进行。他知道，自己正经历一个变革的时代，只能跟上脚步而进，过于被动是不行的。

　　杂志最早的主编是李伯钊、赵树理，编委有王亚平、老舍、苗培时、康濯、王春、马烽、凤子、田间、辛大明、章容。到了一九五一年十月，主编改为老舍，副主编则为李伯钊、赵树理、王亚平，主持工作的是赵树理先生。《说说唱唱》乃新中国初创时期重要的文艺期刊，基本延续了解放区文艺的传统，以大众的戏曲为主，兼有故事、小说，都是通俗的作品。创刊号的目录如下：

赵树理:《石不烂赶车》(上)
苗培时:《双喜临门》
王亚平:《老婆子和小金鱼》
康濯:《李福泰翻身献古钱》
马紫笙:《工人科长牛占梅》
景孤血:《香炉回家》
辛大明:《烟花女儿翻身记》
草田辑:《大众诗选》(编辑的组诗——作者注)

第二期的目录是:

王彭寿:《测量拒马河》
老舍:《生产就业》
马烽:《周支队大闹平川》
王素稔:《红花绿叶两相帮》
连阔如 苗培时:《飞夺泸定桥》
张景华:《劝买公债》
李伯钊:《送红袄》
赵树理:《石不烂赶车》(下)
葛翠琳改编:《月儿照正南》
草田辑:《大众诗选》(编辑的组诗——作者注)

杂志刊载的文章,和汪曾祺个人的爱好颇有距离。可以想象的是,这样的刊物,党的宣传痕迹明显,不需要民国的京派刊物的精致与典雅,工作有点简单化。一线的工农作者其实很少,多是读书人按照工农的口吻设计出来的文字,可以说是读书人模拟的大众口吻的

一二 大众之音

读本。编辑部常常要配合形势发各类文章,因为作者的来稿多不能采用,编辑们只好亲自动手。这也就是编委的文章时常见诸刊物的原因。汪曾祺回忆,赵树理常常在来稿里挑来挑去,因为多为废稿,沮丧的时候居多。有一次无意间发现陈登科的《活人塘》,兴奋了半天,发表出来后还亲自为文,向读者推介。这个工作态度,其实隐含着一种取向:工农的文艺,要靠新式的文人的参与才可以产生。没有新文人这个环节,就没有新的群众艺术。

《说说唱唱》的创办有新中国文艺建设的策略,基本是在以大众的形式去争取读者。在那时候其实自有难度,因为大众的口味不是这样的作品。赵树理在一九四九年到天桥一带看节目,剧场都很热闹,可是他有点失望,就说:

> 我常到天桥一带去,看见许多小戏园子里,人都满满的,可是表演的却不是我们文艺界的东西。我们号称为人民文艺工作者,很惭愧,因为人民并未接受我们的东西。广大的群众愿意花钱甚至站着去听那些旧东西,可见它是能够吸引住人的。它的内容多半是以封建体系为主,表扬"封建君主的尊严""某公子中状元""青天大老爷救命""武侠替天行道""神仙托梦""一道白光"……等等。这些题材,基本上都是歌颂封建体系的,拿这些很为群众喜爱的文艺形式,却灌输给群众许多封建性的东西,这是一件非常可惜的事。虽然群众很需要新的文艺作品,而我们也急于把我们的作品深入到群众中去,但两下接不上头,互相结合不起来。就天桥来说,我们的文艺作品很少能卖到天

桥去。因此我们感到有组织大众文艺创作研究会的必要。[1]

这是他在大众文艺创作研究会成立大会上的讲话，时间是一九四九年的十月，恰是《说说唱唱》成立的前夕。汪曾祺参与到这个杂志的工作中，也有适应的过程，内心在慢慢熟悉这里的一切。在创作理念上，他自然不及赵树理成熟，和康濯、李伯钊、王亚平比，亦有很大的距离。不过因为都是有一定学术眼光和创作经验的人，刊物有一些内容是很有情调的：比如注意对民俗和民间艺术的整理，从古典文学里寻找白话文的技巧，搜集西藏、内蒙古的民谣；甚至把目光放到国外，比如对朝鲜民间故事的整理，都有特点。刊物还关注书法与绘画，胡絜青曾在杂志上写过一篇介绍齐白石的文章，别开生面。这里有老舍的意图在，也包含着赵树理的理念吧。汪曾祺对齐白石的注意，也在这个时期。他喜欢齐白石的笔法和超然的人生态度，对其笔墨间灵动和脱俗的意象佩服不已。《说说唱唱》因有了这样的品味，一时吸引了不少读者。

因为是新中国成立初期，对新的艺术如何表达看法不一，《说说唱唱》刊载的文章在风格上也不一致。给人印象较深的是老舍的一些曲艺作品，乃地道的老北京方言，唱词里都是新人新事，文字间有抑制不住的翻身喜悦。王亚平那些配合运动的文本、邓友梅关于抗美援朝的小说、吴晓铃谈论民歌的短文，都有些趣味。《说说唱唱》刊发的《关于婚姻问题的民歌》及《花儿选集》，野性之间还有温情，出其不意的笔法殊多，乃难得之作，有很高的审美价值。有的民歌想象力是奇异的，这大概是五四时期北大整理歌谣之后，更为集中的一次民间歌谣搜集，编者很有民俗学的眼光。

---

[1] 赵树理. 赵树理全集：第4卷. 太原：北岳文艺出版社，2000：187.

但编辑们并非一味迎合民间小调，毕竟是文人办刊，知道民间存在的问题，偶然也刊载讽刺国民性的作品。他们也以为是寻常之事，不过是五四以来的风格的延续，不料却遭到批判，不得不做自我批评。一是在第十六期上刊发的《政府不会亏了咱》，有关部门和个别读者认为歪曲了现实。编辑部迫于压力，在一九五一年九月第二十一期刊发检讨文章。在另一期发表的小说《金锁》，模仿了《阿Q正传》的笔法，写了农民的弱点，也遭到批判。赵树理不得不出来做检查，说了些无奈的话。编辑不都懂政治，比如介绍武训这个人物，就用了中性的语言，没有阶级的观点，赵树理也得进一步检查自己。显然，《说说唱唱》的编者还不太适应变化的时代，从赵树理那时候的言谈里，可以看出他内心的压力。新中国成立初期的官方文艺思想与作家之间的复杂关系，在《说说唱唱》的命运里是有所体现的。

汪曾祺在这本杂志上发表的东西很少。偶有文字，都是配合形势的表演唱或文史钩沉之类的作品。一次是在编辑部公开检查错误后，为表达忠心而集体创作的曲艺联唱《歌颂天安门》，他是主要执笔人，其他作者有沈彭年、王素稔、施白芜、金寄水、齐芳、曹菲亚、姚锦、孙毓椿等；一次是对白居易诗歌的翻译，由文言到白话的转化，功力不俗。他在那时候不过是一个配角，不在主流里，只是在紧要时候出来应付一下，然后就躲到一旁了。

年轻的汪曾祺在《说说唱唱》编辑部的几年，最大的收获是了解了北京的底层文化，结识了像赵树理那样的前辈。他对北京的了解，是通过老舍、侯宝林、连阔如的文本开始的，收获很大；而与赵树理共事，则打开了他审美的另一扇大门，他对这个土生土长的作家颇为佩服，在小说笔法、学识、为人方面，开悟很多。赵树理是真懂民间艺术的人，言及戏曲、杂技、小说、诗词等都有妙论，散淡得如乡野高人。他的小说不仅传神，还有学理的力量，带着乡村中国的魅力，和那些大学教授不同，也与沈从文有别。赵树理乃民间智慧和传统文化的有趣的嫁接者，旧的读书人的毛病殊少，传统文化精妙的因素却在他身上得以延伸。赵树理这样的人物，在汪曾祺看来是一个奇迹，因为既有泥土气，又有创新的理念，遂远离了士大夫的窠臼，一身新时代的气象。这在汪曾祺看来不妨是一种选择。在易代之际，有此气象者，唯老舍、赵树理两人而已。

赵树理的文章表面很土，其实有读书人少有的见识，识人之深可与鲁迅相比。他写乡间的人物，用评书与戏曲的笔法，画面感与诗意相间，泥土的趣味犹存。鲁迅写小说、杂文，多是读书人的话语，用赵树理的话说是给知识阶层看的；而赵树理的文字乃是面向大众的，[1] 主要的接受者是农民，所以文章短小、曲折，人物鲜活，语言很有民间气，又有提炼升华。他读人很深，写各类人物都有特点，像传统话本里的人物，呼之欲出，可是这些人物与故事又没有旧文艺的老气与奴性，是解放了的文字，直面的是变革中的社会，不妨说有一种对百姓尊严的观照。这一点又是五四的遗绪，放大了鲁迅精神。《小二黑结婚》《三里湾》都有奇笔，为新文学中难得的佳作。汪曾祺在他那里看到了审美的亮点，感受到了京派文人作品中没有的意蕴。他其实更欣赏的是赵树理、老舍的文笔，京派作家中，除了废名、沈从文，在小说天才方面能及赵树理与老舍的不多。汪曾祺在后来的写作里，是有些受到赵树理、老舍的辐射的。至少他们的底层体验的实绩，对其视野的开阔不无影响。

二十世纪五十年代的文学有一种倾向，那就是对知识阶层的贬低，相声、小品里的段子很多，都在有意借此提高工农的境界。汪曾祺受到刺激是一定的，甚至有些压抑也是可能的吧。不过他在老

---

1 赵树理. 赵树理全集：第4卷. 太原：北岳文艺出版社，2000：408.

舍、赵树理、齐白石那里也受到诸多新色调的暗示，比如如何从百姓中学习语言、提炼语言，如何在民间戏曲中感悟表达的神采。从民间学习语言，不是模仿街头艺人的段子，而是得其形换其意，背后有人性的神采。这些，大概就要靠学识的培养，非一日之功。老舍、赵树理读书都很多，收获自然也大。其实，那时候的老舍、赵树理并不完全反对知识分子的写作，他们以为文人与工农的创作各有价值。五四后已有了鲁迅、茅盾、曹禺等人的经验，自然要发扬的，可是他们也认为，文学有着多样性，从大众与民间提取诗意与趣味，也并非不可能，况且正经历着教育百姓的变革。

汪曾祺欣赏赵树理，大概还有一个原因，那就是赵身上还残留着旧文人气。这些在日常工作中可以看到。比如其书法好，钢笔字力透纸背，不俗气，一看便有形神之美。赵先生偶尔写的五言七言诗，老到深切，悟道甚深。这些，都非一般文人可以做到，可谓智者气象。汪曾祺回忆说：

> 赵树理同志的稿子写得很干净清楚，几乎不改一个字。他对文字有"洁癖"，容不得一个看了不舒服的字。有一个时候，有人爱用"妳"字。有的编辑也喜欢把作者原来用的"你"改"妳"。树理同志为此极为生气。两个人对面说话，本无需标明对方是不是女性。世界语言中第二人称代名词也极少分性别的。"妳"字读"奶"，不读"你"。有一次树理同志在他的原稿第一页页边写了几句话："编辑、排版、校对同志注意：文中所有'你'字一律不得改为'妳'字，否则要负法律责任。"
>
> 树理同志的字写得很好。他写稿一般都用红格直行的稿纸，钢笔。字体略长，如其人，看得出是欧字、柳字的

底子。他平常不大用毛笔。他的毛笔字我只见过一幅，字极潇洒，而有功力。是在劳动人民文化宫见到的。劳动人民文化宫刚成立，负责"宫务"的同志请十几位作家用宣纸毛笔题词，嵌以镜框，挂在会议室里。也请树理同志写了一幅。树理同志写了六句李有才体的通俗诗：

　　古来数谁大，
　　皇帝老祖宗。
　　今天数谁大，
　　劳动众弟兄。
　　还是这座庙，（劳动人民文化宫原是太庙）
　　换了主人翁！[1]

汪曾祺对赵树理的形神的描述，是一篇美文，文人飘逸可爱的一面，于此可见。他在这个新旧参半的文人身上，看到了神异的美。那些关于革命、政治的话题，他都不感兴趣，念念不忘的竟是其文人的风骨。不论什么文学，什么主义，写作者如果没有性情，缺少笔墨闲情，那就殊乏趣味了。

《说说唱唱》一共出版了六十三期，历时五年零三个月，其间有诸多不快的故事，汪曾祺均默然不语。他记得的是词章、翰墨之迹，以及那些耐人咀嚼的幽情。在革命轰轰烈烈的时期，一个青年编辑在单色调里，会心地欣赏着偶尔闪现的士大夫的灵光，且敏于捕捉、记录，那是多趣之人才有的状态。

---

[1] 汪曾祺. 汪曾祺全集：第5卷. 北京：北京师范大学出版社，1998：29—30.

一三 老舍先生

《旅食集》,一九九二年四月,广东旅游出版社

一九六一年，汪曾祺和家人在北京中山公园

一三　老舍先生

通过《说说唱唱》，汪曾祺结识了老舍。这在他是意外的收获。老舍生前说，在北京作家中，他最怕的是两个人，一是端木蕻良，一是汪曾祺。[1] 我猜想这背后的原因是，老舍认为这两个年纪小于自己的作家有学问，这是让他心虚的地方。

北京作家谈起老舍，都透着佩服的口气。老舍的文字好，人好。他作品漫溢的天赋，大凡写北京生活的人，不得不感念再三。但他一生最动人也最悲惨的，是他的死。无声的陨落其实完成了他的人格，在历史上是罕见的。汪曾祺对老舍的死有着自己的看法，在他心里是不小的隐痛。他以为，老舍的悲剧是周围的人不认识他的价值，老舍陷在文人圈里是无奈的，他的根基在民间，老舍是颇有趣味的人，是杂家，没有一般文人的毛病。

在北京市文联工作的年月里，汪曾祺和老舍有过些接触，那时候老舍是他的上级，他是青年，中间隔着几个级别。可是不久他就感到，这位领导没有架子，身上有着好玩的气息。他回忆道：

> 我在市文联几年，始终感到领导我们的是一位作家。他和我们的关系是前辈与后辈的关系，不是上下级关系。老舍先生这样"作家领导"的作风在市文联留下很好的影

---

[1] 二十世纪九十年代末的一天与林斤澜先生聊天，听到此话，故记之。

响,大家都平等相处,开诚布公,说话很少顾虑,都有点书生气、书卷气。[1]

从汪曾祺的回忆里能感到,他和老舍是熟悉的,但交往不深。他去过老舍家几次,大概都是吃饭,和友人们谈天。其时,老舍回国不久。按北京的风俗,请客有点讲究,特别是旗人。老舍的家书香气浓,给他留下很深的印象。他在《老舍先生》中写道:

> 北京东城廼兹府丰盛胡同有一座小院。走进这座小院,就觉得特别安静、异常豁亮。这院子似乎经常布满阳光。院里有两棵不大的柿子树(现在大概已经很大了),到处是花,院里、廊下、屋里,摆得满满的。按季更换,都长得很精神,很滋润,叶子很绿,花开得很旺。这些花都是老舍先生和夫人胡絜青亲自莳弄的。天气晴和,他们把这些花一盆一盆抬到院子里,一身热汗。刮风下雨,又一盆一盆抬进屋,又是一身热汗。老舍先生曾说:"花在人养。"老舍先生爱花,真是到了爱花成性的地步,不是可有可无的了。汤显祖曾说他的词曲"俊得江山助"。老舍先生的文章也可以说是"俊得花枝助"。叶浅予曾用白描为老舍先生画像,四面都是花,老舍先生坐在百花丛中的藤椅里,微仰着头,意态悠远。这张画不是写实,意思恰好。
>
> 客人被让进了北屋当中的客厅,老舍先生就从西边的一间屋子走出来。这是老舍先生的书房兼卧室。里面陈设很简单,一桌、一椅、一榻。老舍先生腰不好,习惯睡硬

---

[1] 汪曾祺. 蒲桥集. 北京:作家出版社,1991:73.

一三 老舍先生

床。老舍先生是文雅的、彬彬有礼的。他的握手是轻轻的，但是很亲切。茶已经沏出色了，老舍先生执壶为客人倒茶。据我的印象，老舍先生总是自己给客人倒茶的。[1]

我第一次读到此文，就深觉汪氏观察事物之细，而且都是有趣的细节。这么说来他不止一次到过老舍的院子。那时候他和林斤澜在文联是小字辈，老舍很欣赏他们俩人，想必在大宴宾客的时候也没有忘记这两个忘年交。汪曾祺喜欢老舍有几个原因：一是他们都喜欢杂览，欣赏绘画和戏曲；二是都对民俗有点心得。他们虽然是写小说出身，可是都有杂学的功夫。汪曾祺在编《说说唱唱》的时候，对民间的艺术已经很有心得了；老舍则在实践中早就把快板、相声纳入自己的趣味了。他看过那些作品，都不能不佩服，而那几出出名的话剧里的戏曲因素，也让其受益不浅。

老舍的一些爱好，是深得艺术要义的。汪氏不是不知道此点。他们谈论画的文章，在一些地方很像。比如都欣赏齐白石，对京剧的妙处也能体味一二。老舍在二十世纪四十年代末写过一篇《傅抱石先生的画》，他自称是外行，可是讲得很有道理。另外，对傅抱石、林风眠、丰子恺的点评都很到位。他赞成学习西画的因素，可是也不忘对笔墨的观照，就是要有点东方气。新中国成立后他鼓励过黄胄，支持过黄永玉，和徐悲鸿、齐白石关系密切。懂画的作家，文字通常很好。汪曾祺也是这样。文人的妙处是能从文史与琴棋书画里得到乐趣。老舍的这些野狐禅的学问，令汪氏大为敬佩。后来的作家，有此功底的越来越少了。

一九五八年，汪曾祺成了"右派"，老舍那时候还没有交厄运，

---

[1] 汪曾祺. 蒲桥集. 北京：作家出版社, 1991：69—70.

在运动中不得不说些流行的话。反右,是中国知识界的大灾难,老舍躲过去一劫,汪曾祺没能绕过去。"文革"来了,汪氏先逆后顺,老舍却死了。人的命运如此,真是无可奈何。

老舍于汪曾祺一直是个难以忘怀的影子。他们都善良,不愿意伤害别人。还有,就是自己有个世俗之外的世界,有把生活艺术化的梦想。在这个层面,他们给后人留下了不少好文字。

我们的读书人,千百年来喜欢看四书五经和正史,再就是那些诗词小品,以为那里才有真玩意儿。可是老舍偏偏从市井里打捞美,在文人不屑一顾的地方创造美。五四那代文人其实意识到了这一点。北大关于民谣、民歌的搜集整理,周作人、江绍原关于民俗学的思考,都有理论的支撑,遗憾的是仅仅局限在学问的层面。老舍是个放得下读书人架子的人,他对平民的爱与观照,有点基督徒的意味,将大的悲欣融入其间,内心热流滚滚。百姓在他的心头也成了艺术之母。他描绘北京,不是台阁间的东西,而是四合院的气韵。别人注重北京的历史呀,古董呀,皇族呀,他却留心院子外的空闲之地,觉得空闲的地方无权无势的人的故事才有意思。他在外地的时候,想念的往往不是公园、长城、故宫,而是街市的小铺,枣树下喝茶的老汉,城边捉蟋蟀的孩子,以及天空中的风筝。北京的好处在他看来是那里的闲情,他在《想北平》一文里讲到了此点。他不像周作人那些人在书房里品味北京,而是用身体感受北京的疼痛与快活。古城里最好的风情都被他精妙的笔触一一勾勒出来了。

老舍的叙述语态是既亲临其境,又超乎其中。我记得第一次读《骆驼祥子》的时候,对其中关于北京贫民的描写极其难忘。那些无光、清寂、破落的胡同和喧闹的街市,被上帝般的眼睛一下子穿透了。他打量人物,有鲁迅式的哀其不幸、怒其不争的一面,但也在冷然的描述里体味旧都的人与事,一草一木都有感情。春天的风、

一三 老舍先生

夏夜的蝉鸣、秋月的闪烁,别人写出来往往无味,可是一经他的笔,就有微妙的幽情。他特别能写底层的人物,《月牙儿》对女性的不幸的描述也是带有大爱之心的。他对百姓的苦乐极为敏感,好像其间的一切也与自己的生命一体,所有的冷暖都关乎自己的存在。作品没有一点小情调的东西,视界是大的,于是就获得了一种超出一切的力量。每个读者都能于此感到眷恋与无奈。小人物里都是大问题,生命的波动在他们那里有时更有本质的过程。

这对后人的影响实在是太大了。皇城内的大事件固然在影响社会的生活,而皇城外的百姓世界才有文化碎影的大部分吧。我以为老舍对文坛的贡献至少在以下几个方面:一是写出了皇权影子下的百姓的奴隶之苦,京城的原色调被还原了;二是点染出了社会变迁的历史对日常生活的影响,许多作品都有史诗的意味;三是他在民俗里发现了美的存在,并把它升华到了精神的高度。二十世纪五十年代以后,写民间生活是被倡导的,可是那些写实的作品在境界上一般都没有老舍高,为什么?我想是他的身上有一种思想的气韵吧!汪曾祺晚年写文章特别谈到老舍的美,那是有知识分子的情怀在的。这情怀和沈从文、张爱玲的选择虽有不同,高度却不差多少。我曾读过老舍三十年代在山东写下的《文学概论》,有很广的知识。他了解这些,却不拘泥在学术里,而是跳到艺术的层面思考人生。这就是后来写工农兵生活的作家不及他的地方。了解老舍,他的学术般的境界不能不顾及。

自老舍之后,京味小说似乎陷进了一个巨大的网里出不来。一写到那些生活,老舍的影子就出现了,连语气和场景都是相似的。我在多年前和几个朋友发起了个关于京味小说的讨论会,参会的人谈到京味作品,也几乎没有新的看法,还是老舍的话题。为什么呢?我们都被老舍规范了,表达方式、语言风格、人物设计都是一个模式,要超越老舍，难矣哉。

晚年的汪曾祺对老舍念念不忘，对这位前辈的敬语可谓深矣。在他看来，老舍的早逝，乃文坛的大损失，他甚至把太平湖的悲剧和屈原的汨罗自沉相提并论，那是因为他看到了老舍精神深层的东西。八十年代，汪曾祺写过一篇小说《八月骄阳》，讲的就是老舍的死。这篇小说对"文革"的场景的描写颇为传神，连对话都颇像老舍话剧的台词。老舍的京味，许多人模仿，都不太像，汪氏写来则惟妙惟肖。他师承了《茶馆》的风格，直指命运的悲剧。在《茶馆》里，老舍看人阅世，多无奈的悲悯。现在他被人所看，也成了悲剧中的角色，可谓历史的循环与讽刺。汪曾祺看到了忠而见弃、爱而获怨的荒谬，但不直写，而是通过平凡市民的眼睛，打量浇漓世道，写得浩气弥天，缓而有力，真真是妙笔。那些文字，是接着老舍的文字而来的，汪先生对老舍的爱，非一般文字可以描摹。他不去直面淋漓的鲜血，这符合他的审美情调。他不喜欢惨烈的东西，像巴金、季羡林对牛棚生活的追忆，他是不做的。在表达怨恨的时候，他也不忘从平和的视角为之。这种间接的笔墨，保持了文字的纯净，远离了血腥，然而内在的震撼力是强烈的。

汪曾祺点染荒诞的时代，也不忘花鸟草虫。《八月骄阳》从一些退休的闲人开笔，写京城的老戏迷或艺人。他们是社会的边缘人，内心还有一块绿地；可是这绿地越来越少，及至见到老舍的死，灰暗的景象罩住一切。这是典型的汪氏笔法，他含蓄地诉诸情感，内力不亚于老舍：

> 这天他进了太平湖，刘宝利已经练了一遍功，正把一条腿压在树上耗着。
>
> "老爷子今儿早！"

"宝利！今儿好像没听您念《闹帐》？"

"不能再念啦！"

"怎么啦？"

"呆会儿跟您说。"

顾止庵向四边的树上看看：

"您的鸟呢？"

"放啦！"

"放啦？"

"您先慢慢往外溜达着。今儿我带着一包高末。百顺大哥那儿有开水，叶子已经闷上了。我耗耗腿。一会儿就来。咱们爷儿仨喝一壶，聊聊。"[1]

这段对白简直是对老舍笔下人物语序的移植。一般来说京派与京味是不同的存在，前者多在学者的圈子里产生，后者在作家那里体现得很明显。老舍就没有京派作家的冲淡优雅的气息；但汪曾祺是冲淡的也有，布衣的也在，能写学院的高头讲章，也和平民为伍。在一定层面上讲，老舍对他的亲切，可能不亚于沈从文。

老舍不去写大学贵族的生活，不愿意承继士大夫那套笔法，汪曾祺却保留着这样的园地。他一生一直没有把自己定位在什么地方，小说和散文的界限可以打破，那么京派与京味的藩篱也该消失吧。他其实更能意识到老舍传统的价值，那是平民的世界，我们可以在此聆听世界更本原的声音。在此，老舍给他的暗示，真的是多而又多。

---

[1] 汪曾祺. 汪曾祺自选集. 桂林：漓江出版社，1987：556—557.

一四 安之若命

《汪曾祺小品》，一九九二年十月，中国人民大学出版社

一九五八年汪曾祺（右一）被补划为"右派"，在张家口农业科学研究所下放劳动

一四　安之若命

一九五八年，汪曾祺没能逃脱被打成"右派"的命运。关于那段生活，他的孩子们在回忆录里这样写道：

爸爸对于政治一向敬而远之，弄不懂，也不想弄懂，但是这一次也难逃厄运。在大鸣大放开始之时，民研会的有关人士一再动员爸爸向组织提意见，开始爸爸表示没有什么意见，但是时间长了，觉得再不表现一点实在和党过于离心离德，于是他便写了一篇短稿，发在单位的黑板报上，题目叫做《惶惑》。在爸爸一生所写的上千篇文章中，这篇短文的读者是最少的，但是对他命运的影响却是最大的。

爸爸写道，群众对人事工作意见很多，人事部门几乎成了"怨府"。他与领导商榷，是否可以考虑吸收一般群众参加人事工作，多听听各方面的意见。爸爸之所以有这样的意见，是因为一九五五年的肃反审干运动中，单位的人事部门把他折腾了一通。尽管他在高中时的那段"历史问题"早已讲清楚，但是人事干部仍然抓住不放，想要弄出点什么来，搞得他十分苦恼，有一段甚至他很羡慕疯子，因为他们不必想任何事情。[1]

  汪曾祺成为"右派"的根据是颇为滑稽的,据说他是被单位后来补划进去的。"右派"的帽子戴上,在精神上是一种耻辱。他意识到了灾难的降临。结果是离开城市到乡下去改造,驱出都门,落脚在河北张家口沙岭子的一个农业科研所。

  那个地方很是荒凉,几乎没有人烟。时间是一九五八年至一九六一年。据他后来的回忆,第一次去那里,是坐火车,在一个小站下车。天还没有亮,他记忆里的空气是青色的。四周一片寂静,那一刻他的心有点悲凉,自知从此命运变了。看着陌生的车站四周,想必是无声的难过或是别的什么。在离开车站的时候,真的有种茫然的感觉。许多年后,在描述那天的心情时,他说得很淡,可是文字后的无奈,多少还是有的。

  和别的"右派"比,他的命运还算不错。我们看聂绀弩、吴祖光等人在北大荒的遭遇,就悲惨至极;丁玲在乡下的流放,日子甚苦。许多"右派"回忆流放的日子都挺凄凉,甚至可以用"绝望"二字来形容。汪曾祺却说自己是随遇而安,下去就下去吧,风来草倒,雨泻泥下。

  二十世纪五十年代的剧变,读书人多有不适。他一直是在离风口远一点的地方,小心翼翼。沈从文的命运已经给了他一个信号,民国时代那种写作方式是不行的,生活上就不得不拘谨收敛,改造自己,随顺风潮才可以存活。汪曾祺的性格不是火爆类的。昨日不是,现在不是,将来也不是。那么苦难来了,人何以堪?自然是老庄的那一套,走顺的路,不去反抗,以不变应万变。用他自己的哲学说,

---

[1] 汪朗,汪明,汪朝. 老头儿汪曾祺. 北京:中国青年出版社,2012:87—88.

是不怒,不哭,不叫,于是可以处乱不惊,从容对之。

在《沙岭子》一文里,他回忆说:

> 头两年参加劳动,扎扎实实地劳动。大部分农活我差不多都干过。除了一些全所工人一齐出动的集中的突击性的活,如插秧、锄地、割稻子之外,我相对固定在果园干活。干得最多的是喷波尔多液。硫酸铜加石灰兑水,这就是波尔多液……
>
> 结束劳动后暂时无法分配工作,我就留在所里打杂,主要是画画。我曾参加过张家口地区农业展览会的美术工作,在画布或三合板上用水粉画白菜、萝卜、大葱、大蒜、短角牛、张北马。布置过一个超声波展览馆——那年不知怎么兴起了超声波,很多单位都试验这东西,好像这是一种增产的魔术。超声波怎么表现呢?这东西又看不见。我于是画了许多动物、植物、水产,农林牧副渔,什么都有,而在所有的画面上一律加了很多同心圆,表示这是超声波的振幅!我画过一套颇有学术价值的画册:《中国马铃薯图谱》。沽源有个马铃薯研究站,集中了全国各地的,各种品种的马铃薯。研究站归沙岭子农科所领导。领导研究,要出版一套图谱,绘图的任务交给了我。在马铃薯花盛开的时候,我坐上二饼子牛车到了沽源研究站。每天中蹚着露水到地里掐一把花,几枝叶子,拿回办公室,插在玻璃杯里,照着画。我的工作实在是舒服透顶,不开会,不学习,没人管,自由自在,也没有指标定额,画多少算多少。

画起来是不费事的。[1]

在寂寞的日子里,他学会了苦中作乐,麻醉自我未尝不是一种快活。在坝上这个地方,不需要精神思考,一思考就会痛苦。他把自己的神经从文化的圣地拉回日常。普普通通地做事,平平常常地为人。至于未来、国家、家庭等等,都安之若命吧。一个无权无势的人,在陌生的环境里有什么办法呢?

一九六一年初,他给老师沈从文的信中谈到自己的处境,对不能回到文化界工作甚感遗憾。沈从文接到手书马上复信,热情鼓励:

> 得到你一月十五日的信,应当想象得出我高兴心情。能保持健康,担背得起百多斤洋山芋,消息好得很!时代大,个人渺小如浮沤,应当好好的活,适应习惯各种不同生活,才像是个现代人!一个人生命的成熟,是要靠不同风晴雨雪照顾的。这话初看正像孟子所说:"天将降大任于斯人也,必将苦其心志……"的翻版,事实上可大不相同,因为这里注重的是做一个普通扎实的人!我同意你的初步生活打算,一时如没有机会回到什么文化工作位置上,也不妨事,只要有机会到陌生工作陌生人群中去,就尽管去滚个几年吧。[2]

在知识人的思维被囚禁的时候,多数人选择了顺从。逆行必苦,甚或有杀身之祸,精神随之弱化也是必然的。中国的农场那时候都

---

[1] 汪曾祺. 汪曾祺全集:第4卷. 北京:北京师范大学出版社,1998:470—471.
[2] 沈从文. 沈从文全集:第21卷. 太原:北岳文艺出版社,2002:18.

一四　安之若命

差不多，仅有的娱乐也不过是宣传队的演出，一些颂圣的作品的演绎。但这仅有的娱乐，在他们那代人也是难得的享受，和普通百姓在枯燥里换来片刻的欢喜，也是可怜的欣慰。

王蒙在新疆的时候，在空旷的野地曾有诸种情思，写得逍遥自在，内心是屠格涅夫式的思绪翻滚，漂亮的语言显示着朗然自信。他在《我的人生哲学》里谈到了许多处世之道，有些是从下放的劳动中悟出的。这个懂得为官之道的人，当"右派"的体验有与汪曾祺相似者，也多有不同者，比如关于"无为"，他说："无为是一种境界，无为也是一种自卫自尊。无为是一种信心，对自己，对别人，对事业，对历史。无为是一种哲人的喜悦。无为是对于主动的一种保持。无为是一种豁达的耐性。无为是一种聪明。无为是一种清明而沉稳的幽默。无为也是一种风格。"[1] 王蒙说得理直气壮，道理可以用智者之言谓之，也可以躬行而得。相比起来，汪曾祺显得平淡、简单。他其实是靠一种本然面对苦涩，大的烦恼都被过滤掉了。在王蒙那里，老子的哲学、儒家的思想、兵家之谈都有，汪曾祺却是一点可怜的儒家哲学。他的身上有常人的感受，不似一个思想者那么深切远大，对于下放劳动的体验，也不过是小人物的偶得。

在沽源，有一次他独自在草原上，天空突然剧变，头上翻卷着乌云，雷声滚滚，似乎比北京的雷声更充满威严。他望着莫测的天空，奇异的景象使他惊呆了。那一刻他有着惊恐的感觉，在辽远无人的草原上，人会感到自己的渺小。他感叹说："我一个人站在广漠无垠的大草原上，觉得自己非常的小，小得只有一点。"

草原没有给予他神接广宇的大气魄，却孕育了他不凡的情思；人生哲学也渐渐在此开悟了，那就是"随遇而安"。后来他以此为题目，

---

[1] 王蒙. 我的人生哲学. 合肥：安徽教育出版社，2010：97.

谈到应变的哲学：

有人问我："这些年你是怎么过来的？"他们大概觉得我的精神状态不错，有些奇怪，想了解我是凭仗什么力量支持过来的。我回答：

"随遇而安。"

丁玲同志曾说她从被划为"右派"到北大荒劳动，是"逆来顺受"。我觉得这太苦涩了，"随遇而安"，更轻松一些。"遇"，当然是不顺的境遇，"安"，也是不得已。不"安"，又怎么着呢？既已如此，何不想开些。如北京人所说："哄自己玩儿。"当然，也不完全是哄自己。生活，是很好玩的。

随遇而安不是一种好的心态，这对民族的亲和力和凝聚力是会产生消极作用的。这种心态的产生，有历史的原因（如受老庄思想的影响），本人气质的原因（我就不是具有抗争性格的人），但是更重要的是客观，是"遇"，是环境的、生活的，尤其是政治环境的原因。中国的知识分子是善良的。曾被打成"右派"的那一代人，除了已经死掉的，大多数都还在努力地工作。他们的工作的动力，一是要实证自己的价值。人活着，总得做一点事。二是对生我养我的故国未免有情。但是，要恢复对在上者的信任，甚至轻信，恢复年青时的天真的热情，恐怕是很难了。他们对世事看淡了，看透了，对现实多多少少是疏离的。受过伤的心总是有璺的。人的心，是脆的。

这是没有办法的事。

一四　安之若命

> 为政临民者，可不慎乎。[1]

庄子写到命运的时候，认为放弃欲望是一种达生的选择："夫欲免为形者，莫如弃世。弃世则无累，无累则正平，正平则与彼更生，更生则几矣。""随遇而安"就是"正平"，就是"与天为一"。这个思路易走向两个方面：一是奴性地苟活，一是超然万物的至人之态。汪曾祺好像介于两者之间，似与不似地存活着。只有在作品里才有他的思想，日常的生活，和别人也没有什么差异。

和汪曾祺一同在乡下受难的人很多，那些人后来的回忆录也苦不堪言。唯有刘绍棠等人把苦楚当成乐趣来写，不那么拘泥在诉苦里，倒是心安理得的时候居多。刘绍棠的选择，汪曾祺以为有点问题，是不欣赏的。他可能从中看出了奴性，他自己，是清楚该如何穿越无奈的世界而走向自由的。这个办法，是阿Q式地麻木自己，虽然未必是最佳的选择，可是他得到了暂时的快慰与从容，没有被埋葬在那个时代，也颇不易。

我看到他在那时候写下的几篇作品，乐天的因素居多。他居然把那时候的生活当成了一种财富来看待，殊为难得。一九六一年底，他写了《羊舍一夕》，次年发表在《人民文学》上。通过这篇小说，能看出他那时候的心情。在农场的平静的心，以及对普通人的喜乐的态度，都很美。此后所写的《看水》，也是一片宁静，在弥漫着水汽的坝上，流动着沁人心脾的爱意。小说写一个叫小吕的青年半夜去看水，内心的描摹细致而透亮，朴素的形象和自然的心态中的美质，那么真切地呈现在读者眼前。主人公虽是青年，总映射出汪曾祺的影子，有一点寂寞，一点忧戚，偶有模仿英雄的冲动。如何融入新

---

[1] 汪曾祺. 塔上随笔. 北京：群众出版社，1993：252—253.

的生活，如何在无趣的生活里发现趣味，对汪曾祺都是问题。

从汪曾祺当时留下的有限几篇作品中，可以看到他迅速进入陌生的生活里的决心。他端详着周围的世界，渐渐把自己的文人气磨掉，变为农场里的新人。不是推脱、落伍、哭哭啼啼，而是进入其间，成为新环境里的一员，在寂寞里也可以听见内心的轰鸣。他写了这样的轰鸣。汪曾祺不是写大干快干的豪言壮语，也非美丽的故事。他在生活里发现了人的寂寞里的伟业，在没有亮色的地方，人们怎样拥有亮色。这是他的哲学吗？也许是的。我们从此看到沈从文的影子，以及屠格涅夫的情怀。《猎人日记》的自然描述，被汪曾祺中国化了。

我阅读他那时候的文章，发现他不是从乡土社会中解脱自我，而是自我交流时的升华，即内省式的自由，此亦为士大夫式的自觉。中国旧式的读书人，在遇到晦意的时候，是以隐逸的态度或自省的心面对一切的。反抗的路，在他看来不行，他天生没有这样的胆量。完全被卷入洪流里，也不好，是违背自己的良知的。剩下的路，是儒家的所谓知其无可奈何而安之若命，如此而已。

张中行在困境中这样说过，并把它上升到哲学的高度。那是对比中外哲学后的顿悟，有思想的张力。汪曾祺没有哲学的思维，他的生活多是凭着儒生的本然，不退缩，不偏执，得其中道而为之。

五四之后，激进的文人一般难以做到这一点。胡风就刚烈地夭折了；阿垅死于狱中；路翎则一身晦气，几乎崩溃。汪曾祺的状态，和这些人都不太一样，他身上有种快乐哲学的因素。既然生命中遇到迷雾，那么不妨停下脚步，或原地不动，或随着别人慢慢行走。不哭泣，非躁动，从逆境里发现人可以成为自己的道理。受其苦，释其怨，敛其气，得天地之真气而乐之，谁说不是一种苦命哲学？左翼文人的激越和刚烈被他拒绝了，自由主义者的惆怅也被他扬弃

一四　安之若命

了。他回到了五四之前的读书人的状态。这就有种古朴的意识,很中国,也很士大夫。

在他被文坛广泛注意的时候,感伤的文学和控诉的文学风行,愤怒的诗歌和幽怨的小说多多。汪曾祺的出现,有一点旁门左道的意味,和文学主流是有距离的。那时候的左派和改革派在不断争论,思想不在一个层面上。汪曾祺憎恶极左的人,和他们保持很远的距离,可是也未必赞扬那些流泪的文学。自然,人受苦了,要把内心的不欢表达出来,也是一种释放,可是人生还有更美的东西存在,那是哀而不怨、伤而非怒的情思。做到此点,真的不易,甚或是种挑战。汪曾祺的活法,是活在世俗里,而不超离世俗,因为他觉得,平和可以进入自由的天地。人只有宁静地沉到历史与人性的海里,才能够看到真的自我,何必去沾染血迹呢?

从苦海里得到绝望的气息的袭击,却没有变得绝望,这是儒家理念的复活。我们现在检讨这一现象,可能有不同的思路,抑或得出相反的结论;但中国文化能够生生不息地延续下来,且有奇妙的闪光,实在和那个儒家的士大夫传统有关。我们应当关注这个传统,它是利大还是弊大呢,真的一言难尽。和五四那代人比,汪曾祺退化的地方也只能让人叹之又叹。

一五

样板戏

《中国当代作家选集丛书·汪曾祺》，一九九二年十二月，人民文学出版社

一九六四年，汪曾祺在颐和园

一五 样板戏

汪曾祺终于因为表现优秀而得到宽宥,在一九六一年岁末回到北京。此次回京,与十年前不同,心境是苍凉的,当初的热情被打消了许多。而他创作的梦想还在,觉得还可以在这样的时代里有点作为。

杨毓珉在《汪曾祺的编剧生涯》里说:

> 一九五六年北京市举行戏剧会演,汪曾祺根据《儒林外史》第三回的故事编写了剧本《范进中举》。戏写得性格鲜明,情节流畅,词句秀丽,被一个有文化的演员奚啸伯看中了,上演以后一炮打响,获得会演剧本奖,这是汪曾祺写的第一个剧本。
>
> 后来《说说唱唱》归中国曲协,汪曾祺也随刊物调到中央单位。反右时被错划成"右派",下放张家口农科所劳动,劳动强度并不大,他还时常被指派画一些植物标本,这为他日后画国画打下了基础。
>
> 这时我已调到北京京剧团任艺术室主任。一九六二年我接到他的来信,说他已经摘了"右派"帽子,于是我又和剧团党委书记薛恩厚、副团长肖甲商量,是否把曾祺调回北京,他们都同意,只是当时省与市的人事调动,必须通过市人事局。事有凑巧,北京人事局长孙房山是个戏迷,

他喜欢业余写京剧本,他写的《河伯娶妇》和《洛阳宫》都在北京京剧团演出过,我们很熟,跟他一说他满口答应。于是曾祺又被调回北京,任京剧团专职编剧。[1]

他的编剧生涯并不顺利,可说出师不利。杨毓珉回忆说:

> 来团之后,他写的第一个剧本是《王昭君》。戏写得挺秀气,特别是刻画昭君离别故土、踏上风沙漫漫的胡地征程时的心理状态,如泣如诉,哀怨动人。配以李世济婉转细腻的程派唱腔,感人尤深。可惜情节过于平淡,很难抓住观众,上座率不高,上演四五天后停演了。这个戏至今未留下本子,很可惜。[2]

北京的京剧院正在搞京剧改革,气氛与新中国成立之初不同了。梨园行也要革命,那是什么样子?这在过去,是不能去想的。章诒和曾著有《伶人往事》,把革命时代的京剧界写得栩栩如生。我有感于她的书,草拟了如下几句:

题《伶人往事》

> 梨园内戏短,梨园外戏慢。戏中之戏与戏外之戏,不知孰真孰幻?伶人扮人扮鬼,恍惚间人鬼参半。西皮二黄,怎抵得漫天苦雨;花拳绣腿,又奈何唇枪舌剑。妙身毁于厅内暗掌,绝唱终于自家笼前。空漠漠曲尽人不见。这出

---

[1] 段春娟,张秋红,编.你好,汪曾祺.济南:山东画报出版社,2007:14—15.
[2] 段春娟,张秋红,编.你好,汪曾祺.济南:山东画报出版社,2007:15.

一五 样板戏

戏,谁人断!

戏剧界的大变化,从根本上动摇了旧的艺术土壤,老的那一套是不能适应时代的变化的。京剧界在面临变革,不是渐进式的,而是生硬的催生。齐如山当年改变京剧的样式,是温和的,不声不响的,大家能够接受。二十世纪五十年代不是这样,命令你变化,且脱胎换骨,彻底更新。老艺人们不太适应,却不得不跟着走。有过"革命经验"的汪曾祺,其心态就有点不同,他是欢迎改革的,觉得京剧要有点新样子。这正如文言文可以掺进去口语,渐成白话,这样的变化不是不可能;可是另一方面,新式的京剧是怎样的形态,他并不知道。在新旧之间,他温和地倾向于前者,所以对后来的选择,也有不情愿中的情愿。

一切并不如想象的那么简单。二十世纪六十年代,红色文化在中国的统治地位是不可撼动的,京剧改革步幅很大。剧本、音乐、舞台设计,都要出新,与旧的那套告别。连汪曾祺自己也没有想到,他竟参与了红色戏剧的创作,在样板团里扮演了重要的角色。

样板戏的出现,实在是件大事。这大概与江青的理念有关。她和毛泽东一样,以为旧戏反动者多多,不足为训。要开创一个新纪元,把封资修赶出历史的舞台。这个思路,早在延安时代就出现了。毛泽东曾公开讲,历史剧被帝王将相、才子佳人所控,没有人民大众的力量,这是不好的;出路在于到生活中去,到工农兵大众中去。这个思路本身有其价值,到生活中去没有问题,但后来样板戏所反映的生活并非原型,而成了党的政策的感性显现,问题就来了。戏剧要在一种严格的戒律下运作,所有参与创作的人都感到了其间的难处。

到京剧团工作后,汪曾祺接到任务,改编《芦荡火种》。这出戏原是上海沪剧团新创作的作品。江青希望北京京剧团把它变为京剧演出。关于汪曾祺那段经历，社会上有诸多传说，后来采访他的陈徒手，得到些一手资料，其间有肖甲的回忆，兹引用如下：

> 汪曾祺才气逼人，涉猎面很广。他看的东西多，屋里凳子上全是书。年轻人请教，他就谈怎么借鉴、化用，怎么取其意境。
>
> 当时他比较谨慎、谦虚，据说解放初时是比较傲的。剧中胡司令有一句唱词特别长，周和桐唱砸了，观众哄笑。周和桐情绪不好，找我说："团长，我怎么唱？"我说："改一改吧。"结果改成十个字。曾祺不太同意，但后来还是改了。
>
> 江青比较欣赏他，到上海去，她问："作者干吗的？"她对作者到了哪一层不在意，是什么分子也不看重，谁有才气就敢用谁，见了有才的人很客气。有一次在上海修改《沙家浜》的一场戏，汪写了一段新唱词，江青看后亲自打电话来："这段唱词写得挺好，但不太合适，就不要用了。"赵燕侠发牢骚："练了半天不用了，练了干吗？"而汪曾祺依旧那么兢兢业业，在阶级斗争高度压力下，他过得很本分。谈不上重用，就是被使用而已，他没有去依附江青。
>
> 他根本不聊政治，不敢说江青意见好坏。对政治既不是老练，也不是圆滑。君子之交淡如水，不跟人打得火热，交往时义气不浓。
>
> 戏剧团体有时没有政治头脑，乱起来很没水平。他受过冲击，多少次审他。我们这个社会再不容忍他，就没什

一五 样板戏

么道理了。[1]

样板戏要命的地方是"三突出",按一个套路为文:反面人物要突出正面人物,正面人物要突出英雄人物,英雄人物要突出主要英雄人物。这个规律是江青建立起来的,不可更改。这比古典主义的"三一律"还要严格。在"三突出"的同时,还要有"三结合",即领导、群众、作者相结合。结果是领导出思想,群众出生活,作者出技术。汪曾祺在那时候觉得这是荒诞的,因为从根本上来说是反规律的,创作是个体的生命体验,怎么能撕裂主体呢?但"文革"十年,许多作品就是这样炮制出来的,且成了模式。样板戏大多是程式化的作品,是这个理念的必然结果。汪曾祺那时候是半接受,半相信,处在一种矛盾里,一方面与环境妥协,一方面坚守一点个人趣味。《沙家浜》后来值得一看,大概和他残留的那点趣味有关,否则,作品必然还待在八股的套路里。

"三突出"理念在那时候是一个高墙,跨不过去。汪曾祺知道这里的游戏规则,只能规规矩矩,不越雷池一步。那时候人们对"三突出"顶礼膜拜,信仰者很多。汪先生嘴上说是,内心是另一个样子。他和别人出差,体验生活,大概也有玩玩的心理。他在那时候是被当作上等人看的,自己心里未尝不高兴,而业余时间还是喜欢看看闲书,想自己想做的事情。

他接受任务时心里怎么想,自己并未在后来的文章里说过。改编别人的作品,总会保险些,不过加工材料罢了。这部作品在他看来有点浪漫的色彩,还可一观。《芦荡火种》是据江苏常熟地区的新四军故事创作的作品,后按毛泽东的意见改名为《沙家浜》。有趣的

---

[1] 陈徒手. 人有病, 天知否. 北京: 人民文学出版社, 2000: 333.

是，到了汪曾祺那里，血与火的激烈场景，在他的笔下却变得轻松好玩了。他必须按照党的标准来写自己的文章，一些地方的写作也有点战战兢兢，但其间也留下了自己的空间，比如在唱词的设计上，趣味性就强些。红色文学是要避免士大夫气的，它只允许保留些许乡土气。这让他抓住了根须，从民俗民风上来点染文字，既讨好了主事者，也符合自己的性情，比如《智斗》那一场，写得婉转多致，颇为好玩。阿庆嫂的一段唱词颇为生动：

> 垒起七星灶，
> 铜壶煮三江。
> 摆开八仙桌，
> 招待十六方。
> 来的都是客，
> 全凭嘴一张。
> 相逢开口笑，
> 过后不思量。
> 人一走，茶就凉……[1]

在整个红色文艺里，能够保留这样的唱词，实在是个奇迹。据汪曾祺的回忆，江青在《沙家浜》的创作上指点很多，他也尝到了最高指示的厉害：

> 我历来反对一种说法："样板戏"是群众创作的，江青只是剽窃了群众创作成果。这样说不是实事求是的。不

---

[1] 汪曾祺. 汪曾祺全集：第7卷. 北京：北京师范大学出版社，1998：141.

一五 样板戏

管对"样板戏"如何评价,我对"样板戏"从总体上是否定的,特别是其创作思想——三突出和主题先行,但认为部分经验应该吸收(借鉴),不能说这和江青无关。江青在"样板戏"上还是花了心血,下了功夫的,至于她利用"样板戏"反党害人,那是另一回事。当然,她并未亲自动手写过一句唱词,导过一场戏,画过一张景片,她只是找有关人员谈话,下"指示"。

从剧本方面来说,她的"指示"有些是有道理的。比如"智斗"一场,原来只是阿庆嫂和刁德一两个人的"背供"唱,江青提出要把胡传奎拉进矛盾里来,这样不但可以展开三个人之间的心理活动,舞台调度也可以出点新东西,——"智斗"的舞台调度是创造性的。照原剧本那样,阿庆嫂和刁德一斗心眼,胡传奎就只能踱到舞台后面对着湖水抽烟,等于是"挂"起来了。

有些是没有什么道理的。郭建光出场的唱"朝霞映在阳澄湖上"的第二句原来是"芦花白早稻黄绿柳成行",她说这三种植物不是一个季节,说她到苏州一带调查过(天知道她调查了没有)。于是只能改成"芦花放稻谷香岸柳成行",其实还不是一样?沙奶奶的儿子原来叫七龙,她说生七个孩子,太多了!这好办,让沙奶奶少生三个,七龙变成四龙!

有些是没有道理的,"风声紧"唱段前原来有一段念白:"一场大雨,湖水陡涨。满天阴云,郁结不散,把一个水国江南压得透不过气来。不久只怕还有更大的风雨呀。亲人们在芦荡里,已经是第五天啦。有什么办法能救亲人出险哪!"这段念白,韵律感较强,是为了便于叫板起唱。

> 江青认为这是"太文的词儿",于是改成"刁德一出出进进的,胡传奎在里面打牌……"这是大白话,真是一点都不"文"了。这段念白是江青口授的,倒可以算是她的创作。"智斗"一场阿庆嫂大段流水"垒起七星灶"差一点被她砍掉,她说这是"江湖口","江湖口太多了!"我觉得很难改,就瞒天过海地保存了下来。[1]

在样板戏团工作,有快乐,也有不得已。应付的办法只能是外顺内逆,回到内心寻找快慰。从根本上说,汪先生是不喜欢血色的叙事的,剧本必须有那样的场面,怎么办呢?只好浪漫地渲染,比如那场《坚持》,十八棵青松的咏叹,就很高亢辽远。这是硬写出来的,有点不食人间烟火的味道,远不及写春来茶馆那么散淡。阿庆嫂的形象,在剧中颇为动人,主要是写出了她的神采与智慧。水乡的清秀,更使作品带着奇异的色调。在口号与观念化颇为强烈的环境里,他得以歇息,做轻快的游戏;在被红色包围的年月,他挥洒出绿色,掩映其间,不觉刺眼,且有习习古风。

"文革"前后许多人的文章已经大变,废名的作品就在应付时代,连文风也变了大半;茅盾的文章失去了早期的味道,古雅的东西被主动切换掉;曹禺基本写不出作品,许多人都为其可惜,叹之又叹。汪曾祺和诸位不同,他认认真真地守住了底线,自认是个无名的文人,不去凑热闹,偶尔也偷得闲暇,写点有趣的文字。

样板戏是左翼文学的极致。在那个时代,一切都要纯粹,不允许有杂色。京剧自古以来是民间的思想的汇聚,不免有台阁间的情调。那些不同流派的作品,在思想的深处都有着儒家精神的苗头,

---

[1] 汪曾祺. 汪曾祺全集:第5卷. 北京:北京师范大学出版社,1998:240—241.

一五　样板戏

或者说世俗社会的影子。在毛泽东看来，这样的艺术，是反人民的，帝王将相、才子佳人怎么能支撑一个民族的思想呢？江青深味此点，改造京剧的态度也很决然。"文化大革命"对中国是一个灾难，可是当时的文艺作品却单纯得很，这个反差，值得史学家深深玩味。

五四以后，关于京剧的生存一直有争议，钱玄同、周作人当年都说过京剧的坏话。待到左翼戏剧兴起的时候，远离京剧程式的手法已经萌动了。作为艺术的种类，江青的尝试未尝不是一派，也把延安的传统推向了最高处。回看戏剧的发展脉络，这是从未有过的经验。比如《红灯记》，就百转千回，几乎无懈可击，气韵非一般戏剧可以比肩，说其有纯粹的阳刚的美，并非夸大之词；《智取威虎山》，也有浪漫和英雄主义气韵，在精神上，自有其高度。这是毛泽东思想在文艺领域的闪烁，其结果是一切艺术与世俗划分界限，人的常情消失了。这在冷酷的战争时期和冷战时期，也许有其道理，而在世俗世界，在常态的生活中，就有点远离人间烟火，一切都圣化了。

革命的文学，大概就是要造世俗艺术的反，亮出人性最美丽的一隅。"文革"时期的艺术追求的就是这样的纯粹，许多人真的相信江青的那个原则。汪氏是嘴上相信，心里自有高低。他在样板团里，也喜欢与那些老艺人来往，在旧情调里得到一丝自在。他知道人不能绷着神经紧张地度日，革命也要喝茶、吃饭，总要有人间烟火气，而且那些烟火气亦是诗意的闪烁，也可以从中呼吸到人间的自由。

我们检讨革命的文艺，有时会觉得，那些最漂亮的革命作品，恰是一些不革命甚至远离革命的人写出来的。这造成了一种悖谬。丁玲写《太阳照在桑干河上》，那么多农民的形象都很真切，而作者还在旧的小知识分子的情调里。萧军创作《八月的乡村》，自己呢，还是有武夫的传统在。

革命时代的艺术，乃是旧式文人希望摆脱旧我的冲动。他们在工农的生活里发现了比自己还优秀的精神因子，并且放大它们的存在。那里的一切有些象征和信仰的因素，于是不免不食人间烟火，那是知识分子内心的另一部分。戏剧的改革，说到底也是精神的跳跃，改革者希望进入更纯粹的境地。少数人这样躬行，未必能够改变大众的口味。那个时代结束后，样板戏犹如一段旧梦，慢慢地就散了。

一六 革命话语

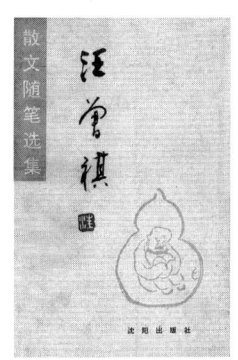

《汪曾祺散文随笔选集》,一九九三年六月,沈阳出版社

一九七一年，汪曾祺（左三）在江西老区体验生活

一六　革命话语

近代中国远离革命的，一是富人、乡绅，一是知识阶层。后者的思想一直被打压，不太被注意。同样是从北大或西南联大毕业的，价值取向却大为不同，以张中行为例，他就远离革命甚至反对革命。在张中行这样的读书人看来，革命不过是易位，对社会是有负面作用的；[1] 持这样的观点的多是自由主义知识分子，一般的热血青年并不赞成这种思想。许多温和的读书人，也对革命采取支持的态度，极端拒绝革命的人不多。北大、西南联大有许多读书人最后还是走了革命的路。我们从那些到过延安的知识分子的内心活动里，可以看到一些选择的理由。他们意识到，民族的大业总比个体的价值要高。

和张中行这样的知识分子比，汪曾祺是顺着潮流接近革命的，尽管不自觉，却也不排斥。他加入革命的动机，自己没有说过，也许不愿袒露吧。从他后来的文字间倒能看出一点痕迹，只是淡淡的，没有激情澎湃的表述。或许可以说，他不是从理论上理解革命，而是在情感上同情吧。严格地讲，他没有理论的背景，从不热心讨论马克思或黑格尔，在其文章里没有思辨的痕迹，只是出发点有朴素的人道主义，加上一点书斋里的柔软的感觉，和杀戮、愤怒的言语

---

[1] 张中行在《流年碎影》里，专门讨论了革命与非革命的问题。他与杨沫的分手，是观念的差异的结果。自己走"疑"的路，前妻杨沫走"信"的路。坚持"疑"的路，自然是离革命甚远的。

真的遥远又遥远。

对于发生在中国大地上的一切，他所知有限，也不能从历史的角度还原一些问题。这是他的哲学的空白。他尽管喜读野史，却很少涉猎民变、权变的内容，眼里看到的是清丽的风韵，灰色的文字多滑落到一边去。不恶意地揣摩他人，也就关上了仇恨之门。也源于此，他在那样的年代里不拒绝工农的艺术，愿意接受精神的改造。工农的文化中，那些蕴含民俗意味的存在，对他很有吸引力，那才是他感兴趣的地方。激进的意象则在文字的背后忽隐忽现，其实他的作品暗含着通用的词语，和同代人有着微妙的差异。

可以说，汪曾祺是个温情的读书人。如果中国没有革命，他选择的一定是旧式的生活，或者亦新亦旧的知识分子的道路也未可知。暴风雨来了，没法不去面对，躲在屋檐下，心里还保持着宁静，并未冲到前沿去。他在单一的环境里竟也能够找到乐趣，那也是随遇而安的性情使然。他是有心驰的天地的，外在的一切不能超脱，耕耘着自己的园地，也有诸多的快意。

他周围的人中有激进色彩的很少，对革命的理解是暖色的地方居多。那大概都是远距离的眺望吧。偶有关于战争的描述都很平静，不是摧枯拉朽的叫喊，也少见残暴。多是善意的语态，平淡的对白，与疾风暴雨还有点距离。在冷战的年代，只能写点花花草草和小人物的故事，和外面残酷的围墙没有关联，文章呢，也别无新意。

我注意到他在二十世纪五十年代写的关于鲁迅与民俗文学的文章，这篇文章能注释其对五四以来文化的态度。讲鲁迅，他不谈斗士的文字，也拒绝意识形态的话语，他感兴趣的是方言、谣俗、民风。在文章里，鲁迅艺术层面的价值把社会关怀的价值置换了。他很诧异人们为何不去讨论鲁迅的艺术价值，偏偏在观念上纠缠不清。当人们从国家和民族命运的角度注解鲁迅的时候，他内心保留的仅是对作品的审美的感受，文本内外的意识形态的因素却颇为淡漠。此种态度能够看出他的简单，简单可能也是美的精神底色。他喜欢这样的简单。

不能不注意的是他在京剧院写的一个剧本《范进中举》，在格式上已可看出与主流文化的区别。老到的笔触和滑稽的文本，透着他的真性情。看这个剧本，可以发现他内心深处的旧文人气。笔法、语气都很古朴，有明清文人的笔意。这大概是他得意的作品，与其说是找到了反讽旧时代的对象，不如说是他借以建立起自己的诗学世界。但后来不能总是这样的篇章，靠近生活，才有意义。可是，什么是新生活呢？他有些茫然，自己的那些爱好，还是小知识分子的东西，总不能过关，于是只能从别人那里借力。一九六六年，他根据浩然的小说改编了一部京剧剧本《雪花飘》，写的是好人好事，没有矛盾冲突，也没有流血的故事。作品借一个善良的人物在雪中行善的故事，讴歌新中国的生活。那时候浩然已经有了宏大叙事的作品，他没有去改编它们，反而从小情调里找对象世界的美德。这和他的内心大有关系。在他看来，这样的作品展现了共产主义道德，也与自己的审美意识不违，是合天地之德的。残酷与不幸在他的笔下没有踪影，一切都像细雨和风；苦难只是那些自然的苦涩，人间是一片朗然的。他的作品只能在这样的缝隙里找到对应。

"文革"间他参与《沙家浜》《杜鹃山》的改编，不都是被迫与无奈，也有参与其中的快乐。

《沙家浜》的调子一半是红色的，一半是对民俗文化的改写，可以说把这些结合得颇为出色。分析那些唱词与对白，能够看到彼时社会风气对人的潜在影响。它们如何进入了汪氏的世界，并且被对象化成一种诗意的存在？革命是民族新生的一种选择，在他看来，社会恶势力的消灭，也只能仰仗这类革命。在红色文学的建立中，他起到的作用，比那些当红的作家并不差，甚至将一些作品变成了经典。后来，浩然的《金光大道》不再有人关注，《沙家浜》却传唱至今。一个消极或不甚激烈的革命的人，竟写出了红色经典。不是激进的意识使然，得力的竟是传统的士大夫语境，想起来让人感慨万端。

在所有的革命作家中，他欣赏的竟是孙犁。在许多场合，他赞美过这个军旅作家。孙犁虽然在战争里浴过水火，但一直是寂寞地处于文坛的边缘，从未红火过。汪曾祺欣赏他那样的人生态度和作品，还特意把《荷花淀》改编成电影剧本。那部电影没能拍摄，大概是情节过于简单的原因。但剧本改编得很美，有一幅幅清丽的画面。孙犁诗意理解的抗日战争，给了他亲切的感觉。那些素朴而美好的存在，对他是圣洁的召唤。水色、女人、丈夫、敌人，世界被还原成几个简单的元素。美在于简单，人为什么要把自己搞得那么复杂呢？理解孙犁的文字，有时也可以帮助我们进入汪曾祺的世界。

同样是写炮火、死亡，孙犁的笔下是柔和的东西居多，他的情感牵连着人的真切的理想。那也许是儒家的存在吧，但又有无畏前行的因素在里面，给我们爽心悦目的感受。革命乃爱意的盘旋，是人性的闪光，它一旦与黑暗的势力交织，诗意就没有了。这里，他是远离陀思妥耶夫斯基的传统的。可是，奇怪的是，孙犁所喜欢的鲁迅却欣赏陀思妥耶夫斯基的文本。

孙犁的作品都是小桥流水，没有宏大的场景，但人性的张力不弱。他的文字植根在泥土里，没有小知识分子的自恋的酸腐气。他写人，不喜欢杂色，对纯洁的乡民多有恋意。在他看来，那才是优美的存在。这些，都正对汪曾祺的口味，真真是心心相印。斗士也并不全是金刚怒目式的，也有花鸟草虫，也有柳絮纷飞，爱意深含其间，怎么不行呢？汪曾祺在孙犁那里得到了呼应。这样的革命文学，在他看来是有趣味的。

自延安时代以来，对革命文学的理解一直存在差异。一条是通到生活深处的路,赵树理、李季是这样的作家,把革命与大众的生活表现出来了;另一条路是写革命大众,仍坚持文人的个性,丁玲、王实味是这样,他们的文本里有个性化的政治话语。汪曾祺和孙犁不属于这两条路,他们在革命的队伍里,却发现了革命氛围里诗意的遗存,在那个世界里,旧文人的柔软的东西是存在的,它不应作为异端被克服。因为远离矛盾的中心,他们的内心就保留了一种绵软的意蕴。革命时代的文学不是一个面孔,这需要细细分辨才能发现。

显然,汪曾祺不是革命的积极分子,至多是个同情革命的人,有时候不妨说是革命的看客。他记录的革命,都不是主流的,因为他本不在主流中。革命中发生的流血、兵乱是否传到他耳中,面对那些混乱他想了些什么,其文字没有交代。他不是前线的战士,至多是个同路的人。那些主流的前线的作品他无法完成,后方的人和同路的人可能队伍更加庞大。至于百姓,多处在空白的地带,对那些神圣的存在是懵懂的。他感兴趣的,恰是这个部分的人。此间能看到革命时期人们的多样面孔,及革命无法覆盖的部分。小说《历史》就写出了革命与民间文化的吊诡,作品写道:

> 中国革命有中国的内容,中国的方式。"诉苦"是其一。
> 我在江西进贤参加土改。这个村子很穷,全村只有一户小地主,土地分散,不集中,土质不好,淤积很深,牛下了田,淤泥深及牛腹,亩产很低,是"冷水田"。因此农民对土地没有要求,对土改没有多大兴趣。他们感兴趣的只是分浮财,浮财也就是"绒线夹袄子"(毛衣)之类的不值钱的东西,还有阿斯匹灵之类的"洋药"。群众发动不起来。土改工作队很着急,把希望寄托在诉苦上。诉苦也不会诉,有的简直不知所云。有人诉得比较好,说起

他们穷苦，是有内容的，语言也很生动。一个妇女诉道：她靠打柴维持生活，——打柴是打马尾松毛。一担松毛挑到集上，换不了一升米。多大的雨，也得去。雨水在竹扁担的槽里积得满满的，花花地往下流（当地扁担都是竹制，毛竹一剖为二，担起来青皮的一面朝下，槽面朝上，故能积水）。"雨水花花地流呀，也得去！"这个细节给我留下很深的印象。但是这跟阶级压迫、剥削好像没有多大关系。工作队一再启发，叫她说说她受的苦的根源，是谁造成她这样贫穷，她受的剥削压迫。

"剥削……压迫？"

"有没有谁压迫过你？"

"有！"

"什么人？"

"兔子！"

"兔子？"

"兔子！兔子好可恨呀！我在山坡上点种了豆子，兔子就把豆种翻出来吃了！种一次，吃一次！害得我颗粒无收！"

她对兔子控诉了半天，说：

"我诉完了。"[1]

这是一种反讽的叙述，也是对泛革命叙述的反叙述。当现实中的一切都被革命话语覆盖的时候，其实是有问题的。这个看法，在二十世纪八十年代被知识界普遍接受，也是对极左的革命理念的一

---

[1] 汪曾祺. 汪曾祺全集：第2卷. 北京：北京师范大学出版社，1998：540—541.

次反拨。在汪曾祺看来，革命固然是改变环境的选择，社会黑暗到了极点，改变社会的冲动是必然要发生的。问题是它不应该成为扭曲人性的存在，否则就是反人性的。而中国革命的主要问题，是把人性美好的一面改变了。残酷、无情、暴力，这些因素越多，人性的亮度就越少。他所担忧的恰是借革命之名的所谓正义之音，标榜正义，暗含着排他性，而排他性是恶的根源之一，忽略它是有问题的。

从他发表的涉猎革命话题的有限作品里，能够看到他的一个趋向。那就是在描述暴风雨的群众运动时，注重的其实是群众身上是否还有纯真的爱意、宽容的情怀。这里表现出明显的温良恭俭让的儒家之风。京剧《裘盛戎》写到"文革"期间大批判运动和整人风潮，对群众运动的非理性因素的嘲笑历历在目。这个剧本的用意不是谴责打人者与发动运动的人，而是写人遇到冲击后的宽阔胸怀和包容精神。汪曾祺的用意是，裘盛戎的选择和人性的光辉，乃革命时代最迷人的存在。他体谅革命，欣赏社会的进化，但反对突破道德底线。这个道德底线不是新文化先驱所云的个人本位，而是儒家的基本范式。作者在疾风暴雨里呈现的焦虑和期盼，与当年流行的革命理念相去甚远。

旧道德的问题何在，新文化的运动者早就说过了。汪曾祺觉得对统治者的批评不错，而对普通人讲阶级的划分，把平民也卷入残忍的戕害，一定有问题。这一点和俄国作家伊萨克·巴别尔很像。《骑兵军》里对哥萨克革命的非人道的谴责，是含有隐喻的。[1] 巴别尔是参与革命战争的一员，对流血、杀人多有异议，遂在小说里造成了一种暗喻，写出了革命的复杂性与人的复杂性。极端的残忍和极端

---

[1] 伊萨克·巴别尔在《骑兵军》里对苏联红军远征波兰的描述，几乎没有温情。这样的笔法，在二十世纪四十年代后的中国红色文学里表现不多，颇值得思考。

的情感，昭示着人类的宿命。这些对中国作家而言是不可思议的。汪曾祺和孙犁不是直面复杂，相反，他们在逃逸复杂。二十世纪三十年代以来的左翼作家，受苏联艺术的影响，表达的恰是生活的多样性的面孔。鲁迅译苏联同路人的小说集《竖琴》，几乎篇篇阴郁残酷，渗入其间的乃失律的人间哭泣和无望的泪光。革命是千百万人的盛大节日，而《竖琴》里只有个人。那些悲哀、难忍的场景，让人读了触目惊心。汪曾祺似乎不适应这样的灰色与流血。他关注的固然也是个人的存在，但那是优美的、略带感伤的生命的吟哦，非理性的痉挛是没有的。这使他的文本涉及重大问题时显得单薄，甚至轻描淡写，自然也少了鲁迅、巴别尔的深刻。讲革命与文化的关系，汪曾祺提供的文本几乎没有什么力量。

　　发生在二十世纪的中国革命，在知识阶层的反映里版本各异。不管我们喜欢与否，革命发生了，且改变了文化的路向。几代人都在相似的语境里言说、面对自己与他人。革命荡涤了民间的艺术，也抹去了历史的记忆。所有的歌都激昂有力，所有的文字都兴奋高亢，所有的舞蹈都雄赳赳气昂昂。新生活是在荡涤旧物的基点上起步的。汪曾祺在革命队伍里，看见了不革命的群落和远离大潮的人们的苦态。柔和的、静静的旋律也是真的人的声音，个体生命的独思，谁也难以彻底地取缔。那些存在对艺术的发展也更有价值。它们是什么呢？进步的？落后的？也许是，也许不是。不计较利害的文化因子，其实乃文化进化的润滑剂。中国文化生生不息，靠的就是这样的润滑剂。他在那样的时代，有如此的苦心，也算良知未泯之族，所以他后来能在衰年变调，发为奇文，绝非偶然。

一七 乡土气

《菰蒲深处》,一九九三年六月,浙江文艺出版社

一九九一年,汪曾祺在故乡高邮的运河上

一七 乡土气

"文革"结束后,汪曾祺的命运也随之改变。江青事件也影响了他,他甚至因之被有关部门调查。因为并没有什么政治投机因素,调查最终不了了之。

这对他是一个刺激。政治的不可测性,使其对政党文化敬而远之。一九七八年前后,社会悄悄地变化,文化也开始慢慢转型。汪曾祺感到了一种前所未有的空漠,但不久就平静下来,他开始思考自己的余生。在快到六十岁的时候,写作的冲动也慢慢来了。

只有回避政治话题,他的心才轻松起来。阅读他的文字,首先打动我的是那些南方水乡的画面,在小说、杂记里,都那么楚楚动人地呈现着。这是古风的意味,还是别的什么?在诸如《岁交春》《和尚》《草巷口》《他乡寄意》中,有许多好的段落,渺乎云烟之状,神如桃源之音。在那些文字的背后,听得到他淳朴的心动。心如流水般清澈,没有被污染过,亲切感随之而来。

那么,不妨说牵动人的也有乡土之美吧。现代作家写到农村的生活,容易产生乡土的情怀,但把乡土写好却不容易。鲁迅、沈从文都有很好的乡土作品,后来模仿他们的,不太容易得其深意。汪曾祺走进乡土的图景里,不是模仿的文本,而是生命的文本,精神趣味被对象化了。学识与生命体验都在这里,民间有生气的存在历历在目。

越到晚年,他越爱写乡间的旧事,故土的一切在他笔下活起来了。

我们在汪曾祺那里看到了泥土与水色的美，在泥土与水乡的炊烟里，他给了我们一个安宁的世界。

可是这个乡土过于宁静，似乎过滤了诸多暗影。

沈从文之后，写乡情美的作品很多，但大多有一点单纯。孙犁单纯，刘绍棠单纯，高晓声也单纯。

相较之下，汪曾祺多了点难言的苦涩，淡淡的，不怎么引人注意。

汪曾祺在世风里看到了灰色的存在，于是笔下对人性的诡秘也有所反映。他善于通过揭示丑陋来表现美，所以他的文字就比许多以乡土自居的人清醒，有话外之音。

说他的小说里有乡土气，是没问题的，比如他喜欢点染岁时、习俗、礼节，对乡间的画匠、工匠、水手的生活细节颇为敏感。作品里不乏江湖里的东西，却非对黑暗的留念，而是充满诗意的打量，在枯燥里看到了丝丝趣味。整个自然乡村，不是冷若冰霜的存在，而是美丑的互动，黑白的对照，底色里的纯情的美流溢其间，洗人心肺。沈从文也写过乡情的美，但没有汪氏内在的苦楚和对世俗拒绝时的老辣。汪曾祺其实通世故，故写人的俗气入木三分。可是他点缀江湖的昏暗时又颠覆了昏暗。他的文字里隐隐闪着智性的灯，照着昏暗里的世界，使我们这些在俗气里久泡的人窥见了人性的美，于是眼前清爽了许多，为之击节不已。

一篇《受戒》，写得清澈、纯情，童心所在，俗谛渐远，性灵渐近，人间美意，生活丽影，在无声之中悠然托出。此种手笔，百年之中，不过寥寥数人耳。而《大淖记事》写女性之美，几近圣母，但又极中国，可谓神妙。民国间许多人写过乡土，佳作亦多，可是汪氏在气韵上绝不亚于前人，在神采上甚至还过于前人。《受戒》《大淖记事》发表后，一时倾倒众人，模仿者很多。我读过许多模仿汪氏的文字，形似而韵不似，相差很远。他对乡俗的理解，和一般人总有些距离。

一七　乡土气

在精神深处,他的暗功夫是一时难以被看到的。那些自以为找到了汪曾祺密码的人,其实并不知道乡土的隐秘,乡土表现的弱化,乃精神单一的缘故。

《大淖记事》一开篇就写故乡的风情,起笔不凡:

> 这地方的地名很奇怪,叫做大淖。全县没有几个人认得这个淖字。县境之内,也再没有别的叫做什么淖的地方。据说这是蒙古话。那么这地名大概是元朝留下的。元朝以前这地方有没有,叫做什么,就无从查考了。
>
> 淖,是一片大水。说是湖泊,似还不够,比一个池塘可要大得多,春夏水盛时,是颇为浩淼的。这是两条水道的河源。淖中央有一条狭长的沙洲。沙洲上长满茅草和芦荻。春初水暖,沙洲上冒出很多紫红色的芦芽和灰绿色的蒌蒿,很快就是一片翠绿了。[1]

即便是在民国间,有这样的奇笔的人也不多见。文气从容舒缓却不乏大气。他的许多文字,都有水乡民俗的画面。那些描述乡土的文字,渗透着作者缠绵的梦,都很有味。别人写乡土,只有画面与情思,少见学识,他却将明代与民国文人的笔法也移借过来。这大概受到了张岱、周作人的影响。他的老师沈从文描绘乡土时,诗意的成分多,不太言理;汪曾祺则喜欢把素描与谈天也加进来,笔记的成分多了。在《城隍·土地·灶王爷》中,他写道:

> 到除夕,把灶王爷接回来,或谓之"迎灶",我们那

---

[1] 汪曾祺. 汪曾祺短篇小说选. 北京:北京出版社,1982:266.

里叫做"接灶"。

谁参加祭灶？各地，甚至各家不一样。有的人家只许男的参加，女的不参加；有的人家则只有女的跪拜，男人不参与；我们家则男女都拜，先由男的拜，后由女的拜。我觉得应该由女的祭拜合适。女人一天围着锅台转，与灶王爷关系密切，而且，这本是"老妇之祭"，不关老爷们的事！

灶王爷是什么长相？《庄子·达生》："灶有髻。"司马彪注："髻，灶神，著赤衣，状如美女。"我见过木刻彩印的灶王像，面孔略圆，有二三十根稀稀疏疏的胡子，并不像美女，倒像个有福气的老封翁。我们家灶王龛里则只贴了一张长方的红纸，上写"东厨司命定福灶君"。

灶王爷姓什么，叫什么？《荆楚岁时记》说他"姓苏名吉利"。不单他，连他老婆都有名字："妇姓王名搏颊。"但我曾看过一个华北的民间故事，说他名叫张三，因为做了见不得人的事，钻进了灶膛里，弄得一脸乌七抹黑，于是成了灶王。北京俗曲亦云："灶王爷本姓张。"他到底叫什么？吁，鬼神之事，难言之矣。[1]

这样的文字看似随意，却绝非随随便便的漫谈，学识不经意地就流出来了。也就是说，他写乡土，也研究乡土，诗的因素与理的因素都有。周作人一生喜谈鬼神、岁时、野趣，学问大而广，惜乎不谙小说笔法，人物与图景感弱，是学问家言。汪曾祺写那样的文字，新旧文人的笔墨揣于怀中，古的与土的缓缓走来，像陈师曾的册页，

---

[1] 汪曾祺. 中国当代名人随笔·汪曾祺卷. 西安：陕西人民出版社，1993：320—321.

一七 乡土气

图景里的诗是一点点流出来的。

乡土文学是个有趣的概念。现在人们讲它的兴衰,为之神往,说明了其精神的内在意味和价值。我觉得认识它的历史,须从发生的源头讲起,这才能看清一些问题。

谁都知道,乡土文学的发生来自鲁迅。这里,鲁迅的翻译实践起了很大的作用。在一九一八年,周作人写过一篇文章《日本近三十年小说之发达》,谈到了日本作品的民俗价值。他觉得日本人借用域外的小说形式,成功地表达了东洋人的苦乐,将表达本土化,是个成功的例证。于是感叹道,这样的文学,我们至今没有,言外之意,是对中国文化有种苦苦的期盼。不久周氏兄弟出版了《现代日本小说集》,他们所译的一些作品,就很有东方的味道。这些对鲁迅自己显然有些启发。他对绍兴的乡土的发现与这些日本小说难说没有关系。而周氏兄弟这本译著,后来影响了许多人。废名、沈从文等人都从此感到了谣俗之美,他们自己就是坚持谣俗的表现的。

鲁迅小说在形式上有西洋作品的痕迹,尤其有俄国人的忧郁与紧张感。他的一部分作品带有安德烈夫的阴冷,可是当写到乡村社会的时候,他所接受的日本人的经验起了作用,不再是个体化的经验的外射,民俗学的因子进来了。周作人从学理上呼唤这样的东西,以为颇为重要。鲁迅赞成学理层面的理解,更从生命体验里发现了它,将乡村社会的本色原态地昭示出来。所以,乡土文学的产生,有一个翻译的背景和学理的背景,鲁迅以鲜活的姿态,激活了这个话题。这个精神的高度在一开始就是为众人仰视的。

鲁迅认识乡土社会的时候,有民俗学的参照,更有着尼采和克尔凯郭尔式的忧郁与无畏前行的意识。这种超人意识观照下的文化视野,就闪现着文化批评与乡愁的多种意念。他认为中国的民间文化,在明清以后基本上就消失了,那些古老的存在早就被士大夫化了。民间的戏曲，本来是表现初民具有强烈生命意识的东西，可是士大夫们把儒家的观点或者是泛道德的东西掺杂进来，文本就出现了问题。鲁迅讨厌京剧，就是因为京剧艺术不断被雅化，本来是原生态的东西，到了宫廷以后远离了本我，这是对我们民族文化的伤害。他晚年写了《女吊》，对初民创造的人鬼神交织的魅力世界的礼赞，乃是对非主流文化的一种青睐。中国文化有趣之处，正在那个未被污染的地方。

二十世纪五十年代后，民间文化渐渐消失。七十年代，我在辽南文化馆搞创作，都是些实用的口号。我们写的东西全是意识形态的，借用民间小调却完全扫荡了民间小调。我们已经没有了自己的民间。但在鲁迅那个时代，他接触的日本艺术里，有与官方意识形态不同的东西。日本人对民俗文化中特别的因素是保持的。早在江户时代，宫廷里讲的东西和民间的某些艺术就是两种存在。现在的能乐和歌舞伎都能够看出这一点来。

所以，我们中国的民间，其实已经把独立思维、能够生长智慧的东西慢慢蚕食掉了。鲁迅在小说里发现了中国的乡村，发现了我们民族文化中一些可贵而灰暗的元素。借着西方与日本的多种参照，出现了我们今天所讲的乡土文学。沈从文写过一篇《学鲁迅》的文章，是佩服他的乡土笔法的。他早期跟鲁迅关系并不好，但是鲁迅的这一点，他不能不敬重。鲁夫子智性里散发出的审美理念，对当时的作家影响非常之大。鲁迅的复杂与多维的视野，在后来的作家那里是很难看到的。

在乡土文学观念确立前后，鲁迅有相当长的一段时间在整理乡邦文献和野史杂记，对民歌、县志、笔记、风俗记等，下过很大功夫。对中国民谣的打捞、对原始思维的思考，都对他的创作有影响。但是这个在他的杂文和小说里没有直接表现出来，却暗含在文字里，

一七 乡土气

显示出异常的力度。

还有一点我觉得很重要，鲁迅在翻译乡土小说的时候，也一直在写时文，对当下的现实状况进行发言。他对现实中的许多问题反应很快，并不困守在象牙塔里。于是在他那里有多个世界问题的缠绕：一是尼采式的高蹈；二是日本东洋的宁静；三是乡邦文献的暗影；四是当下社会的困惑。所以他不仅仅是回到过去，也不仅仅处在现代，他是在东西方、在古今这样一个大的维度里回旋，形成了一种特别的话语方式，具有一种高远的气象。我们现在谈乡土文学，不能不回顾它最初的发生。乡土文学在鲁迅那里一开始就有一个高度，始之于他而又成熟于他，对我们研究其流变会有一些参照的意义。

我们看汪曾祺，他虽然没有鲁迅的驳杂，也缺乏多维的思维，可是他描述乡下的生命，是存在多种感受的，绝不像人们想象的那么单纯。比如《大淖记事》，恶霸刘号长的出现，使故事变得惨烈不安，照一般左翼作品的思路，要靠流血的方式解决问题，可是汪曾祺采取的是诗意的笔法，从风情的美里寻找出口。作者不忍美的陨落，而是将美好的结局呈现给大家，让人在紧张里喘上一口气来。这样的写法在气象上自然没有鲁迅博大，但内在的复杂还是可感可叹的。

汪曾祺在六十岁后才开始真正意义上的乡土写作。他有着半个世纪的苦楚经验，自然和前人不同。他不是故意美化什么，也不去讲什么乡愁，只是从世间的嘈杂里寻一份宁静，打捞些美的片段。那里有老人的不灭的记忆。他厌恶周围的俗气扰扰的群落，于是寄情乡土，从混沌里滤出清醇。这与鲁迅的状态很远，却丰富了乡土的写作。

他在晚年不承认自己的作品是乡土小说，以为有别样东西。这东西是什么，我们不好猜测，但深意是有的。在为《菰蒲深处》写的序言里，他说：

> 这些小说写的是本乡本土的事，有人曾把我归入乡土文学作家之列。我并不太同意。"乡土文学"概念模糊不清，而且有很大的歧义。舍伍德·安德森的小说算是乡土文学，斯坦因倍克算是乡土文学，甚至有人把福克纳也划入乡土文学，但是我们看，他们之间的差别有多大！中国现在有人提倡乡土文学，这自然随他们的便。但是有些人标榜乡土文学，在思想上带有排他性，即排斥受西方影响较深的所谓新潮派。我并不拒绝新潮。我的一些小说，比如《昙花、鹤和鬼火》《幽冥钟》，不管怎么说，也不像乡土文学。我的小说有点水气，却不那么有土气。还是不要把我纳入乡土文学的范围为好。
>
> ……
>
> 我的小说多写故人往事，所反映的是一个已经消逝或正在消逝的时代。我的家乡曾是一个比较封闭的小城。因为离长江不太远，自然也受了一些外来的影响。我小时看过清代不知是谁写的竹枝词，有一句"游女拖裙俗渐南"，印象很深。但是"渐南"而已，这里还保存着很多苏北的古风。我并不想引导人们向后看，去怀旧。[1]

这一段话有弦外之音。那时候刘绍棠在大谈乡土文学，专与年轻的现代派们作对。他所写的乡下生活静谧而有趣，没有冲突，完全沉浸在封闭的环境里自娱。汪曾祺以为这是不好的，乡土文学如果只是对旧文明的礼赞，那与人性的美不仅相去甚远，和今人的追求亦有差异，是不可取的。八十年代，汪曾祺有感于刘绍棠的理论，

---

[1] 汪曾祺. 菰蒲深处. 杭州：浙江文艺出版社，1993：1—2.

一七　乡土气

不愿与其为伍，自有道理。他觉得好的概念，似乎被污染了。

刘绍棠写运河，有的很美，也很有意思，可是失之于简单，是牧歌式的咏叹，和真的人生距离较远。汪曾祺不同，他的笔触有沧桑的意味，在最为空幻的地方也能感到是对现实的另一种投射，未尝不是历史的预言，只是他心底过于柔软，不忍将笔触直指残酷的面影，有些温和罢了。可是这样的乡土，倒让我们觉得真实，是风俗画与人格图。士大夫的那一套消失了，野曲式的吟唱也消失了，诞生的是个性化的充满禅意的世界。鲁迅、沈从文之后，汪曾祺无疑是个重要的乡土作家，他把走向单一化的乡土写作，变得有趣而丰满，文字间的学问和诗情，让人领悟的不仅仅是岁月印痕，还有更深的含义在。若是细读其书，不难感受到这些。

一八

废名

《榆树村杂记》,一九九三年九月,中国华侨出版社

一九九〇年二月,汪曾祺于家中

一八 废名

二十世纪五十年代以后,人们不再谈论废名那样的人物,以为他们是过时的存在,殊乏趣味。周作人为首的京派,基本被洗刷得差不多了,已经日落西山,没有多少光焰可言。汪曾祺被广泛关注后,他自言在小说的写作上,受到废名的影响。在为何立伟的小说作序时,汪曾祺说到了废名;后来谈阿城的作品,也提及了废名的创作。汪氏喜欢废名,是有道理的。他是沈从文的学生,沈氏在二十年代就欣赏废名的作品,自己的文字,也受到一些熏陶。湘西的发现,说不定就有废名的暗示。至少远离闹市的清俊、淡泊之美,和《柚子》《浣衣母》《桃园》《文公庙》在韵律上是一致的。显然,从废名到汪曾祺,有一个精神的承传。这不仅是技术层面的问题,而且是精神气质的连通。当代书写的圆滑世故之风很盛,救这种思想的病,废名这类人的价值不可小视。八十年代汪曾祺推荐废名之功,当时还没有多少人真正意识到。

他在《谈风格》一文中写道:

> 废名这个名字现在几乎没有人知道了。国内出版的中国现代文学史没有一本提到他。这实在是一个真正很有特点的作家。他在当时的读者就不是很多,但是他的作品曾经对相当多的三十年代、四十年代的青年作家,至少是北方的青年作家,产生过颇深的影响。这种影响现在看不到

了,但是它并未消失。它像一股泉水,在地下流动着。也许有一天,会汩汩地流到地面上来的。他的作品不多,一共大概写了六本小说,都很薄。他后来受了佛教思想的影响,作品中有见道之言,很不好懂。《莫须有先生传》就有点令人莫名其妙,到了《莫须有先生坐飞机以后》就不知所云了。但是他早期的小说,《桥》《枣》《桃园》和《竹林的故事》,写得真是很美。他把晚唐诗的超越理性,直写感觉的象征手法移到小说里来了。他用写诗的办法写小说,他的小说实际上是诗。他的小说不注重写人物,也几乎没有故事。《竹林的故事》算是长篇,叫做"故事",实无故事,只是几个孩子每天生活的记录。他不写故事,写意境。但是他的小说是感人的,使人得到一种不同寻常的感动。因为他对于小儿女是那样富于同情心。他用儿童一样明亮而敏感的眼睛观察周围世界,用儿童一样简单而准确的笔墨来记录。他的小说是天真的,具有天真的美。因为他善于捕捉儿童的飘忽不定的思想和情绪,他运用了意识流。他的意识流是从生活里发现的,不是从外国的理论或作品里搬来的。有人说他的小说很像弗·沃尔芙,他说他没有看过沃尔芙的作品。后来找来看看,自己也觉得果然很像。这是一个很有趣的现象。身在不同的国度,素无接触,为什么两个作家会找到同样的方法呢?因为他追随流动的意识,因此他的行文也和别人不一样。周作人曾说废名是一个讲究文章之美的小说家。又说他的行文好比一溪流水,遇到一片草叶,都要去抚摸一下,然后又汪汪地

一八 废名

向前流去。这说得实在非常好。[1]

汪曾祺的文字无论从哪个层面讲，和废名都相去甚远。但他儒雅的、平民的眼光，和废名那些人有深切的关联。五四高潮之后，文学的社会功用被渐渐放大，独自内省、深入个体盘诘的语体日稀。艺术是要向陌生的领域挺进的，可那时及后来的文学主流，却向无趣的领域延伸。汪曾祺和他的老师沈从文都不喜欢过分载道的文字，趣味与心性的温润表达，对他们而言意义是重大的。其实细细分析，在思想和审美的姿态上，以周作人为首的苦雨斋作者群的写作，是汪曾祺意识的源头之一。汪氏经历了"文革"之后，猛然意识到，回到周作人和废名当年的写作状态，是今人的选择之一。在面对传统的时候，他觉得取神与得意，自成一家风格，是重要的事情。

废名的妙处是，意象上是高古、青涩的，精神却是现代人的。他写老路、野村、山麓、清水，禅的因素外，还有道家的古风。这来自周作人的关于古希腊文明的描述，以非功利的冲动，融己身于天地之间，才合乎生命之道。汪曾祺六十岁以后的写作，越发有苦雨斋的痕迹，山林、庙宇、水乡、古店，都有谣俗的意味。你看《受戒》《大淖记事》里的韵致，和《竹林的故事》《枣》《墓》《河上柳》何其接近，而气象上又别开一路，和当下的精神生活碰撞在一起了。明清的文人在这方面曾有不小的建树，张岱、徐渭都有好的诗文作品，呈现了类似的景观。不过古人的意识里没有现代哲学的黑暗感受和荒凉意象。汪曾祺和废名一样，笔下多的是这种东西。李白、韩愈那类人的诗文很大气，但学不好可能徒作高论，空言无益。汪先生以为与其学李白、韩愈，不如读陶潜、张岱。因为小的、自我的、主观

---

[1] 汪曾祺. 晚翠文谈. 杭州：浙江文艺出版社，1988：102—103.

的存在，更符合自己的表达与个性的伸张。左翼文学后来陷于虚假、空洞的死路，就是无我的意识的扩张，汪氏要颠覆的恰是这样的扩张。

由废名而沈从文而汪曾祺，是一条向高的智性和幽深的趣味延伸的路。这让人联想到陶潜和李贺的合流，契诃夫与迦尔洵的杂糅。当汪曾祺看到何立伟、阿城的作品时，唤起了他的这一记忆。他那么认可两位青年的创作，其实是自己内心追求的一种呼应。他晚年关于文学理论的文字，一直强调着这一点。而这些，比那些宏大的文学理论的演说，似乎更贴近艺术的本真。对比一下二十世纪八十年代的文学理论和汪氏的言说，后者在今天的亲切感依然强烈。

废名从来没有流行过，汪曾祺也是这样。这就对了。那么说他们是没有世俗意识和担当感的人吗？也不是的。其实废名也好，汪曾祺也好，对人的洞察有火一般的热力，只不过不愿渲染这些，内敛着激情，以从容的步履自行其路而已。乡野里的抒怀，是人间情怀的另一种表达，炽热的地方，我们何曾感受不到呢？中国固然需要史诗，而其实也离不开小的、性灵化的叙事。后者与人的距离似乎更近。他们的文章适合屋下灯前慢慢地读，悠然地体味，和热烈的街市上的人是没有关系的。

废名生于一九〇一年，长汪曾祺十九岁，是真正的前辈。他早年毕业于北大，后来一直以教书为业。汪曾祺到西南联大读书时，废名已隐居多年，并非红人。汪氏何时读到废名的书，不得而知，大概是民国年间吧。打量这两个人，能发现他们作品共同的特征，就是常常抽掉时代背景，不去写热门的东西。他们将人物放到一种精神的纯粹的静观里，去描摹温情的一隅。你看汪曾祺写江南寺庙里和尚的感情，似乎和民国的风气没有关系；废名的《竹林的故事》，也是世外桃源的旧事。废名写朦胧的爱情，一点杂思都没有，真的美丽得很。我疑心沈从文当年写《萧萧》《丈夫》等小说，就受到他

一八 废名

的暗示。废名是个清寂的人，思想也易进入极端，他写《阿赖耶识论》，精神走得很远很远，佛教深邃的因素被他玄学化了。因为他觉得，文章背后总有精神上神奇的东西，要寻找的就是那个恍惚无果而确实有意味的存在。这对汪曾祺无疑是一个刺激。后人喜欢废名，或许与此有关。

废名写文章，像写绝句一样用心。他是个懂得文章气脉的人，在他看来，六朝人的文章大约最好，庶几不被俗调所囿，想象是奇异的。他在《三竿两竿》里说：

> 中国文章，以六朝人文章最不可及。我尝同朋友们戏言，如果要我打赌的话，乃所愿学则学六朝文。我知道这种文章是学不了的，只是表示我爱好六朝文，我确信不疑六朝文的好处。六朝文不可学，六朝文的生命还是不断的生长着，诗有晚唐，词至南宋，俱系六朝文的命脉也。在我们现代的新散文里，还有"六朝文"。我以前只爱好六朝文，在亡友秋心居士笔下，我才知道人各有其限制，"你不能做我的诗，正如我不能做你的梦"，此君殆六朝才也。秋心写文章写得非常之快，他的辞藻玲珑透澈，纷至沓来，借他自己《又是一年芳草绿》文里形容春草的话，是"泼地草绿"。我当时曾指了这四个字给他看，说他的泼字用得多么好，并笑道，"这个字我大约用苦思也可以得着，而你却是泼地草绿。"庾信文章，我是常常翻开看的，今年夏天捧了《小园赋》读，读到"一寸二寸之鱼，三竿两竿之竹"，怎么忽然有点眼花，注意起这几个数目字来，心想，一个是二寸，一个是两竿，两不等于二，二不等于两吗？于是我自己好笑，我想我写文章决不会写这么容易的好句

子，总是在意义上那么的颠斤簸两。因此对于一寸二寸之鱼三竿两竿之竹很有感情了。我又记起一件事，苦茶庵长老曾为闲步兄写砚，写庾信《行雨山铭》四句，"树入床头，花来镜里，草绿衫同，花红面似。"那天我也在茶庵，当下听着长老法言道，"可见他们写文章是乱写的，四句里头两个花字。"真的，真的六朝文是乱写的，所谓生香真色人难学也。[1]

在废名的观点里，六朝的文字有青涩奇拔之音，可以直指苍穹，得天地之妙。中国人后来不复如此，仅有几个人得其精意，实在是功利主义使然。他回到六朝，那就节制情欲，不食烟火，隐逸或出凡才是重要的。

汪曾祺在学理上没有废名的深切，自然也就流于简单。他对六朝没有什么研究，但热爱明清的随笔小说是真的。他喜欢徐渭，看重郑板桥，实在还是有烟火气。废名是少烟火气的，所以没有享世文化的惬意。汪曾祺总有些惬意在的，对花鸟草虫美味佳肴有醉心处。废名没有这样的醉心，他是禅师、僧侣式的盘诘，灵魂是悠远的路的行走者无疑。

汪曾祺其实知道，自己和这位前辈比，还是缺少些什么的。就清幽与散淡而言，自己与之距离远甚。

历史的吊诡处是，他们的审美思维都不同程度地受到冲击，后来不得不被政治纠缠。有时候打量他们，常常为他们在荒诞的政治中牺牲自我而惋惜。在对比两人的文字生涯时，我偶尔也关心他们和政治的关系，觉得是大的无奈。他们在气质上，都不属于热闹的

---

1 废名. 废名集：第3卷. 北京：北京大学出版社，2009：1354—1355.

一八　废名

人物。废名有点孤僻,少与人来往。大革命失败后,他一人跑到山里,不与人接近,古怪得很。抗战时期回到老家黄梅,据说也鲜于社交,只和一个和尚偶尔谈天,行迹都是隐士式的。这是佛门弟子一类人的选择,常人不会这样。汪曾祺则是儒家的情感更浓些,故为人处世中和之音袅袅,温和的气息和人间烟火气都有吧。这一点,汪氏很像知堂,身在乱世,心却没有跑到山林野地,总是靠近日常生活的。清寂有时候被人间草木人情所代替,温和的体味仍在。

汪曾祺在中年时候遭遇政治,被选入样板戏团去工作,成了江青眼里的"闻人"。他那时候随遇而安的心,变为政治上的拔高,不能说完全非自愿,至少也是与有荣焉。得到最高领导者的赏识,也有知遇之恩的感觉吗?他从地狱一下子到了天堂,总是比打倒在地的人高兴的。于是也写颂歌,在红色文化里游泳;明明不属于左派人物,却要以左派的身躯行事,在道德上亦不觉得怎样有失,后来对此亦无忏悔之心。这是他受人诟病的地方,也是他复杂的地方,招致批评,也是自然的了。

但汪曾祺到晚年,干脆放弃样板戏的审美思路,回到了自己,完全是另一个面目。可见他先前的选择并不出于真心,逢场作戏的因素多少也有的。而废名则不是这样,晚年完全变了一个人,思想趋于红色,对自己早年的东西彻底放弃,且心甘情愿地告别自己。比如他过去看不上鲁迅,后来却把鲁迅看成英雄。只要看看他的讨论鲁迅的文章,就与二十年代讥讽鲁迅的口吻判若两人了。这是真实的变化,他的自觉地告别旧我,也有一定的代表意义。

在我的印象里,废名一直不懂政治,即使晚年写下的关于杜甫的研究文字,也是在一种先验的理念里进行的,没有彻骨的体味,显得苍白。汪先生不是这样,他在政治的大潮里,有点滑头,总要隐点非同寻常的东西。废名晚年的写作是自愿的选择,希望走新的路；而汪氏在混浊中总要保持一点心灵的绿地，那是他自己的家园，可以轻松地呼吸，偷得闲暇，得大自在。你看《沙家浜》中《智斗》一场的唱词，就有游戏之味，是紧张里的放松，属典型的汪氏笔墨。废名不行，一是环境日趋恶劣，二是远在六十年代初的东北，边缘化的结果是寂灭，抵抗寂灭唯有跟着时代歌唱一途。对五六十年代的那代人而言，潇洒何其难也。

从佛的思想到毛泽东的思想，废名的跨度的确很大，也折射出彼时的社会风气、思想环境。废名不同于过去的一个基本点，是有了人民的概念，不再从自己的诗味儿和禅味儿出发讨论问题，而是借助普通百姓的理念矫正自己以往的思路。比如讨论杜甫，就注重人民性，这是对的，但只有人民性，而没有其他相关的审美性因素，也非深切。废名胆子过小，不能涉过禁区，遂淹没了自己的性情，反把过去自己精妙的诗味儿遗失了。

晚年的汪曾祺，大谈废名的写作，多指其前期的作品，或许他对其后期不了解，或许有意地遗忘。他从明清小品、域外小说和沈从文、知堂、废名的文字里找到快慰，那些存在作为参照，笔底就有了从容的意蕴，韵致完全不同于常人了。他从不苛求前人，喜欢在他人的世界里寻找明亮的色调。他的赞佩废名，是其身上还有过洗练无邪的幽玄的美，而非远离己身的无我的冲动。他对前人的相知，是有所选择的，只是我们这些读者不易明察罢了。

一九 人间世

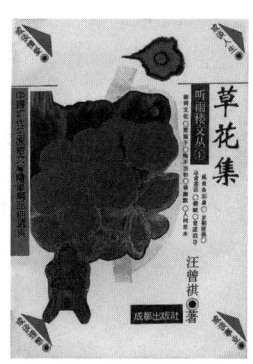

《草花集》,一九九三年九月,成都出版社

汪曾祺,摄于二十世纪九十年代

一九　人间世

我有时候看汪曾祺先生的书，尤其是小说，仿佛觉得他是个远离恩怨的讲述者，把烟火气滤掉，把痛感钝化掉，一切都归于平淡了。可是那平淡后面是无疆之爱，就那么缓缓地流着。汪曾祺喜欢单色调纯情的事物，自然不错，可是他看人的眼光则不那么简单。他知道人的价值不是好坏的概念可以涵盖的。许多作品对人的描述，有点沈从文式的中立的态度，不去简单地做价值判断。在《詹大胖子》里，汪曾祺描绘了詹大胖子如何的世俗，如何的庸常，在学校靠自己的特殊职位推销高价货物，赚了许多钱财，笔触里对其不乏温和的讽刺。学校的校长有作风问题，詹大胖子清清楚楚，善恶分明。在有坏人整校长的关键时刻，他却保护了校长，没有使悲剧产生。保护校长，与他的私利有关，因为他可以照常生活，可是恶人来的话，就要历大苦楚，那是更坏的结局。这样的选择，是复杂的因素所致，结局是保持了生活的宁静。汪曾祺写这个俗人，极富人间烟火气。人物的神态、举止都很生动，颇为有趣和好玩。人生的本真不过如此，但在他笔下有了诗意的风景。对这样的人物，他既不欣赏，也不批判，他觉得生活就是这样，并非崇高和矮小可以概括之。有良知的人未必伟岸，伟岸者的背后也有可笑的小。这似乎很像聊斋的笔法，在悠然的词语里，读出了俗画里的冷暖。《金冬心》写人间的世故，入木三分，极为老到从容。金冬心是画家，遭到袁枚的冷落，却无意间在帮富商解围中得到好处。他小看袁枚的世俗，自己未必不俗。

简单几笔，活画出士大夫的本相。汪曾祺写俗像，笔触却是反俗的，没有一点庸俗画的低眉气。他在高贵的笔触里，刺激着芸芸众生的一切，词语的背后跳动着洗练的音符。这里有他的人生观，颇值得玩味。许多人模仿他而不像，大约是因为没有这样的世界观，而这，和流行了几十年的思想是没有关系的。

他端详各色人物时，都有些俯看的欣然，自己并不燃烧于其间。沈从文说写小说要贴着人物去写，这是汪曾祺认可的。可是他并非都是贴着人物，有时是扫描的笔法，自己并不仿着人物，距离感是强烈的。小说是回忆不错，他在回忆里有意把世间万象寓言化，我们读到一种快慰，一切恩怨都消散于此间。生命不过是一个过程，在这个过程里，有什么想不开的呢？

像巴金那样的写作，他是不太喜欢的，原因是作家燃烧得过多，没有距离感；再者，作家是审美地打量人生，不是简单地判断价值。他在《陈小手》里写人性的恶，感情是控制的，很含蓄，又不流溢自己的情感，但震撼力是那么的强烈。作者在风俗里写人，有亮的，也有暗的，这里暗示着善恶问题、美丑问题，却又不是道德化的写法，而是审美里的渗透。汪曾祺了解行帮的黑暗，也知道民生之苦。人是可怜的存在，大家都在命定里存活，反人性的东西怎么可饶恕呢？他对此也是愤而视之的。不过即使这样，你在他的作品里感到的依然是平静的气息，而非火气很盛的存在。许多人活过，许多人死了。活过的人生前的好与坏，不过过眼烟云，那些荒诞的故事，都可以饶恕吗？在阅读汪曾祺的时候，我们会想很多很多。

人生本来平凡，没有什么大起大落。他写的人也普通得很，小人物，小故事，但人间本色的东西都在。《讲用》里的郝有才，一个在剧院里打杂的工人，平平凡凡地过日子，工作也很积极。"文革"来了，突然与荒唐的时代相遇，于是一切变得很可悲。他有点爱小，好占点小便宜，后来被批斗。批斗会上的发言，十分正经也十分可笑，搞得大家莫名其妙。他偶然做了好事，又被捧上了天。郝有才幽默的语调让人忍俊不禁。小说写这样的人物时，我觉得作者是怀着反讽的心来看我们的生活的。他厌恶把人分成三六九等，也拒绝对人性进行简单的归类。在汪曾祺看来，人有私欲，乃平常之事，有爱心，也是心性的一种，妖魔化与圣贤化都有问题。所以他的世界观，是介于妖魔化与圣贤化之间的日常化的写真；但这写真里有诗，有悲悯与淡淡的寂寞。在日常生活里发现精神的美，给他自己带来了诸多乐趣。

《云致秋行状》写的故事，皆为烦琐小事，像是人物记事。主人公云致秋不过是剧团里的一个小干部，为人处世都不错，工作一心一意，自然也有一般京城人的奴性。他有一套旧京城人的处世逻辑，有一种维持心理平衡的方法。靠着这个法子，他活得游刃有余，自由自在。可是"革命"来了，旧的一套不行了，人要活，就得有新的维持自我的逻辑，所以他在"文革"里也做了三件平时绝做不了的事情：一是去随大流批判领导；二是把记录单位安全秘密包括人事机密的材料交上去；三是写了大量揭发材料。这个一向热心的人，突然在古怪的时代古怪起来。"文革"结束后，他又恢复了日常的生活，照样是热心，照样是刻苦，以致去世后引起那么多人的怀念。在作者眼里，人是社会动物，好人与坏人的概念，不能简单为之。人世间的一切，比书本里写的要复杂。这里就消解了神圣，消解了意识形态的东西。社会是一本大书，人不过是过客。帝力之大，而人力甚微，只能被环境所囿。汪曾祺不喜欢客观环境对人的挤压，人有没有常恒的存在呢？还是有的吧。那是恻隐之心，天然之态。可是现在我们被异化了，只能在笼子里远眺天际，想一想。这想一想，就有诗，有爱。汪曾祺使我们返回到人的原我，返回到内心。他眼光里的恩怨，与世俗的那些东西毕竟不同。

阅世深者，倘有爱意，总有点逆俗的因子。汪曾祺喜欢以别样的眼光看人，不都是自然主义的思路。他常常在悖论里读人，对美的理解完全是自我的体验。《瑞云》里那段传奇的故事，我们读了，不禁感伤。最美丽的不易得到，受损的反而易近。小说像是童话，实则为寓言，美妙得像普希金的《渔夫和金鱼的故事》。他描绘的少女如天仙般美妙，却在毁灭里才能得到爱情，一旦美质得到还原，爱情即被阴影笼罩。作者这样写世道人心，内心一定是难过的。他把淡淡的哀伤传达给读者，我们读了，内心不禁恻然。在宁静的文字里还会生出回肠荡气的气韵，那才是高人的手笔。

在许多作品里，他写的都是日常生活，没有什么宏大的场景。人物呢，也都是平凡者居多。这些人有个特点，就是会一点手艺，或画家，或医生，或教员，或卖艺者。氛围中透着书香，或是民俗的情调。也有五毒俱全的江湖人物，其间不乏怪异者。《故里三陈》有点黑白相间；《八千岁》是市井的昏暗，底层社会的起伏之状历历在目；《王四海的黄昏》是江湖人的善意的闪光，可是世风的污浊你感觉不到？作者写这些人物的命运时，像一幅幅风俗画，江南水乡、小镇的音色活灵活现。不错，这些图画都有点老气，我们在鲁迅、钱锺书的笔下见过一些。汪先生写这些，流水般自然，就那么汩汩地流着。琴棋书画、礼仪习惯，如诗般涌动着，内在的风致清澈袭人。写这样的故事时，他其实很少悠然与恬淡，我倒读出了他的忧戚之心。那么多美妙的人生的消失，乃大的悲凉，他陷在这样的悲凉之中。一九九一年，《汪曾祺自选集》再版的时候，他曾写下这样一段话：

> 重读一些我的作品，发现：我是很悲哀的。我觉得，悲哀是美的。当然，在我的作品里可以发现对生活的欣喜。弘一法师临终的偈语："悲欣交集"，我觉得，我对这样的

心境，是可以领悟的。[1]

如果不了解汪曾祺这样的心境，对他也许是真的隔膜吧？他的忧患常常被士大夫般的散淡所掩，其实自己的惆怅，比同代的作家并不差多少。他喜欢孙犁、贾平凹那样的作家，其实是内心与他们共鸣的地方很多。因为不愿意呼天抢地，这样的诗情就散失在平淡的文字间了。人生大苦，我们无法超越；而文人可做的，又何其寥落。不过用记忆与诗，点缀着日常的枯燥，活在这怪诞的世界上。文人无用，古人就说过，现在也是如此，有什么办法呢？

许多次，他说自己爱读《聊斋志异》，翻看最多的是《容斋随笔》。那些作品就是俯瞰人间的寓言，把一切彻骨的体验平淡地过滤着。蒲松龄那样的人，对人间万物的理解是含有隐喻的，以空幻与变形的笔法直面人世。他有无尽的情思、无尽的爱恨，可是并不直说，而是借图像与幻影为之。其文字间是智慧的诗，有诸多快慰。在汪曾祺这样的人看来，人表达思想的时候，倘能在诗意与智慧的层面进行，将是心灵的最高境界的舞蹈。许久以来，中国文学流于直白的记录，在庸俗的现实主义理论指导下创作，与人的想象力和思想的攀缘是远的。小说是讲故事的，但并非直录，要有点神来之笔，即在平淡里见出奇异来，说出人人心里有笔下却无的东西。这个是硬功夫，不那么容易掌握。但作家的任务是向陌生挺进，躺在旧床上默想，怎么能飞起来呢？

汪曾祺的小说入俗而又脱俗，这一点很不简单。他不太喜欢空想一类的东西，作品总要有点根底的，并且形成了自己的风格。他在《谈风格》里说：

---

[1] 汪曾祺. 汪曾祺全集：第5卷. 北京：北京师范大学出版社，1998：163.

  一个作家形成自己的风格大体要经过三个阶段：一、摹仿；二、摆脱；三、自成一家。初学写作者，几乎无一例外，要经过摹仿的阶段。我年轻时写作学沈先生，连他的文白杂糅的语言也学。我的《汪曾祺短篇小说选》第一篇《复仇》，就有摹仿西方现代派的方法的痕迹。后来岁数大了一点，到了"而立之年"了吧，我就竭力想摆脱我所受的各种影响，尽量使自己的作品不同于别人。郭小川同志在"文化大革命"后期有一次碰到我，说："你说过的一句话，我到现在还记得。"我问他是什么话，他说："你说过：凡是别人那样写过的，我就决不再那样写！"我想，是说过。那还是反右以前的事了。……

  一个人也不能老是一个风格，只有一种风格。风格，往往是因为所写的题材不同而有差异的。或庄，或谐；或比较抒情，或尖刻冷峻。但是又看得出还是一个人的手笔。一方面，文备众体；另一方面又自成一家。[1]

  从他的自我评价里能够看出，平淡里还有杂的意味，很是难得。那就是博采种种，得天大的自在，让精神具有洞开的伟力。这让我想起巴别尔的作品，总是有弦外之音。生活不是按人们的想象进行的，也非按流行的理念进行，它运转的方式与人的理念无关，是命定的，或说是宇宙规律的一部分。好的作家总是能发现新的视角，但其作品又是生活本然的存在。尼采写世界的表象，是颠倒的方式；鲁迅总在悖论里发现世界。作家的任务是从人的世界发现理念无法概括的存在。废名做到了此点，沈从文做到了此点，汪曾祺也做到了此点。

1　汪曾祺. 晚翠文谈. 杭州：浙江文艺出版社，1988：104—105.

二〇 梨园内

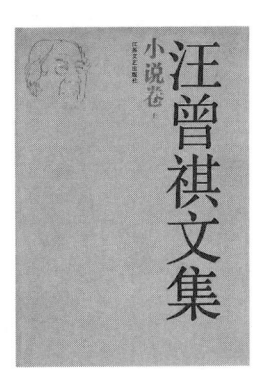

《汪曾祺文集》（四卷五册），一九九三年九月，江苏文艺出版社

一九八七年,汪曾祺参加美国爱荷华国际写作计划在作家聚会时唱戏

二〇 梨园内

梨园行有自己的游戏规则,梨园中人不得不循规蹈矩,否则不易生存。汪曾祺进京剧团实属偶然,因为写过剧本,有点底子,于是一待就是大半辈子。他进梨园行,是京剧界的幸事,可惜许久以来那个圈子不太认可他。只是在他去世后,梨园内偶有人提及,叹惋的地方是有的。

前面提过,在昆明的时候,汪曾祺与友人拍过曲子,对古老的剧种并不排斥。那时候他大量的时间用在阅读西方的小说上,现代派的东西似乎更能引起他注意。他没有想到,自己后来竟做起编剧,成了剧作家。汪氏的一个特点是,大凡他喜欢的东西,不管东方的还是西方的,都是可以嫁接在一起的。所以欧洲人的个性意识和古中国士大夫的情调,在他那里便统一起来了。

看过他一些谈戏的文章,印象中很不同于理论家的语气。他的观点很自然,没有那么强烈的职业意识,漫不经心,率性而谈,把绘画、小说的感受糅在了一起。各类艺术形态,在他眼里是相通的,所以见解就高于一般的文人。他在野曲里能听出奇音,从传奇中可看出诗意。至于戏曲和小说的关系,实在是有血缘性的。他在《中国戏曲和小说的血缘关系》中写道:

> 中国戏曲,不很重视冲突。有一个时期,有一种说法,戏剧就是冲突,没有冲突不成其为戏剧。中国戏曲,从整

出看，当然是有冲突的，但是各场并不都有冲突。《牡丹亭·游园》只是写了杜丽娘的一脉春情，什么冲突也没有。《长生殿·闻铃·哭象》也只是唐明皇一个人在抒发感情。《琵琶记·吃糠》只是赵五娘因为糠和米的分离联想到她和蔡伯喈的遭际，痛哭了一场。《描容》是一首感人肺腑的抒情诗，赵五娘并没有和什么人冲突。这些著名的折子，在西方的古典戏剧家看来，是很难构成一场戏的。这种不假冲突，直接地抒写人物的心理、感情、情绪的构思，是小说的，非戏剧的。[1]

理解汪曾祺应当注意他的这种戏曲、小说混血意识。其实《受戒》等小说，是有旧戏的某些痕迹的。他在一篇文章里说，自己写戏，有一个梦想，就是把剧本写得有点文学性。这是对的。《沙家浜》的改编，就很有文学的圆润，字斟句酌里，诗文的意韵很浓。我们读他的书，常能发现那些传神的地方像旧戏的演绎，流动着飘忽悠远的情思。戏曲的空灵和平实，是中国艺术的遗产，汪氏从那里学到了只可意会、难以言传的东西。以神遇，非形似，从通感里引发奇思，是他超出常人的地方。他对戏曲的体悟带有才子气。他感叹行家戏多，才子戏少，是个大问题。徐渭的画和剧本，就有出格的气韵，精神是飘荡的，神乎天地之间。汪氏迷人的地方不仅是小说和剧本，还有他谈天说地的见解。这些见解都脱俗过人，是寂寞里的独思，而非流行的语态。此间冷暖，透出的气息是极为动人的。

戏曲的生命是民风的深厚和风俗图的美丽。汪曾祺对民歌的敏感和对野外风景的欣赏，丰富了他的作品。沈从文的小说有风俗，

---

[1] 汪曾祺. 塔上随笔. 北京：群众出版社，1993：162—163.

二〇 梨园内

那是异地的浓彩，别人怎比得了？李劼人的作品有风俗，和左拉的语态是接近的。汪氏和他们不同，笔下多写意山水的意象，日本的浮世绘、荷兰画派的遗风、明清文人画的流响都有些，在他那里渐渐生成奇韵。知堂当年欣赏日本人的小品，认为其中有学识和谣俗的美意。中国那时能写这样美的文章者，唯鲁迅、废名等少数人而已。汪曾祺在自己的实践里，把知堂的梦现实化了。东方乡土的遗音和西洋式的深情远致，原也可造成一种美的形态。

有一年我碰见一位很有名的剧作家，谈起汪曾祺时，他说，汪的剧本都不太行，因为没有冲突。这个看法许多人都有，也许真的说到了点子上。不过，用旧的京剧的眼光看汪曾祺总还是有点问题，不能切中他的内在问题。汪曾祺其实是觉得京剧有点弊病的，必须改革。他大概是讨厌旧式剧本的老朽气，审美上也有点问题。在一定程度上说，他是现代剧的提倡者，主张用新的东西增加戏剧的内涵。这和齐如山有点相似。齐如山就是一点点把京剧从古老的程式里解放出来，那是渐进的改革，没有什么反对的力量。到了汪曾祺这一代，遇到"文革"，京剧真的改起来，且大动干戈。他自然高兴，虽然对江青的那套东西并不喜欢。解放京剧，得依靠文学的力量。他在此是有诸多考虑的。

在致徐城北的信中，他写道：

> 我不脱离京剧，原来想继续二十七年前的旧志：跟京剧闹闹别扭。但是深感闹不过它。在京剧中想要试验一点新东西，真是如同一拳打在城墙上！你年轻，有力气，来日方长，想能跟它摔一阵跤。[1]

---

[1] 汪曾祺. 汪曾祺全集：第8卷. 北京：北京师范大学出版社，1998：210.

改革在中国向来是艰难的,在京剧界尤其如此。我曾与徐城北讨论过这些问题,他也认为,京剧的套路早被大众认可,要出新的确不易。但汪曾祺执意要为京剧改革做一点工作,也是信仰所致。在他内心深处,相信胡适的文学改良观念。京剧也要改良,那是无疑的,否则,真的要变成古董不可。

一九八〇年,他在《北京戏剧报》上发表了一篇文章《京剧格律的解放》,就是沿着改良主义的思路出发的,也算几十年间在梨园行的一点心得。那文章说:

> 只能说,京剧的格律是一个历史的、人为的现象,是习惯,是约定俗成,没有一定的道理。它大概是来源于说唱文学。这样的格律有两个缺点,一是宜于叙事而拙于抒情(旧戏唱词往往有第三人称的痕迹);二是死板少变化。唱词格律的简陋、死板,很大程度上助长了京剧艺术的凝固性。
>
> 老一辈的京剧艺术家已经自觉不自觉地突破了框框。《法场换子》《沙桥饯别》都在二黄三眼里垛了几个四字句。《上天台》的三眼在结尾后又饶了一句"你我是布衣的君臣",是所谓"搭句",即唱了两个下句。程砚秋真大胆,他把《胡笳十八拍》的第十四拍一字不动地唱了出来,而且顿挫一如原诗!梅兰芳唱的《三娘教子》:"小东人下学归,我教他拿书来背,谁知他一句也背不出来。手执家法将他打,他倒说我不是他的亲生的娘,啊,老掌家呀!"这是什么?这是散文,根本不押韵!然而很有感情。
>
> 我深深感到,京剧格律有突破、丰富的必要。我觉得可以把曲牌体吸收进来。词曲在写情上较之原来规整的古

近体诗无疑是一个进步。我曾经按谱填词写过昆曲，发现这种貌似严格的诗体，其实比二二三、三三四自由得多，上下句不必死守。可以连用几个上句，或几个下句，以适合剧中感情的需要。古诗用韵，常常是平仄交替。一段之中也可以转韵。杜甫的古诗都是一韵到底，白居易的古诗就按情绪需要不断地转韵。一段二三十句的京剧唱词，为什么只能一道辙呢？转韵有好处，可以省层次，有转折。我甚至觉得京剧完全可以吸收一些西洋诗的押韵格式，如间行为韵，ABAB；抱韵，ABBA……[1]

这个看法在梨园行是逆音，未必人人喜欢。坦率说，是说出改革的必要性。从这个层面上看，他还是新式知识人，与江湖中人不同。在整个京剧界，他算是新派；可是在文学界，他却被看作旧派。就这样，一新一旧，新旧杂陈，他的位置一直与流行没有什么关系。

梨园行是非多，积习多，好的传统多。他没有染上旧习，倒是学会了戏剧的空灵之美。在他眼里，中国的书法、戏剧、诗词，背后都有相似的东西。这些东西是什么呢？他没有说，可是前人的佳作里已暗示了许多。京剧的表现是有趣的，用韵文思考问题，有时就显得很美。舞台上空空荡荡，却变化万千。好的演员，一旦入境，则美到极致。在众多演员里，他是比较喜欢裘盛戎的，大概是裘有苍润淋漓之美吧。裘盛戎的音色与神态，都一反呆板之态，有空阔朗然之味，也夹杂阴柔之调，把花脸艺术多样化了。在《裘盛戎二三事》里，他说：

> 裘盛戎把花脸艺术推到了一个新的阶段。以前的花脸

---

[1] 汪曾祺．汪曾祺全集：第3卷．北京：北京师范大学出版社，1998：176—177．

大都以气大声宏，粗犷霸悍取胜，盛戎开始演唱得很讲究，很细，很有韵味，很美。盛戎初露头角时，有人对他的演唱看不惯，嘲笑他是"妹妹花脸"。这些人说对了！盛戎即便是演粗豪人物也带有几分妩媚。粗豪和妩媚是辩证的统一。男性美中必须有一点女性美。

盛戎非常注意宏细、收放、虚实，不是一味在台上喊叫。这样才有对比，有映照，有起伏。他在《姚期》中打的虎头引子，"终朝边塞"几乎是念出来的，而且是轻轻地念出来的，下边"征胡虏"才用深厚的胸音高唱，这样才有大将风度。如果上来了就铆足了劲，就不像个元老重臣，像个山大王了。《雪花飘》开场四句："打罢了新春六十七（哟），看了五年电话机。传呼一千八百日，舒筋活血强似下棋。"盛戎也是轻唱，在叙述中带点抒情，很潇洒。这四句散板简直有点像马派老生。[1]

这段话透出他的审美标准，或者说是审美走向。他不喜欢单调的东西，喜欢变化，阳刚者不妨渗着阴柔，细微处也应和高远的气脉相接。这才是好玩的艺术。八大山人的绘画与鲁迅的小说，都是这样千变万化，是可借鉴的传统。戏剧界里能悟出此道的表演艺术家，真的还是有限。

汪曾祺一生写了不少谈戏的文章，在美学上难说有独创的思想。他的文章多是随意的走笔，不去图解历史，思想通达，不求深奥。枝枝节节中，和李笠翁、齐如山这样的人也有呼应的地方。读他的作品，似和梨园行的老气、江湖气没有关系，与新派的不断革命者

---

[1] 汪曾祺. 汪曾祺全集：第6卷. 北京：北京师范大学出版社，1998：67.

二〇　梨园内

没有关系。他身在梨园，却不属于那个世界。

也有人叹道，如果他晚年少写些剧本，多为小说，也许会有更多的佳作。戏剧的美，是梨园中人无法割舍的，锣鼓一响，观众神为之夺，这样的人间妙意，别人难以理解。文字好的人，倘还通戏剧，则有大的欢喜。曹聚仁、黄裳都喜谈梨园趣事，却无剧本创作的经验，对那些关于生、旦、净、末、丑的话题，终究有些隔膜，是门外的戏谈。汪曾祺的文本是有温度的，舞台上下的苦乐悉入笔端，当代作家中，这样的人不多。其生花之笔，是沾了梨园的神气的。今天的文人写不出那样古老的文字，也与此类经验的缺失有关。

二一 文人画

《塔上随笔》，一九九三年十一月，群众出版社

一九九四年，汪曾祺在家中作画

二一 文人画

　　文人画经历了五四,精神大变。陈师曾、丰子恺的作品,比起明清文人的笔墨,毕竟多了新奇的东西。汪曾祺晚年除写小说、随笔外,写字画画是一大乐趣。他的花鸟草虫类的绘画小品,在气韵上和他的随笔、小说类似。风格追随齐白石,构图简约,淡墨传神,有时意袭徐渭,偶尔也类似印象派的神色。他的字好,张弛有度,令人想起周邦彦的词,清秀而暖意浓浓。五十年来的小说家里,这样的人很少,他的画与文的存在,似乎和当下的文学没有关系。我们只是在民国之前的作家那里,能够看到类似的景观。

　　关于作画,汪氏只言自娱,别无他求。《书画自娱》中这样写道:

> 　　所画多是"芳春"——对生活的喜悦。我是画花鸟的。所画的花都是平常的花。北京人把这样的花叫"草花"。我是不种花的,只能画我在街头、陌上、公园里看得很熟的花。我没有画过素描,也没有临摹过多少徐青藤、陈白阳,只是"以意为之"。我很欣赏齐白石的话:"太似则媚俗,不似则欺世。"我画鸟,我的女儿称之为"长嘴大眼鸟"。我画得不大像,不是有意求其"不似",实因功夫不到,不能似耳。但我还是希望能"似"的。当代"文人画"多有烟云满纸,力求怪诞者,我不禁要想起齐白石的话,这是不是"欺世"?"说了归齐"(这是北京话),我的画画,

自娱而已。[1]

作者这样说，是自报心语，情感的真是一看即知的。不过我们看他的画和文，则能发现中国的文字和笔墨间的关系。白话文和文言文的不同，是前者动，后者静。废名把文言文的静功用到白话文里，气息就不同了。汪曾祺的创作，取唐宋诗的冲淡者，明清画的安静者。这些都是对流行色调的拒绝，你能觉出他对古风的追求，将心置于旷野的安宁里，不是在闹中自乐，而是于静中寻梦。

浏览他的画，总体的感受是轻灵秀雅、精善柔和，仿佛婉约派的余绪。他的"体""形""意"，都是明快的。巧小而舒朗，自明渐暗，不为墨滞。《秋色无私到草花》是禅趣,《遍青山啼红了杜鹃》乃春曲，《少年不知愁滋味》像童谣，《残荷不为雨声留》为幽语。这些随意间留下的小品，浸润着汪氏的哲学。对照他的小说和随笔，画中可看到更原态的东西。他那么喜欢徐渭和齐白石，乃知道出新意于凡物之中，寄神思于草木之外，是高人的境界。他从古人的毫尖里懂得出俗的要义，画应如此，小说与散文、随笔也该如此吧。

他的画虽静谧者多多，内涵却是摇曳多姿的，有时也能见到狂放的作品。比如一九八三年创作的《春城无处不飞花》，清秀灵动而放达，在风中舞动的枝叶和花絮，似乎划破了寂静的春日，抖动着无边的激情。《吴带当风》柔里见刚，神飞意适，情形恣意。《李长吉》的构图有点怪异，人物的神色是忧戚的，心事浩茫的样子是不是也有汪氏的形影？另一幅人物画《狗矢》，流露的是藐视陋人的眼色，与俗风的反对构成了别样的境界。虽是自娱的泼墨，可也分明散发着耿介的气味。寄幽思于平淡之间，舒愤懑在独异之旅。我们有时

---

[1] 汪曾祺. 汪曾祺全集: 第5卷. 北京: 北京师范大学出版社，1998: 271—272.

二一 文人画

从他的笔墨中感到意外的惊喜和刺激，实在缘于他出离俗态的超然。

画与文的关系，自古就有人著文笔谈。苏轼、徐渭、陈老莲的遗墨里，留下了诸多的感慨。汪曾祺在随笔里多次讲到两者的互动，他自己也受益于此。他关注黄山谷、袁宏道，就有字画间的追索；留意张大千、潘天寿等人，意在摄取内中的养分。他的小说，也像一幅幅画，悠远淡泊。那些关于昆明的回忆文字，在气韵上是像风俗画的。水色、天光、古寨、茶楼，均泡在湿淋淋的记忆里。他用文字画画，以笔墨写诗，如此心绪，我们何能及之？

新文人画，是陈师曾最早提出的。一九二一年，他在《文人画之价值》里说：

> 何谓文人画？即画中带有文人之性质，含有文人之趣味，不在画中考究艺术上之工夫，必须于画外看出许多文人之感想，此之所谓文人画。或谓以文人作画，必于艺术上功力欠缺，节外生枝，而以画外之物以弥补掩饰之计。殊不知画之为物，是性灵者也，思想者也，活动者也，非器械者也，非单纯者也。否则直如照相器，千篇一律，人云亦云，何贵乎人邪？何重乎艺术邪？所贵乎艺术者，即在陶写性灵，发表个性与其感想。而文人又其个性优美、感想高尚者也。其平日之所修养品格，迥出于庸众之上，故其于艺术也，所发表书写者，自能引人入胜，悠然起澹远幽微之思，而脱离一切尘垢之念。然则观文人之画，识文人之趣味，感文人之感者，虽关于艺术之观念浅深不同，而多少必含有文人之思想；否则如走马看花，浑沦吞枣。

盖此谓此心同此理同之故耳。[1]

陈师曾还说：

> 文人画之要素，第一人品，第二学问，第三才情，第四思想，具此四者，乃能完善。盖艺术之谓物，以人感人，以精神相应者也。有此感想，有此精神，然后能感人而能自感也。所谓感情移人，近世美学家所推论，视为重要者，盖此之谓也欤![2]

陈师曾对绘画的理解，比别人多一种东西，也即外来的文化。由于了解西洋的绘画，对六朝以来的美术多有研究，他看到了中国艺术中兴的可能。在陈师曾看来，回到唐宋不是目的，能参之新法，大概会给美术界新的冲击。他对绘画的看法，和鲁迅对小说的期待很像，都是希望从古人那里得来启示，加上西洋笔意，解放表达的思路，把精神放到更高的平台上。

用陈师曾的理论看，汪曾祺的绘画有点这样的意思。汪曾祺曾说，他的绘画受到了父亲的影响，后来是自寻章法，得天地之趣。他晚年画的画很多，许多人向他求画，有时也愿意主动示人。我记得同事韩霭丽和他关系较好。汪先生在致她的信里，夹着一幅水墨画，上有白菜、荸荠等，水灵可爱。画上写："馋死小韩。"我在美国一个友人家里，也看过汪先生的画，很清秀美丽。不过他的绘画，走的是明清文人画的路，没有西洋绘画的基础，有时就不免显得简

---

[1] 李运亨，张圣洁，闫立君，编注．陈师曾画论．北京：中国书店，2008：167.
[2] 李运亨，张圣洁，闫立君，编注．陈师曾画论．北京：中国书店，2008：172.

二一 文人画

单,是不及陈师曾、丰子恺那样的人的。所以他的作品在美术界没有大的反应,专业人士看来不过是文人的余兴,在他看来也不足为道,玩玩而已。而恰是这种游戏的心态,给他带来很大的快乐,也让周围的朋友颇为开心。由于画名大振,求画者也多起来。宗璞在《三幅画》里写道:

一九八六年春,偶往杨周翰先生家,见壁悬画图,上栖一只松鼠,灵动不俗。得知乃汪兄大作时,不胜惊异。又有一幅极秀的字,署名上官碧,又不知这是沈从文先生笔名。杨先生则为我的无知而惊异,笑说,你怎么什么都不知道。

实在是的,我常处于懵懂状态,这似乎是一种习惯。不过一经明白,便有行动,虽然还是拖了许久。初夏时,我修书往蒲黄榆索画,以为一年半载后可得一张。

不想一周内便来了一幅斗方。两只小鸡,毛茸茸的,歪着头看一串紫红色的果子,很可爱。果子似乎很酸,所以小鸡在琢磨罢。

这画我喜欢,但不满意,怀疑汪兄存有哄小孩心理,立即表态:不行不行,还要还要!

第二幅画也很快来了。这是一幅真正的赠给同行的画,红花怒放,下衬墨叶,紧靠叶下有字云:"人间存一角,聊放侧枝花,临风亦自得,不共赤城霞。"画中花叶与诗都在一侧,留有大片空白,空白上有烟灰留下的一个小洞。曾嘱裱工保留此洞,答称没有这样的技术。整个画面在临风自得的恬淡中,却有一种活泼的热烈气氛。父亲看不见画,听我念诗后,大为赞赏,说用王国维标准来说,这诗便是不隔。何谓不隔？物与我浑然一体也。

　　这时我已满意，天下太平，不再生事。不料秋末冬初时，汪兄又寄来第三幅画。这是一幅水仙花，长长的挺秀的叶子，顶上几瓣素白的花，叶用蓝而不用绿，花就纸色不另涂白。只觉一股清灵之气，自纸上透出。一行小字：为纪念陈澂莱而作，寄与宗璞。

　　把玩之际，不觉歔欷。谢谢你，汪曾祺！

　　澂莱乃我挚友，和汪兄也相识。五十年代最后一年，澂莱与我一同下放在涿鹿县。当时汪兄在张家口一带，境况比我们苦得多了。一次开什么会，大家穿着臃肿的大棉袄在塞上相见。我仍是懵懵懂懂，见了不认识的人当认识，见了认识的人当不认识。澂莱常纠正我，指点我这人那人都是谁；看我见了汪兄发愣，苦笑道，汪曾祺你也不认识！

　　澂莱于一九七一年元月在寒冷的井中直落九泉之下，迄今不明原由。我曾为她写了一篇《水仙辞》的小文。现在谁也不记得她了，连我都记不准那恐怖的日子，汪兄却记得水仙花的譬喻，为她画一幅画，而且说来年水仙花发，还要写一幅。

　　从前常有性情中人的说法，现在久不见这词了。我常说的"没有真性情，写不出好文章"的大白话，也久不说了。性情中人不一定写文章，而写出好文章的，必有真性情。

　　汪曾祺的戏与诗，文与画，都隐着一段真性情。[1]

　　宗璞的回忆是感人的，汪先生于平淡里的忧思，友人是可以感

---

[1] 段春娟，张秋红，编. 你好，汪曾祺. 济南：山东画报出版社，2007：70—71.

二一 文人画

受到一二的。当代作家中有诗画天赋与才情者,并不多。像宗璞这样的人,对音乐、绘画、小说、散文都有兴趣,是知道内中的伟力的。她对同代的作家印象深的是汪曾祺与孙犁,因为彼此都懂杂学,笔墨的闲情都有。这很重要。她的喜欢汪曾祺,其实也有对传统充满敬意的地方。

人们说汪曾祺是士大夫式的人物,可能与他善丹青有关。中国旧式的读书人,有此技艺的不可胜数,文人能画,既丰富了绘画,也丰富了诗文,相得益彰。明清的旧式文人,有许多字画诗文都好的,那是环境使然。汪曾祺生活的时代,这样的东西日稀,几乎不见了。在他看来,这是很可惜的事情,也是文学味道越发淡薄的原因之一。比如胡风、冯雪峰这样的人,就没有多少这样的功底,文字就缺乏柔软的气息。他们如果多一点这样的修养,也许与鲁迅不会有那么大的距离。鲁迅之后的作家之所以在文字上显得简单,除了外国文化的修养欠缺,可能是对古文化的研究不够所致。比如文人的闲静之气,是在字画里寄存的,许多人看不出其中的门道,而鲁迅、汪曾祺是从中受益颇多的。我们现在讨论他们这样的作家的成就,不能忽视美术的参考意义。

汪曾祺的绘画作品,到底在艺术上的成就如何,行家自有定论。他的画作均属于江南文人的小情调,格局不大,但有性情在。这个自学成为画家的人,也没有把自己的作品看得多重,《自得其乐》里说:

> 我画画,没有真正的师承。我父亲是个画家,画写意花卉,我小时爱看他画画,看他怎样布局(用指甲或笔杆的一头划几道印子),画花头,定枝梗,布叶,钩筋,收拾,题款,盖印。这样,我对用墨,用水,用色,略有领会。我从小学到初中,都"以画名"。初二的时候,画了一幅

墨荷，裱出后挂在成绩展览室里。这大概是我的画第一次上裱。我读的高中重数理化，功课很紧，就不再画画。大学四年，也极少画画。工作之后，更是久废画笔了。当了"右派"，下放到一个农业科学研究所，结束劳动后，倒画了不少画，主要的"作品"是两套植物图谱，一套《中国马铃薯图谱》、一套《口蘑图谱》，一是淡水彩，一是钢笔画。摘了帽子回京，到剧团写剧本，没有人知道我能画两笔。重拈画笔，是运动促成的。运动中没完没了地写交待，实在是烦人，于是买了一刀元书纸，于写交待之空隙，瞎抹一气，少抒郁闷，这样就一发而不可收，重新拾起旧营生。有的朋友看见，要了去，挂在屋里，被人发现了，于是求画的人渐多。我的画其实没有什么看头，只是因为是作家的画，比较别致而已。

　　我也是画花卉的。我很喜欢徐青藤、陈白阳，喜欢李復堂，但受他们的影响不大。我的画不中不西，不今不古，真正是"写意"，带有很大的随意性。曾画了一幅紫藤，满纸淋漓，水气很足，几乎不辨花形。这幅画现在挂在我的家里。我的一个同乡来，问："这画画的是什么？"我说是："骤雨初晴。"他端详了一会，说："哎，经你一说，是有点那个意思！"他还能看出彩墨之间的一些小块空白，是阳光。我常把后期印象派方法融入国画。我觉得中国画本来都是印象派，只是我这样做，更是有意识的而已。[1]

　　本来，水墨画是古老的艺术，他偏要说自己是印象派的笔法，

---

[1] 汪曾祺. 汪曾祺全集：第5卷. 北京：北京师范大学出版社，1998：280—281.

二一 文人画

那也是似古非古、似今非今吧。我们看到他的画,就想起他的文字,好似画为文作了色彩与形象的注解。中国的文与画,是文人生命延伸的地方,笔墨之间的闲情有提升灵魂的作用。不过这样的文与画,安静的时候居多,不是剧烈的冲撞,缺乏力之美和悲壮的伟力。在没有宗教传统的国度,诗画才是精神的寄托。许多隐秘都在那里,流淌着玄学的气息。晚清之后,其实两者有着合流的趋势,可惜战乱与教育的变化,使艺术的路途变窄了。有时想想,汪曾祺像一个历史的遗存,当他用诗来绘画或者用画来写诗的时候,古老文明里气韵生动的遗存,确乎飘然而来。

二二

贾平凹

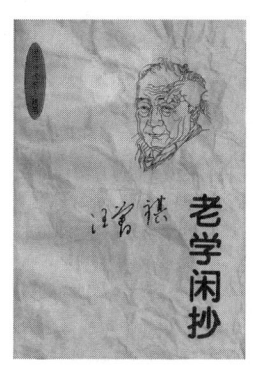

《老学闲抄》，一九九三年十一月，陕西人民出版社

一九八七年六月,汪曾祺与漓江出版社编辑彭匈(左一)、作家贾平凹(左三)于桂林

二二　贾平凹

传统文人是讲究师承的，但师傅与弟子间的关系，有点像父子般拘谨，趣事不多，倒是那些没有师徒情分的忘年交，彼此影响，留下诸多佳话。这在二十世纪八十年代，是寻常之事。那是以老带新的时期，巴金、冰心、汪曾祺都吸引了许多青年。他们都没有什么正式的弟子，却有不少青年作家朋友。我注意到汪曾祺和贾平凹之间的交往，可以说是淡而有味。那时候的青年人要脱颖而出，并非易事，环境还有重重阻隔。汪曾祺出访美国后，意识到交流的重要，有感于国内作家的活动范围太小，很想把几个人推荐到爱荷华参加国际写作计划。他最先想起的是林斤澜和贾平凹，对贾平凹尤为看重。这是两代人的友情，在青年人的身上，看到了期待的潜能，所谓吾道不孤，是他内心的感受。

当代的青年作家里，他欣赏的几个人，都是有才气的。比如阿城，他对其《棋王》《孩子王》是喜欢的；铁凝写乡下孩子的文字也被他看重，纯真和乡野的美可能打动了他；还写过评介何立伟的文章，说了许多鼓励的话。但就才气而言，贾平凹可能更吸引人的眼球，汪氏从中也感到了快慰。据说有一年他从北京坐着硬座专程去看这个陕西青年，可谓情有独钟。孙犁也喜欢贾平凹，认为其灵气十足。而贾平凹对这两位老人也是尊敬的。看过贾平凹一首诗，是写汪曾祺的，把他比成文坛一狐，真是精明的比喻，此话别人是说不出来的。他从这位老人身上读出了汉文化里精明美丽的一面，自然也有古文人的妙处：

> 平生懒出门，西南第一行。
> 不慕高堂显，一识汪与彭。
> 汪是一文狐，修炼成老精。
> 彭在双瞳目，炯然识大鸿。
> 桂林七日短，南宁非长程。
> 说文桄榔下，啖荔叙缘情。
> 红土多赤日，晒我脸如铜。
> 身无彩翼飞，心有一灵犀。
> 人生何其瞬，长久知音情。
> 愿得沾狐气，林中共营生。
> 一编散文卷，鸟知树包容。[1]

汪和贾在许多方面有相似的地方。比如都喜欢画画、写字，对古董与野史、乡邦文献有浓浓的兴趣。他们都散淡、自如，和主流的东西若即若离。贾平凹早期的作品很朴素，在泛意识形态话语四溅的时候，他的笔下却出现了古朴清淡的语序，和时代风格略有区别。重要的是他的文风似乎是从古人那里来的，家乡土语和文言的句式夹杂着一丝士大夫的情调。我很喜欢他关于乡土社会的描摹，色调是美的，在一些篇章里透出空蒙哀婉的色泽。汪曾祺最初注意到他，就有种爱意，觉得彼此的心是相通的。他一再提及这个青年人，爱心在起作用是无疑的。

二十世纪八十年代，贾平凹写乡下的生活，意识形态的因素消

---

[1] 段春娟，张秋红，编. 你好，汪曾祺. 济南：山东画报出版社，2007：100.

二二　贾平凹

减,几十年间不被提及的村民之梦——那些缭绕着死亡、鬼魂的民俗,在文字间四溅。他还原了泥土间的幻影,人的日常生活与冥冥之中的暗影那么深地印在作品间。他的小说有散文的味道,延续了旧式文人的气脉,红色文学被凝固的乡下之迹置换了。这不是思想的复古,而是生态的复古;民间的古老习俗,在荒诞的叙述里复活了。

恰恰是贾平凹这种复旧的笔法,吸引了汪曾祺。但《废都》之后,汪曾祺怎样看他,我们不得而知。贾平凹的确走了与汪曾祺不同的路,而且在审美方式上异于汪氏的地方多多。比如他越来越喜欢打量那些丑的存在,对人性丑陋的地方做直观的展示。他不惜以自然主义的方式来描绘人欲,灰色的世纪末情绪颇为浓厚。后来他写《秦腔》那样的作品,史诗的意味是有的,厚度增加,但一面也多了无奈的氛围,弥漫着绝望的气息。他似乎越来越远离士大夫的儒雅之风,不放过那些黑色与龌龊的存在,而且对此津津乐道。比如他的绘画,那么喜欢在怪异里展示自己对世间的认识。这和汪曾祺的绘画比,完全是两个世界。汪氏的画学一点徐渭,可是去其怪;模仿齐白石,但保留着清秀气。贾平凹近士大夫却有别于士大夫,多少有点乡野的气息。打一个比方,如果说汪曾祺是仙道的孑遗,那么贾平凹就是巫祝的余音。前者有点飘逸之味,在世间却又超然于世间;后者则贴近着泥土,却把自己卷入泥塘,仿佛是浊水里的莲花。如果贾平凹按照孙犁和汪曾祺的路走,大概是没有出息的,他穿过旧式文人的路径,踏上鬼火与谶纬之途,与神秘之物为伍,真的渺乎如云,鬼乎似雾,青烟缭绕,何似人间。

在许多地方他们显得一致,都吟诗弄赋,有点歪才。画也来得,字也神气,灿灿然如午夜之烛,在灰暗的角落显出智慧。他们的书法在神韵上不同:一个是江南才子的俊逸洒脱,一个乃陕西怪杰的古拙苍秀。汪曾祺的字有明清文人的味道,秀美于内,神姿不衰;

贾平凹的字和他的画很像，不知来处，行乎无迹，吟乎无响，狐气也是有些的。

汪曾祺因为安于小，不动声色的时候居多。贾平凹的气概要大得多，写乡村与都市的合奏，史诗的感觉出来了，由小而渐大。《废都》《白夜》《秦腔》都有大场面，线索颇多，也有为天地立心的野心。不过写得最自由的可能是《废都》，那时候正在困惑期，一气呵成，没有生硬的感觉。他后来的作品，都有一点做作，不像散文那么自如。我觉得贾平凹倘能保持平常心，文本的价值就不会有太大波动。就作品的影响力而言，忘我的时候往往很好，自我意识多了，反不及先前了。汪曾祺能站住，大概是他忘我的立场一直未变的缘故。

读者之所以欣赏贾氏，还有个原因，就是从他的文字间可以嗅出谣俗的美。古风和现实的人物不是隔的，而是歙合无间的。二十世纪五十年代后，基本没有这样写作的人。贾平凹的年龄，没有民国的经验，却无师自通。那时候也只有老人才有这样的遗风，比如张中行、谷林、舒芜等等。阿城的文字好，那是士大夫气的，明清文人的那一套在，别人不及。而贾平凹有乡土气，是乡间的朝露，闪着轻灵的光泽。在汪曾祺看来，那是很有意思的。

贾平凹的世界被古老的幽魂所绕，也是他吸引人的原因。西北的鬼气与苍冷，那么深地吸引着人们。他其实是有一点颓废感的，但又不是寂寞的潦倒，有咀嚼的快慰。在灰色和无聊里也有智慧的穿越，那就把无奈的世界趣味化了。比如他画山林间的怪物，摹写丑女，点染夜色，妖道之外，也有神光，那是什么使然呢？在无聊中能现出趣味，那是才华的律动。至少在二十世纪八十年代，是难见于此的。

我在贾平凹那里读到过自嘲，句子鲜活，很幽默，这在作家那里不多。他的失败感强烈，却又能以诗文的流转而出之，就显得有点潇洒。中年的时候,他的精神遭受过一次撞击,文风略变,苦楚的东西加多,作品也因之有了幽深的感觉。后来名气大振,也没有使其扬扬得意,自知人生有限,看问题就是另类的眼光。他在精神气质上,比汪曾祺多了些灰色的因素,古老的幽魂暗动,常可看到无形之手的操弄。这使他从一般文人气中走出,庸常的东西不见了。到了五十岁时,他的审美观与先前有了变化,在一套书的前言里道出心得:

> 我的写作是和新时期文学同步的,可以说,是个老兵。但我能力有限,实绩平平,虽出道到现在,每有新作都受关注,从未大红,更多的是争议不休。我本丑陋,也不修饰,各个时期的作品都选了一些,可以看出我起点多么低,一步一步又走得多么艰辛。过去的岁月或许青春,或许蓬勃,我已经再写不出那时的况味,而我还是更看重现在的文字。换一句话说,我似乎在五十岁后才慢慢懂得了什么是小说,小说应该怎么写,却同时又深感激情有减,精力不济了。
>
> 五十岁后,野心还在,警惕固封,警惕书斋气而写得滑溜,将这套书出版了,就不再自顾自怜,寂寞会随之而至,携琴将重新上路。天行健,当自强不息,地势坤,以厚德载物,但愿天还再旦。[1]

警惕书斋气,对他来说是一种飞跃,那就与明清文人的儒雅不同了。就书斋气而言,汪曾祺、端木蕻良的晚年都很浓。但汪曾祺以《聊

---

1 贾平凹.贾平凹小说精粹·猎人.北京:人民文学出版社,2006:1.

斋新义》系列拉开了与旧式文人的距离,虽然步幅不大。贾平凹则以审丑的眼光,从民间的鬼怪之风里汲取营养,走得就比汪曾祺更远。

贾平凹的小说有怪味,不过是说狐谈鬼者居多。《龙卷风》系列的《阴阳》《鬼市》,从民间传说里延伸出来,有诸多余味。《任氏》据唐代故事改编,但分明有蒲松龄的遗绪,妖风习习,作者习惯于在晦明之间铺展故事,传奇的手法,把乡野的精神底色清晰化了。

有趣的是,汪曾祺也喜欢志怪的笔法。汪曾祺和贾平凹,都喜欢《聊斋志异》,他们觉得那部书有点魔幻的色彩,很好玩。不同的是,贾平凹大概是往后走,贴着民间写,没能出来;而汪曾祺则想有点现代意识,把古书点化成今人的趣谈。他的《聊斋新义》系列,从古书里幻化出来,意象是今人的,荒谬感和无奈的吟哦都在,趣味却已超脱古人。用他的话说,在哲学的高度上,可以略过古人者也。《〈聊斋新义〉后记》云:

> 我想做一点试验,改写《聊斋》故事,使它具有现代意识,这是尝试的第一批。
>
> 石能择主,人即是花,这种思想原来就是相当现代的。蒲松龄在那样的时候能有这样的思想,令人惊讶。《石清虚》我几乎没有什么改动。我把《黄英》大大简化了,删去了黄英与马子才结为夫妇的情节,我不喜欢马子才,觉得他俗不可耐。这样一来,主题就直露了,但也干净得多了。我把《蛐蛐》(《促织》)和《瑞云》的大团圆式的喜剧结尾改掉了。《促织》本来是一个具有强烈的揭露性的悲剧,原著却使变成蛐蛐的孩子又复活了,他的父亲也有了功名,发了财,这是一大败笔。这和前面一家人被逼得走投无路的情绪是矛盾的,孩子的变形也就失去使人震动

的力量。蒲松龄和自己打了架。迫使作者于不自觉中化愤怒为慰安,于此可见封建统治的酷烈。我这样改,相信是符合蒲老先生的初衷的。《瑞云》的主题原来写的是"不以媸妍易念"。这是道德意识,不是审美意识。瑞云之美,美在性情,美在品质,美在神韵,不仅仅在于肌肤。脸上有一块黑,不是损其全体。(《聊斋》写她"丑状类鬼"很恶劣!)歌德说过:爱一个人,如果不爱她的缺点,不是真正的爱。"情人眼里出西施",是很有道理的。昔人评《聊斋》就有指出"和生多事"的。和生的多事不在在瑞云额上点了一指,而在使其黜面光洁。我这样一改,立意与《聊斋》就很不相同了。[1]

从这里能看出汪氏的两个特点:一是反道学,更看重审美意识下的人生;二是对丑物漫画化,在内心里保留的是美,而非丑化对象。其间对大团圆意识的微词、对悲剧意识的表述,和左翼作家的理念接近。他的意识深处,潜藏着五四的基本精神。我猜想,这大概也是他于革命年代无意间接受的理念。他看似好古,其实对古人的遗产有剔除,有选择,有重组。革命文学的形态有许多种,但在追求纯粹这一点上,是和他的精神相仿佛的。样板戏时代留下的那种改造古人的冲动,在他那里不是没有。在贴近士大夫的时候,他的底色已经染有红色的痕迹。不仅他如此,孙犁、黄裳也是这样。

显然的,汪曾祺在此与贾平凹是有差异的。贾平凹不是没有看到这一点。在贾平凹眼里,走汪氏的路,其实易进入旧式文人的陷阱。非天马行空者,难以为之。士大夫加一点革命的意象,似乎是

---

[1] 汪曾祺. 汪曾祺全集:第4卷. 北京:北京师范大学出版社,1998:238—239.

险境，贾平凹则避而绕行，去走反雅的路。因为知道人性的俗影不可去，那么直面世俗、直抒胸臆也是一种选择。贾平凹后来选了一条远离汪曾祺、孙犁的路。这在旧式文人的文本里很难看到。因为士大夫的传统，温润的东西过多，反而与乡野间的泥土气远了。而后者，是文人创作的资本。舍弃民间的红黄绿蓝，只留书斋里的素雅之色，也将自己捆住了。

讲到六朝以来的志怪小说，文人们都有所偏爱，其中有文人的想象与民间的期许。人间不易表达的存在，借着神异的事物为之，就多了叙述的维度。在左翼作家看来，谈神谈鬼是件堕落之事，殊不可取。当年周作人的谈鬼蛇之诗就遭批判，可见见解之异。我看现代以来读书人的世界，大凡从民间想象里汲取养分者，多是不满于书斋气者。这就是鲁迅所言的"神思""白心"吧？鲁迅借着古人的概念，意识到民间想象的价值。他在《破恶声论》里讲到"伪士当去，迷信可存"，其实就是对初民的想象力的赞许。信仰与幻想间的情愫，大概更能感人。只是这样的文本在现代殊少，文人偶尔为之，乃舒缓间之笑。而这，也可看到借用民间文本的用意。中国人在精神的变迁里，不忘的还有这些，也挺好。

关于当代文人的生活转向，是很可玩味的。汪曾祺与贾平凹都提供了新的谈资。在激进主义之外，他们咀嚼的是梦之果，摸索着异样的路。从社会的意识形态话语中逃出，拥有自己的园地，是心愿所使；而对外的窗户关闭的时候，能直面生活中的暗影吗？在陶醉于山水与民风的片刻，满足于对自我情调的闪动也是有盲区的。我有时想起这两个人，觉得他们都少了些知识分子期待的丰厚。鲁迅那一代，许多人深味西洋的民俗学和个性主义传统，那些关于故土与民间的文字，多是译介之余的感怀，有选择里的批判、建设里的解构。这个维度，六十年间一直空缺，汪曾祺与贾平凹承前人之余绪,仅得片段,未浴得域外之光,进出之间还是士大夫语境。他们试图亲近五四,而氛围已变,与先人只能隔岸相望。五四的传统如何流变,如何弱化,从他们的影子里,都可窥得一二。文学史不都是进化的历史,他们的选择,可作参证。

二三

林斤澜

《异秉——汪曾祺人生小说选》，一九九四年九月，甘肃文化出版社

一九九五年秋，汪曾祺与林斤澜（左）在温州

二三 林斤澜

我写过一篇文章,谈到林斤澜和汪曾祺的审美风格。那时候林先生还健在。我看的材料不多,妄议的地方也是有的。近来偶翻林氏旧书,忽地发现他与汪曾祺的一些片段,便又想起当年的老题目。二十世纪八十年代后,北京文学在大的方向上出现了峻急与平淡两条路,这两个人各为代表。有趣的是,两人并非彼此对立,而是互渗互换、彼此影响的。

林斤澜是汪曾祺的挚友,其情之重非一两句话可说清。他们的相识在二十世纪五十年代初,两人都在文联工作,且年龄相仿。汪曾祺那时候文章不多,性格的温厚吸引了林斤澜。自然是一起喝酒、谈天的时候多。林斤澜认识沈从文,也是汪曾祺的介绍。两人还到历史博物馆去看望这位前辈。据说五六十年代每年大年初一,他们还一起到沈家拜年。在内心深处,林斤澜是敬佩沈从文的人与文的。

他喜欢汪曾祺的原因很多。大致说来,两人都爱写短篇,走的是相近的路子;均带点杂家的趣味,对风俗人情、野史笔记有兴趣;而且他们皆有点散淡或自由派的风骨,和时风多有些不合。林氏早年参加革命,作为地下党员潜入台湾,曾入狱一年;新中国成立后,干脆入了文坛,不再介入政治。认识汪曾祺,对他是个幸事,他自知自己在一些地方不及汪氏,比如学问,比如天赋,都有距离。也由于此,便倍加珍惜他们的友情。老舍当年颇看重这两个青年,说了些勉励的话,大意是,今后两人都会写出好作品来,是很有潜力的青年。

汪曾祺离开北京文联后,不幸成为"右派",邓友梅、刘绍棠、从维熙也未能幸免,独有林斤澜逃过一劫。此事一直引人猜疑。何以林氏逍遥于外,未染杂尘?有天机的一面,据说鸣放时林的孩子生病,他请假脱身;也有聪慧的一面,是他从不整人,与人为善。那时候人们彼此揭发,互有黑白,林斤澜却逃脱了俗场,到矛盾外去自"游"了。直到"文革",他也绝不写一字,怕的是被对号入座,招惹麻烦。世间的事有时奇怪,被划为右派的汪曾祺,后来被江青看重,写起样板戏来,而林斤澜一直在政治学习、下放劳动中度日,并不见用于当世。有一次,林斤澜在《人民日报》上看到汪曾祺与江青等人登上天安门城楼的报道,大为惊奇,是兴奋呢还是惋惜,已不好猜测,但他对这位友人的关注从未间断。在林斤澜眼里,能写出好文章与剧本的人,彼时不多,汪曾祺被选入台阁,不知是福是祸。

"四人帮"倒台,文坛松弛了大半,下台的上来了,在野的换上了主人面孔。作家要创新,走异路,于是乎热闹非凡,各路人等不甘示弱,林斤澜也进入写作的最佳时期。但那时他最惦记的,是汪曾祺这个朋友。汪在北京京剧团,与文联的圈子远,但林斤澜凡事都要和他通气。邓友梅《漫忆汪曾祺》云:

> 斤澜知道曾祺的心态,跟我说过多次:"咱们得拉着他一起干,不能叫他消沉!"恰好北京出版社要重印五十年代几个人的旧作,编为一套丛书。王蒙、斤澜、刘绍棠和我都在册,但没有曾祺。林斤澜就建议一定加上汪曾祺。出版社接受了意见,曾祺自己却表示婉拒。理由是解放前的作品有些不愿收,解放后的不够数。斤澜知道后找到他家与其争论,连批评与劝说,要他尽快再赶出一批小说或

散文来，凑够一集出版。他被诤友赤诚感动，这才又拿起笔来写小说和散文，由此激发了汪曾祺写作生涯的第三次浪潮！[1]

汪曾祺知道自己被友情包围着，离了这个就真的寂寞了。林斤澜对他太好，几乎尊为师长。他以为汪氏有点仙气，喝起酒来便悠然飘动，神光四射，有奇思涌来，洋洋兮如江潮。其小说散文，如进入佳境，亦别有天地，神灵之舞与轻风之慰徐徐而来，真真是醉倒众人。林斤澜知道汪氏的才气，他想沾沾这些仙气，乐了自己，也乐了众人。汪曾祺后来得享大名，最高兴的自然是林斤澜。

他们嗜酒如命，每逢聚会，都喝得两眼红红。晚年外出，二人同行时居多，每餐不忘谈酒，举杯同笑，很有点酒仙之态。林斤澜家中摆了各式酒瓶，成了收藏库，汪曾祺看到好的酒瓶，亦不忘送老友保存。程绍国在《林斤澜说》中有所描述，很有趣。刘心武谈汪曾祺的时候，有个片段，描绘了汪曾祺的酒态：

> 我们到达重庆时，正是三伏天，那时宾馆里没有空调，只有电扇，我和一位老弟守在电扇前还觉得浑身溽热难耐，汪老和林大哥居然坐到街头的红油火锅旁边，优哉游哉地饮白酒，涮毛肚肺片；我们从宾馆窗户望出去，正好把他们收入眼底，那"镜头"直到今天依然没有模糊。后来他二人酒足肉饱回来，进到我们屋，大家"摆龙门阵"，只见酒后的汪老两眼放射出电波般的强光，脸上的表情不仅是年轻化，而且简直是孩童化了，他妙语如珠，幽默到令

---

[1] 段春娟，张秋红，编. 你好，汪曾祺. 济南：山东画报出版社，2007：56.

你从心眼上往外蹿鲜花。[1]

在他们俩的文字里，常常可以看到谈酒的趣味。人需要一种飘忽的状态，尤其是写作的人。古代士大夫有吃药为之者，有饮酒而至者，后者恐更有诗意吧。三两好友，推杯换盏，林下廊间，一时间古往今来，天上地下均入酒中，谈笑间宠辱偕忘，如入无人之境。汪曾祺喜欢此态，林斤澜亦同等视之。想起陈独秀那句"诗人枉向汨罗去，不及刘伶老醉乡"，天下狂士，庶几近之。

汪曾祺去世后，林斤澜颇为伤情，有多篇文章行世。《汪曾祺全集》的前言，就出自他的手笔。这篇前言有点怪，是先引汪氏语录，林作补白，似乎是两人的对话录，生动的地方很多。他们在精神上深有共鸣，我们这些后人读了，都很易生出幽情来。

有一年林斤澜与汪家子女一起去郊外为老友安葬骨灰，回来后，写了篇文章《安息》，结尾道：

……高楼远近也不见人，只听见大小回声，重叠合成一片天籁。洪荒大化，不知所之。[2]

作者写的是当时的感觉，也写出了生死之感。后来，林斤澜去世的消息传来，不知怎么，竟想起他生前这段话来。汪曾祺之后，他是北京作家圈里最受人尊敬的老人之一。且不说他的人格，就其神采而言，可及之者亦不多。先生一去，琴弦无声，草木暗伤，他和汪曾祺一起"洪荒大化"去了。

---

1 刘心武. 人在风中. 北京：作家出版社，2001：10.
2 林斤澜. 杂花生树. 沈阳：辽宁人民出版社，2007：144.

二三　林斤澜

关于林先生的文与人，早有文章谈及，兹不赘述。想起和他的交往，我们谈论最多的是鲁迅。他对鲁迅的喜爱，都藏在内心，从不张扬。记得在二十世纪九十年代，他在《读书》杂志上发表过一篇读《故事新编》的心得，在我看来是极为难得的作品。后来他在一些关于短篇小说的讨论文字里，多次以鲁迅为例，讲精神的独创带来的快感。那些话都有分量，是作家的偶得，没有文艺腔与理论腔，乃蒸腾着热气的声音。我们的学者谈论鲁迅时，不免学究气与读书人的架子。林先生没有这样的问题，文字直观，余音袅袅，和他这个人一样好玩。

林先生谈论鲁迅只限于小说与一些散文，及《中国小说史略》，不太涉及思想史的内容，即以作家的眼睛打量对象。他看到的是一些艺术的玄机。我觉得研究鲁迅的教授们，有时候不妨看看这样的老人的心解，与象牙塔里的高头讲章确乎不同。他的感受与概括力，都停留在知性的层面，有的只是灵光一现，却极为精妙动人。比如在《短篇短篇》一文里，他写道：

> 鲁迅先生专攻短篇，他的操作过程我们没法清楚。不过学习长篇，特别是名篇，可以说在结构上，篇篇有名目。好比说《在酒楼上》，不妨说"回环"，从"无聊"这里出发，兜一个圈子，回到"无聊"这里来，再兜个圈子，兜一圈加重一层无聊之痛，一份悲凉。《故乡》运用了"对照"，或是"双峰对峙"这样的套话。少年和中年的闰土，前后都只写一个画面，中间二三十年不着一字。让两个画面发生对比，中间无字使对比分明强烈。《离婚》是"套圈"，一圈套一圈，套牢读者，忽然一抖腕子——小说里是一个喷嚏，全散了。《孔乙己》在素材的取舍上，运用了"反跌"。

偷窃，认罪，吊打，断腿，因此致死的大事，只用酒客传闻交代过去，围绕微不足道的茴香豆，却足道了约五分之一篇幅。[1]

只有小说家才这样谈鲁迅，真是好玩得很。不过这只是技术层面的话题。林斤澜其实更喜欢鲁迅的气质。什么气质呢？那就是直面灰色生活时的无序的内心活动。他不愿意作品直来直去，而是在一个点上开掘下去，进入思想的黑洞，在潜意识里找寻精神的表达方式。汪曾祺评其小说，说读起来有点费事，故意和读者绕圈子，大概是为了陌生化的缘故。比如"矮凳桥系列"，在小说结构上多出人意料之笔，意蕴也是朦胧不清的。这大概受了鲁迅的《彷徨》和《野草》的影响，但更多是夹杂了自己的体味。在一种恍惚不清的变形里，泼墨为文，林斤澜走的是与传统完全不同的路，也是与当代人不同的路。

看多了他的文章，一个突出的印象是，他对人生的看法有点特别。他觉得人的未来的路，是不确切的。他不想停留在确切性里，而是直面不确切。仿照鲁迅的剧本《过客》，他也写了一部《过客》，内容几乎一致，只是对话略有改动。剧本是肃杀凄婉的，但过客的独白饶有趣味。我曾想，在境界上，他还不能超越鲁迅的文本，为什么写这样费力不讨好的作品呢？也许是为了袒露自己的生命哲学？那篇作品，值得从文本上考量，似乎透露了他和鲁迅传统的关系。在精神的深处，他确是一个鲁迅党。

但林斤澜绝不是在一个精神参照下的鲁迅党。他的理解鲁迅，就是不要成为鲁迅小说的奴隶。因为鲁迅精神与审美的过程，就是不断走的过程，一旦停下脚步，生命就终止了。所以他说：

---

1 林斤澜. 杂花生树. 沈阳：辽宁人民出版社，2007：252.

二三 林斤澜

> 但鲁迅先生塑造的典型至今高山仰止，他是从这条路攀登艺术顶峰的。不过这不是惟一的路，过去曾经"惟我独尊"，总是第一还不够，非要弄成惟一，作茧自缚。艺术的山不是华山，是桂林山水。[1]

林斤澜谈论鲁迅的时候，多是在现代语境或者与另类作家的对比里进行。在讲短篇小说的技巧与境界时，他常常和沈从文、老舍这样的作家互为参照，别有意味。他十分欣赏汪曾祺，但他和汪氏走的是不同的路。汪曾祺弹奏的是儒家的中和之音，林先生则是幽思里的颤音，直逼精神暗区里的无序之处。从某种程度上讲，他喜欢迂回婉转、翻滚摇曳的审美。如果说汪曾祺和王维略近，那么林斤澜无疑带有李商隐的调子。虽然他们并不是王维与李商隐。林斤澜的审美快感多是从古典意味的作家那里得来的，却没有古典作家的儒雅与静谧，反倒是和卡夫卡、鲁迅同流。这同流的过程，一个突出特点是林斤澜一直强调自己的困惑。

林斤澜一生纠缠的就是各种困惑。比如现实主义流行的时候，他就觉出单一性的可怕，总在自己的文字里流露出叛逆的东西来。一般人写"文革"，声泪俱下，他却进入精神变形的思考里，搞的是古怪的断章。他虽然强调艺术创作要靠天籁，却一直对未开启的精神之门有敲叩的意图。《隧道》一文就写出了卡夫卡、鲁迅式的感觉，在一种荒诞与怪异里自嘲。阴阳两界之间扑朔迷离的隐象，在作品里交织，有着几丝冷意、几丝无奈。世间万物都在一种曲线里展现着自己的姿容。林斤澜大概觉得，在直线里不能表现本真，曲线才合乎自己的目光。

鲁迅式的思维给他的益处是，常常从表象里看到相反的东西，

---

1 林斤澜. 杂花生树. 沈阳：辽宁人民出版社, 2007：246.

不愿意被外在的东西所囿。比如谈到李叔同,人们说他完全超尘脱俗,可看到其圆寂前写下的"悲欣交集"四字,他就说:"我相信那是真实,我佩服那是真实的高僧。悲欣也还是七情六欲,写下来更是要告诉世人,对世俗还有话说。"一次议论到对知堂的评价,谈到孙犁的观点,他就很是不解。孙犁说知堂这样的附逆之人写不出冲淡之文(大意),林先生却承认在知堂那里确实读出了冲淡。林先生很尊敬孙犁,但此处各自东西,不一样了。他对世人的各种观点不都盲从,相信的是自己的感觉,许多作品就是写恍兮惚兮的意象。也许人们说他这类文字有些混乱,过于晦涩,是非逻辑的,可是他认为真的世界不是语言能涵盖的,与其相信概念,不如认可感觉。对小说家而言,有时候飘忽不定的感觉才是作品之母。

晚年的林斤澜思想活跃,没有一点道学气。他那代人没有道学气是大不易的,原因在于他读懂了社会这本书,和鲁迅的思想越发共鸣起来。鲁迅对他的影响,我猜想是人生观的因素第一,艺术理念第二。他赞佩鲁迅的小说惜墨如金,从不漫溢思想,自己呢,也恪守这个原则,安于小桥流水,从不宏大叙事;他欣赏鲁迅杂取种种的开阔的视野,在笔耕里也不封闭己身,总在找突围的办法;他羡慕鲁迅笔下的谣俗之调,以为其未被洋人的韵致所俘,找到了本土的表达方式,多年来也学着从故土语言里生出意象。

鲁迅给他最大的影响,大概是睁开眼睛打量世界,不被幻影所扰,强调的是思想的真与艺术的真。他写过一篇散文《说瘾》,在文本的背后响的就是《狂人日记》的声音,不乏智性的闪光。在记忆的打捞里,他从不回避苦涩,而是直面苦涩,咀嚼苦涩,文字间甚至不免残酷之色。既不回到老庄的世界自娱,又不和流行的东西为伍,思想与文字都保持了鲜活的气息。他知道自己那些东西不过是文坛小草,失败的时候多,可是那是自己园地里生长的东西,杂花生树,也不是不可能的。

二四 各自的路

《五味集》,一九九六年一月,幼狮文化事业公司

一九九七年初,汪曾祺与邵燕祥(右)在云南

二四　各自的路

汪曾祺晚年和邵燕祥住得很近，都在虎坊桥附近。我那时候偶然到他们的居所，还小聚过一次。邵燕祥很欣赏汪曾祺，虽然他们的路数不一样。汪先生刚去世时，我打电话给邵先生，希望他能写点什么。他回绝了。现在看来，是党报上不宜发表关于他们间友情的文章。邵燕祥也不想凑什么热闹。我那次的约稿，实在是有点唐突了。

在我的印象里，邵燕祥和汪曾祺的关系很好，与沈从文先生的关系很大。邵燕祥最初的文章就是沈从文帮助刊发的。但无论从哪个角度看，他们都有很大的距离，在审美方面，就不在一个层次。邵燕祥早年左翼色彩浓厚，后来遭难，精神沉郁苍冷，换了调子。沈从文与汪曾祺则是另有特点，老文人的东西多些，或者说自由的心态一直没有消失。但我的印象里，在许多方面，汪曾祺和邵燕祥内心有相同的地方。这在二十世纪四十年代是不大可能的，只有八九十年代，才能做到这一点。

后来，邵燕祥为香港的《大公报》撰文，真实地说出他的感慨，有些话，在当时的大陆是不好说的。那文章写道：

> 有人说汪曾祺是最后一个士大夫，也许是指他能诗、能书、能画，这样的人在今天的文人里可以说是绝无仅有了。他不止一次劝年轻作家要更"有文化"，他是有资格说这个话的。

我却宁愿说他是个自由派,是五四运动以后曾经成为新文化主流的那样的自由派。他不是前朝遗老,他是前朝遗老的对立面。他的孩子有时叫他"老头子",连孙女也跟着叫。亲家母说这孩子"没大没小"。曾祺说他觉得一个现代的、人情味的家庭,首先必须做到"没大没小";父母叫人敬畏,儿女"笔管条直",最没有意思。他又说,儿女是属于他们自己的,他们的现在和未来都应由他们自己来设计。"一个想用自己理想的模式来塑造自己的孩子的父亲是愚蠢的,而且,可恶!"单是这一条,若搁在巴金的《家》里,肯定是觉民、觉慧们才有的思想!不能见容于高老太爷和冯乐山那批士大夫的代表的。

《受戒》就更是异端了。只要想想一九六六年"文革"开始,提出了"横扫一切牛鬼蛇神",某地某大员竟在"黑五类"的地富反坏右之后,补充上僧、尼、道,而汪曾祺一度被调去搞"样板戏"之最高原则,一是派谁当主角等于让谁占领历史舞台,一是恋爱婚姻划为禁区。这篇不长的小说偏偏反其道而行,大大"美化"边缘人物和"边缘感情",宜乎使某些人瞠目,即令放它一马,也只不过视为冷盘,不能当成主菜了。

这样的文学勇气,与士大夫气能相容乎?[1]

邵燕祥的文字,那时候不宜在我编的版面上刊出,他的回绝我,真的是有他的道理在。这篇文章对理解汪曾祺很重要,是另类的眼光。我们现在回头看,在对汪先生的认识上,邵燕祥是最有力度的人之一。

---

1 段春娟,张秋红,编. 你好,汪曾祺. 济南:山东画报出版社,2007:58—59.

因为在这里，他把汪曾祺平淡审美里渗透的叛逆的思想提炼出来了。汪曾祺并不像人们想象的那么不食人间烟火。他实际上有反抗，只是太隐蔽，有些逍遥的遁逸，实质是逆俗中的另类。鲁迅就谈过小品文的现实问题，真的文人，哪有什么静穆呢？

在汪曾祺生命的最后几年，林斤澜、邵燕祥是他的密友。他们一同外出、聚会，见面的时候多。邵燕祥是出名的杂感家，风格与汪氏大异，以凌厉之气著世，常被报刊封杀，丝毫不减斗士风采。汪曾祺则温和平易，清静而温润。之所以有如此大的差异，还是两人性情不同之故。在审美的路上，人是不会简单重复别人的。

邵燕祥的杂文是好的。他和汪先生一样是"右派"，经历大概比一般人更苦。从来不向对手屈服，遭受的打击自然更多。他知道汪曾祺是在四十年代末五十年代初，汪氏的文章他都留意过，而且喜欢。在邵燕祥的内心，是有和汪曾祺类似的趣味的，只是他过于克制自己，不朝这个方向走。于是人们只注意到其金刚怒目的一面，反倒把他书香气的一面忽略了。

早期的邵燕祥写诗，许多作品充溢着惆怅和奋进的气息。"右派"命运的到来，他的诗神被掠去，只能在荒原里面对苍天了；后来习惯于杂体文字的思考，想的问题比先前复杂，于是斗士气渐浓，远离书斋，精神上朗然大气。邵燕祥执着于当下，现实的情怀很大。他自觉地走鲁迅的路，对形形色色的丑陋之事绝不手软，不仅和贪官斗，也与庸众斗，结果是招来忌恨，怨敌多矣。

对于邵燕祥匕首与投枪式的文章，汪先生没有评价过。他是写不出来还是不愿意写，是可以揣摩出来的，大概还是不喜欢那样露骨吧。汪曾祺对历史的态度，是平和的时候居多，习惯于在回忆里把那些遗存诗化，价值判断是悠然的，远远地打量，即便含着大哀伤，也有缓缓的步履，笔下少见激烈之景。邵燕祥则不喜欢那么安宁地叙述人间冷热。他的心贴在泥土上，历史与现实都被一体观照着。他不愿意闭着眼睛讲话，文字如地火般喷涂着，照着灰色的路。他直面社会，敢说敢斗，即使是谈论历史的文章，也有当下的意识在。他在思考过往的生活时，感叹我们没有一部信史，许多历史的痕迹被抹杀了，于是只好在野史和边缘之处打捞陈迹。这个思路和五四那代人相似，都有点叛逆的眼光。汪曾祺在这方面并无分别，不同的是邵燕祥说了出来，汪先生却把话题转向真实的自我，在大的范围里，他们的心是相通的。

　　废名以来的作家，大凡喜欢写乡村野店的，都以冲淡之美感染读者，左翼作家们似乎不相信这些。邵燕祥与这类作家还是有些隔膜，或者说是视角不同。比如写洪荒的年代或者初民的生活，诗人一般作神异的礼赞，他却不然，而是把诗的眼光变成了社会学家的尺子，不被幻象所困，并一针见血地说出其间的血色与残酷。他的笔一旦指向那个非人性的世界，就不愿意停下来，而是久久地盘诘，纵使有万丈深渊也跳将下去，愿与旧物一道死去。这似乎过于惨烈，但清晰、明快、恢宏。这样的溅血的文字，需要生命的燃烧与投入，在审美上或许属于壮怀激烈的层面。陀思妥耶夫斯基、巴别尔、鲁迅都是这样。人在苦难中的不同选择，决定了诗性的走向和意味的不同，却往往殊途同归。

　　对比他们两个人很有意思。他们并不是相互排斥，各行其路，而是彼此互感，并肩前行。邵燕祥其实可以写很优雅的文字，却不愿为之。原因是对士大夫的东西，他自己是警惕的。他写过《夜读抄》《史外说史》这样的文章，气韵直逼京派大师们。在许多文章里，能够看出他良好的古文根底，旧诗亦佳。可是他一直警惕自己不要滑入读书人的老路中去，那个世界有着陷阱和黑暗。他似乎本能地抗拒这种黑暗。五四以来，鲁迅等人一直警惕旧学和文言文，其实是

二四 各自的路

厌恶旧文人气的缘故。邵燕祥是清楚这一点的。他的精神基因是在火与血中浸泡过的，看出我们人生的根本才是自己的选择。他熟读明清小品，对知堂、张中行也了解得很，可是他认为重要的是批评，是揭示。这使他永远不可能写出汪曾祺那样的小说，他身上，没有闲人的气味。

文学家其实是闲人，小说家尤其如此。汪先生晚年如闲云野鹤，就有几分这样的意思。其实他年轻的时候就是这样，不积极，上学时也常常旷课，和别人比总要慢几拍。闲人有个好处，是能纯净地瞭望世界，不怎么投入自己的感情成分。隔岸观火，不为所动，是一种境界，但因此也漏掉了精神骚动的苦楚，与火海里的人的痛感比少了些什么。邵燕祥是不愿意走到这样的境地的。他像冲入火中的救火者，自己燃烧在其间，有几分殉道的意味。

汪曾祺的文章使人休息，可以享用多多，仿佛一杯老酒，慢慢地品味，其乐也无涯。汪曾祺的复古，不是复正宗的古，比如林纾等人那个桐城气很浓的古。非正宗的儒家，那些不得志的文人写下的文字可能更有味道，也接近于人性。他的审美大约在这个不正宗的儒家传统里。

邵先生的文字渗着血，我们看后觉得紧张，突然走进森然的地洞，必须聚精会神才能走出来。这种紧张使我们产生了一种强烈的危难意识，原来我们还在这样的世界里。比如他写过杂文《古今同趣》，标题很散漫，像是街谈巷议的小品，无关痛痒，让人读后却吸一口冷气，有点莫言小说的冷酷，不禁有些寒栗。文章讲一个美国探险家在非洲被一个部落吃掉，由此联想到人类的食人史，文化与风俗里非人道的因素，情景历历在目，陈述老辣深切，字字见血。写这样沉痛的文章，作者也从容得很，连例对比，上下古今，文脉不亚于知堂、张中行，是睁着眼睛的梦，沉睡的思想便在他文字的涟漪里被荡起来了。

在邵燕祥眼中，汪曾祺看似散淡，可是文字后有犀利的威力，是远离流俗的。士大夫式的嬉戏，不都是落伍的存在，其间的智慧也可以消解人间的无趣。较之于极左派的八股和呆板，士大夫传统是有一些颠覆之力的，比如傅山、龚自珍、黄遵宪，都有逆俗的眼力，诗文对新风气的形成有很大的感召力。问题不在于是否有旧习气，如果在旧趣味里寻找到逆俗的因子，使人们不至于陷入乏味的空间，那也很好吧。在汪曾祺看来，邵燕祥其实是一个美丽的歌者，只是保留了战斗的姿态而已。战斗且有诗意，并非人人可以做到。他自己未必不羡慕他们。历史上的徐渭、傅山不也是斗士吗？

从来没有看到汪曾祺评论邵燕祥的文章，连谈话都鲜有涉及。他知道邵先生是文章家，所以有笔会邀请或稿约，总会想起他来。汪先生去世，我和邵先生一同到八宝山告别。邵燕祥语气很沉重地和我说，自己也做好了辞世的准备。我和几个朋友谈起，这是不吉利的话，怎么可能呢？此事于我印象深刻。汪先生一去，可谈之人日稀。这样的老人，不易见到了。邵先生对这位异于自己的老兄非常敬重，也因为两人有思想的交叉点是无疑的。

中国的"右派"作家，并非一种颜色。他们的面孔要么是峻急的，要么是和煦的。借用陈丹青的话，是有内容，样子很好看。汪曾祺和邵燕祥的样子都有趣，是有涵养的那一类。只是前者随遇而安，后者毫不苟且，根底都是远离流行的存在。这正如夜间的星星，强弱不同，但都以自己的光芒抗拒灰暗，显示着各自的美。他们一个是打捞失去的遗存，一个是以自我的燃烧显示新姿，都在走真人的路。我从他们的友情里，看出彼此的包容。那也正是中国文化多姿的路，在不同的方向上，神采未必不同。

京派的遗风，未必都是远离人间的软语。路同，走法各异，是人间的常态。文学史讲流派的差异，少谈相似的心态与共语，那是不该的。

二五

杂学

《矮纸集》,一九九六年三月,长江文艺出版社

一九九六年,汪曾祺在虎坊桥新居书房

二五 杂学

　　说汪曾祺先生的文章好,那是人人承认的;但为什么好,就不那么好说。我去过他的家里,书不多,画倒不少。和他谈天,不怎么讲文学,倒是常常聊起民俗、戏曲、县志一类的东西。这在他的文章里也有体现。他同代的人写文章,都太端着架子,小说像小说,散文像散文,好像被贴了标签。汪曾祺不是这样。他在一定程度上是个杂家,深味文字之趣,精通杂学之道,境界就不同于凡人了。

　　晚清后的文人,多通杂学。鲁迅、周作人、郑振铎、阿英等人皆然。二十世纪五十年代后,大凡文章很妙的,也有类似的特点,如唐弢和黄裳。汪曾祺的杂学,不是研究家的那一套。他缺乏训练,对一些东西的了解也不系统,可以说是蜻蜓点水,浮光掠影。但因为审美的意识含在其间,每每能发现今人会心的妙处,就把古典的杂学激活了。我想,和周作人那样的人不同,他在阅读野史札记时,想的是如何把其中的美意嫁接到今人的文字里,所以文章在引用古人的典故时,有化为自己身体一部分的感觉。而周作人,自己是自己,别人是别人,彼此保持着距离。

　　汪曾祺的阅读量不算太大,和黄裳那样的人比,甚至显得简单。可是他读得精,也用心,民谣、俗语、笔记闲趣,都暗含在文字里,好玩极了。他喜欢的无非《梦溪笔谈》《容斋随笔》《聊斋志异》一类的文字,对岁时、风土、传说都有感情。较之于过去的学人江绍原、吴文藻等,汪曾祺不太了解域外的民俗理论,对新的社会学史料也读之甚少。这使他的作品不及苦雨斋群落的作家那么驳杂，见解也非惊世骇俗；但他借鉴了那些学问，从中找到了自己需要的东西，尤其是中土的文明，这对他颇有意义。在创作中，离开这些，于他如同水里没有了茶叶，缺少味道了。

　　现代的杂学，都是读书人闲暇时的乐趣。鲁迅辑校古籍、收藏文物、观照考古等，对其写作都有帮助。周作人阅读野史，为的是找寻非正宗文化的脉息，希望看到人性之美吧。连俞平伯、废名这样的人，都离不了乡邦文献的支撑，在士大夫不得志的文本里，能看到无数美丽的东西，倒可填补道德化作品的空白。中国有些作家没有杂学，文字就显得过于简单。比如巴金，是流畅的欧化句式，是青春的写作，优点是没有暮气，缺的是古朴、悠远的乡情与泥土味；茅盾先生是有杂学准备的，可是他把写作与治学分开来，未能深入开掘文字的潜能，只能留下遗憾了。汪曾祺是没有作家腔调的人，他比较自觉地从纷纭错杂的文本里找东西，互印在文字里，真的开笔不俗，八十年代后能读到其博识闲淡的文字，是那个时代读者的福气。

　　有人说他的作品有风俗的美，那是对的。他在《谈谈风俗画》一文中就说：

> 　　我是很爱看风俗画的。十七世纪荷兰学派的画，日本的浮世绘，我都爱看。中国的风俗画的传统很久远了。汉代的很多画像石刻、画像砖都画（刻）了迎宾、饮宴、耍杂技——倒立、弄丸、弄飞刀……有名的说书俑，滑稽中带点愚蠢，憨态可掬，看了使人不忘。晋唐的画以宗教画、宫廷画为大宗。但这当中也不是没有风俗画，敦煌壁画中的杰作《张义潮出巡图》就是。墓葬中的笔致粗率天真的

二五 杂学

壁画,也多涉及当时的风俗。宋代风俗画似乎特别的流行,《清明上河图》是一个突出的例子。我看这幅画,能够一看看半天。我很想在清明那天到汴河上去玩玩,那一定是非常好玩的。南宋的画家也多画风俗。我从马远的《踏歌图》知道"踏歌"是怎么回事,从而增加了对"桃花潭水深千尺,不及汪伦送我情"的理解。这种"踏歌"的遗风,似乎现在朝鲜还有。我也很爱李嵩、苏汉臣的《货郎图》,它让我知道南宋的货郎担上有那么多卖给小孩子们的玩意,真是琳琅满目,都蛮有意思。元明的风俗画我所知甚少。清朝罗两峰的《鬼趣图》可以算是风俗画。幸好这时兴起了年画。杨柳青、桃花坞的年画大部分都是风俗画,连不画人物只画动物的也都是,如《老鼠嫁女》。我很喜欢这张画,如鲁迅先生所说,所有俨然穿着人的衣冠的鼠类,都尖头尖脑的非常有趣。陈师曾等人都画过北京市井的生活。风俗画的雕塑大师是泥人张。他的《钟馗嫁妹》《大出丧》,是近代风俗画的不朽的名作。[1]

从他的审美习惯看,应当是属于陈师曾那类的文人情调,和丰子恺的禅风略有差异。汪氏的入世与出世,都和佛家的境界不同,也就谈不上神秘的调子。他的文风是明儒气的,杂学自然也和那些旧文人相似。他说:

> 我也爱看讲风俗的书。从《荆楚岁时记》直到清朝人写的《一岁货声》之类的书都爱翻翻。还是上初中的时候,

---

[1] 汪曾祺. 晚翠文谈. 杭州:浙江文艺出版社,1988:106—107.

一年暑假,我在祖父的尘封的书架上发现了一套巾箱本木活字聚珍版的丛书,里面有一册《岭表录异》,我就很有兴趣地看起来。后来又看了《岭外代答》。从此就对讲地理的书、游记,产生了一种嗜好。不过我最有兴趣的是讲风俗民情的部分,其次是物产,尤其是吃食。对山川疆域,我看不进去,也记不住。宋元人笔记中有许多是记风俗的,《梦溪笔谈》《容斋随笔》里有不少条记各地民俗,都写得很有趣。明末的张岱特长于记述风物节令,如记西湖七月半、泰山进香,以及为祈雨而赛水浒人物,都极生动。虽然难免有鲁迅先生所说的夸张之处,但是绘形绘声,详细而不琐碎,实在很教人向往。我也很爱读各地的竹枝词,尤其爱读作者自己在题目下面或句间所加的注解。这些注解常比本文更有情致。我放在手边经常看看的一本书是古典文学出版社出的《东京梦华录》(外四种——《都城纪胜》《西湖老人繁胜录》《梦粱录》《武林旧事》)。这样把记两宋风俗的书汇为一册,于翻检上极便,是值得感谢的……[1]

我读这一段话就想起周氏兄弟的爱好,他和这两人尤其是周作人的口味颇为接近。只是他不是从学问的角度,而是自趣味入手,自己得到的也是美妙的享受,后来无意间将此也融进了自己的文字中。二十世纪八十年代,汪曾祺红火的时候,许多人去模仿他,都不太像,原因是不了解其文字后的暗功夫。这是日积月累的结果,汪氏自己也未必注意。我们梳理近代以来读书人的个性,民俗里的

---

1 汪曾祺. 晚翠文谈. 杭州:浙江文艺出版社,1988:107—108.

二五 杂学

杂趣与艺术间的关系太大，不能不注意。

从汪氏的爱好，我也想起中国画家的个性。许多有洋学问的人，后来也关注民间艺术，从中吸取经验。林风眠、吴冠中都是这样。张仃的画，最好的也是毕加索与门神的结合。杂学，是精神的代偿，我们可以由此知道艺术的深未必是单一的咏叹，往往有杂取种种的提炼。这个现象很值得回味。没有杂识与多维的视野，思想的表达难免过分简单。

像他这样从民国里走来的人，读书经验未必与学院里的东西有关，更多的是从文化的原态里体悟所得。他到一个地方，喜欢了解乡里沿革，对语言方式、音调都有兴趣。人们怎样生存，凡俗的乐趣在哪里，他都想知道。他说自己喜欢《东京梦华录》一类的作品，就因为从中能读出丰富的人情美与风俗美。

风俗美是对士大夫文化无趣的历史的嘲弄。我们中国的旧文化最要命的东西是皇权意识与儒家的说教，把本来丰富的人生弄得没意思了。行文张扬，大话与空话过多，似乎要布道或显示什么。张仃在"文革"中厌恶红色的符号，遂去搞焦墨山水画，在黑白里找感觉。汪先生其实也是这样的吧。他的作品有童谣的因素，也带点市井里的东西，色调都不是流行的那一套。在民风里实在有些有趣的存在。比如赵树理的小说，迷人的地方是写了乡里的人情，汪曾祺就十分佩服；沈从文的动人还不是写了神异的湘西？汪曾祺的阅读习惯与审美习惯，其实是在边缘之所找流行文化里没有的东西。他知道，士大夫文化之所以没有生命力，缘于与人间烟火过远。

过去读书人涉猎杂学，多与笔记体文字有关。笔记是小品的一种，可以任意东西，五湖四海，不一定深，浅尝辄止。士大夫写八股文，多无趣味，但在一些笔记里，往往能看到点真性情。笔记有秘本、抄本等不同样式，汪曾祺看的多是通行的本子，没有秘籍，也鲜奇货。有些人看到笔记体的书籍,注意的是版本。黄裳、唐弢都是这样。他们的杂学也都不错,文字亦佳,有目录学家的气象。像孙犁这样的作家,就与他们不同,倒和汪曾祺很像,只注意内容,不顾及版本。因为喜欢随便翻翻,不做专门研究,眼光自然各异。孙犁在《谈笔记小说》中也讲到了汪曾祺喜欢的那些作品:

> 笔记以记载史实,一代文献典故为主,如宋之《东斋纪事》《国老谈苑》《渑水燕谈录》,所记史料翔实,为人称道。如《梦溪笔谈》《容斋随笔》,则以科学研究学术成绩,及作者之见解修养为人重视。
>
> 笔记,常常也有所谓秘本、抄本的新发见,然不一定都有多大价值。有价值之书,按一般规律,应该早有刊刻,已经广为流传,虽遭禁止,亦不能遏其通行。迟迟无刻本,只有抄本,自有其行之不远的原因。我向来对什么秘籍、孤本、抄本,兴趣不大。过去涵芬楼陆续印行之秘籍,实无多少佳作。[1]

或许因为都是出身于小说家,孙犁与汪曾祺对杂学的兴趣也都止于内容的接受,采其手法,接其神气,化为己用而已。笔记里的谈鬼怪之作与民间传说,多灿烂的想象,思路与一般人迥异。汉语书写易走进套路,唯野性的思维可让人飞将起来。且这类著作知识庞杂,多不经之谈,让人或一笑,或惊叹。对于汪曾祺而言,早期是西洋现代小说开启了其思想,晚年则为野史笔记引路前行,遂有了一种脱俗之相。考察晚清以来文章好的人,在这一点上颇为相似。

---

[1] 孙犁. 耕堂读书记·续编. 郑州:大象出版社,2008:13.

二五 杂学

话语方式乃智慧的方式,有的作家可以写厚厚的一部小说,却不能在千字文上下一点功夫,那是徒劳的写作。千字的小品,古人很看重,大凡有妙笔者,均在短篇小品中自见神明。这被认为是笔记体,好的笔记体是有学识与见解的,加之诗意的存在,就很有神采了。汪曾祺多次提及沈括,很佩服他的杂学,认为他不仅知识多,还有幽默感,真的神异不已。《沈括的幽默》一文中说:

> 沈括是我很佩服的人。他学识丰富,文笔整洁,这是大家都知道的。从《笔谈》里,我看出他是一个恬淡和平的人。《笔谈》自序云:"以之为言则甚卑,以予为无意于言,可也。"因为他是用这样的无功利的态度来写作的,所以才能写得这样的洒脱。这才是真正的随笔。我尤其喜欢的,是他还很有幽默感。如四百〇九条记"凌床";四百一十三条记石曼卿覆考黜落为一绝句;四百四十六条记北方人用麻油煎带壳生蛤蜊,读之都使人莞然。这一条记秦州人不识螃蟹是其最著者。"不但人不识,鬼亦不识也",是沈括所发的议论。如此议论,真是妙绝。我每次一想起,都要一个人哈哈大笑。如有人选一本《中国幽默文选》,此则当可压卷。[1]

在汪曾祺眼里,沈括是古代杂学家里的高人,那样的笔法和学识,常人岂能及之?往来于古今,品察自然风貌,且佳句迭出,也可说是飘洒之人。中国的作家如果失去这样的笔法,实在有点可惜。在二十世纪八九十年代,能同意这样的观点的人不多。人们只知道

---

[1] 汪曾祺. 汪曾祺全集:第4卷. 北京:北京师范大学出版社,1998:70—71.

汪氏厉害，却不知道他何以厉害，这句话似乎为他的思想做了很好的注解。

杂学与杂览有关。汪曾祺不主张作家像学者似的读书，他觉得那样不易培养出兴趣来。《谈风格》中说：

> 我不太主张一个作家有系统地读书。作家应该博学，一般的名著都应该看看。但是作家不是评论家，更不是文学史家。我们不能按照中外文学史循序渐进，一本一本地读那么多书，更不能按照文学史的定论客观地决定自己的爱恶。[1]

这个看法与鲁迅很像。在《随便翻翻》中，鲁迅谈到了浏览书籍的心得，也有类似的感受。细看汪曾祺的书，可以看出其兴趣极广。烹饪、书法、方言、水墨画、家具、鸟虫、考古等，时常入眼。不过他发为文章都不专门，浅尝辄止，印象、感悟式的居多。偶尔也有颇见功力的小品，笔力绝不亚于那些专门家。他有一篇考证宋朝的饮食的文章，笔法老到，资料爬梳中趣味横生。还有一些记录民风的短札，从乡邦文献里寻找遗物，时有让人意外的惊喜。从他与几个学者的交往里，能发现考据的乐趣，对辞章、义理也颇有研究。那些死的资料，经由其诗意的笔触，都活了起来。他去香港，首先发现的是那里的天空中没有鸟儿，遛鸟则渺乎不可见矣。去美国，注意到人们发音的方法，一些衣食住行的片段都被他以特别的眼光记录、解读。他游历江南时的一些随笔，比如写徽州，就像学问家的吟诗，谈云南，仿佛有人类学的爱好了。他的随笔都不是单纯的

---

[1] 汪曾祺. 晚翠文谈. 杭州：浙江文艺出版社，1988：99.

记事抒情，与时文没有关系。世间凡有色彩、音响、形态的事物，皆可以细瞧，可以慢慢揣摩，可心的、留恋的都有美质的隐含，放弃则是可惜的。它们也都和自己有关，消失的田园可以歌之，沉睡的古径亦入情怀。在破庙残垣和野径深处，乃无数可歌可吟的逝去的精魂。那些未得以歌之、舞之的生灵，他可以带之歌舞，在时光之河中漫游，咏叹再三。明清时代有过这样的人，民国时代也有过这样的人，从这一点看，他也很像废园、古道、荒村间的诗人，只是神采里多了现代人的机智罢了。

二六
美国之行

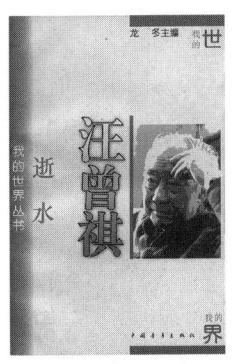

《逝水》,一九九六年三月,中国青年出版社

一九八七年汪曾祺与聂华苓(中)及南美诗人在一起

二六　美国之行

冷战后期，中国大陆与西方之间的围墙被撕开了一个小小的口子。西方对中国大陆知识分子的认识发生变化，反对派话题也被提及，一些作家成为西方关注的对象。那些被关注的人，多是曾受难的诗人与小说家。西方对俄国与捷克、波兰作家的态度都是如此。在红红火火的革命的国度，什么样的作家才是真的作家、好的作家呢？马克思的信徒？士大夫？抑或两者兼有？西方评价的标准并不一致。最早对中国作家伸出橄榄枝的，是美国的华人学者聂华苓与丈夫保罗·安格尔的国际写作计划，创造了文学对话的空间。

为什么邀请汪曾祺出访美国，有不同的说法。得到这个机会，据说和邓友梅有关。邓友梅那时候在作家协会主持外事工作，恰逢爱荷华大学召开国际笔会，他推荐了汪曾祺。

聂华苓早年在大陆，一九四九年去台湾，后赴美国。她在台湾时就和殷海光、胡适等人有交往，对异端者流颇有感觉。她欣赏的人都有点特色，梁实秋、沈从文、丁玲、艾青等等。在美国的时候，她与丈夫援助过捷克作家哈维尔，对苏联持不同政见的人也情有独钟。后来成立国际写作中心，一个任务就是邀请那些受难的作家到美国自由地待一段时间。

好几个中国作家参加过爱荷华的国际笔会，丁玲、艾青、萧乾、王蒙、邵燕祥、王安忆等，都为笔会增色不少。但这些作家到美国都不太按照媒体的意愿发言，他们对中国问题的表述都很含蓄，有的干脆拒绝发言,爱国的表情给聂华苓很深的印象。那是一个特殊的沙龙,在二十世纪八十年代,显得意味深长。

汪曾祺去美国是在一九八七年八月。同时参加笔会的大陆作家有吴祖光、古华,台湾则有陈映真等人。那时候,不是人人可以出国的,能赴美对于作家是一种荣誉,对汪氏来说,实属意外。

他在美国有许多熟人,杨振宁、李政道、王浩、张充和……这些人都是西南联大时代的关系,因为冷战彼此隔绝几十年。那些出来的朋友,在美国的大学都有自己的一席之位,精神健朗,自然没有国内人的沧桑感。可是他不太想打扰大家,只想看看、写写,散散心而已。刚出来,从东京转机到旧金山,一路很顺利,服务人员的态度之好让他颇感温暖,觉得国内的服务质量是远远不及域外的。十年"文革",使国家元气大伤,人也变了,人与人间不复有亲昵的交流,至少在社会层面,普遍的冷漠对大家都是个伤害。而他在域外所闻所见与国内反差之大,让他顿生痛感。

他的日程安排得张弛有度。赴美前邵燕祥告诉他不要去写长篇的作品,他这样做了,不过是写点新聊斋之类的短章。他去了纽约、波士顿、芝加哥等地,印象最深的是美国的自由度,比想象的要高,大家可以随意思考和表达。在给妻子的信里,他多次发出这样的感叹,一对比,许多问题就出现了。后来,在《林肯的鼻子》里,他全面描述了自己的感受:

> 林肯墓是一座白花岗石的方塔形的建筑,墓前有林肯的立像。两侧各有一组内战英雄的群像。一组在举旗挺进;一组有扬蹄的战马。墓基前数步,石座上还有一个很大的铜铸的林肯的头像。
>
> 我觉林肯墓是好看的,清清爽爽,干干净净。一位法

国作家说他到过南京，看过中山陵，说林肯墓和中山陵不能相比。——中山陵有气魄。我说："不同的风格。"——"对，完全不同的风格！"他不知道林肯墓是"墓"，中山陵是"陵"呀。

我们到墓里看了一圈。这里葬着林肯，林肯的夫人，还有他的三个儿子。正中还有一个林肯坐在椅子里的铜像。他的三个儿子都有一个铜像，但较小。林肯的儿子极像林肯。纪念林肯，同时纪念他的家属，这也是一种美国式的思想。——这里倒没有林肯的"亲密战友"的任何名字和形象。

走出墓道，看到好些人去摸林肯的鼻子——头像的鼻子。有带着孩子的，把孩子举起来，孩子就高高兴兴的去摸。林肯的头像外面原来是镀了一层黑颜色的，他的鼻子被摸得多了，露出里面的黄铜，锃亮锃亮的。为什么要去摸林肯的鼻子？我想原来只是因为林肯的鼻子很突出，后来就成了一种迷信，说是摸了会有好运气。好几位作家握着林肯的鼻子照了相。他们叫我也照一张，我笑了笑，摇摇头。

归途中路过诗人艾德加·李·马斯特的故居。马斯特对林肯的一些观点是不同意的。我问接待我们的一位女士：马斯特究竟不同意林肯的哪些观点，她说她也不清楚，只知道他们关系不好。我说："你们不管他们观点有什么分歧，都一样地纪念，是不是？"她说："只要是对人类文化有过贡献的，我们都纪念，不管他们的关系好不好。"我说："这大概就是美国的民主。"她说："你说的很好。"我说："我不赞成大家去摸林肯的鼻子。"她说："我也不赞成！"

途次又经桑德堡故居。对桑德堡，中国的读者比较熟悉，他的短诗《雾》是传诵很广的。桑德堡写过长诗《林肯——在战争年代》。他是赞成林肯观点的。

回到住处，我想：摸林肯的鼻子，到底要得要不得？最后的结论是：这还是要得的。谁的鼻子都可以摸，林肯的鼻子也可以摸。没有一个人的鼻子是神圣的。林肯有一句名言："All men are created equal."（所有的人生来都是平等的。）我还想到，自由、平等、博爱，是不可分割的概念。自由，是以平等为前提的。在中国，现在，很需要倡导这种"created equal"的精神。[1]

美国之行予汪曾祺刺激很多，最刻骨的大概就有那天的片段。中国人经历了革命，依然不脱奴相，在文化上似乎还倒退了许多。想起自己的"右派"生活与"文革"命运，他内心是苦楚的。思想被撞击的时候，也恰是一种精神自觉的时候。他在二十世纪九十年代初精神更自觉地有一种自由的理念，和"左"的那些真的很隔膜很隔膜了，这种改变，无疑与美国之行有关。

他没有想到自己在美国与一些台湾作家有了交流的机会。两岸作家在异地相逢，各自倾吐心中的苦乐，给彼此的刺激都很大。陈映真是他喜欢的台湾文人，性情率真，给他带来少有的感动。陈氏是台湾少见的有责任感的人，小说的现实意识比一般人深，审美的路径来自鲁迅的启示很多。他为人热情、厚道，文风与汪曾祺差距很大，奇怪的是他们的心却贴得很近。有一次我提及汪曾祺，大概是在香港吧，陈很是赞佩。这个现象使我多次自问，如此不同的人，

---

[1] 汪曾祺. 蒲桥集. 北京：作家出版社，1991：258—259.

能很深入、和谐地交流，在现代文学中是值得深究的现象吧。汪曾祺在给老伴的信中写到了他们的友谊：

> 十八号"我为何写作"讨论会，我以为可以不发言，结果每个人都得讲。因为这次讲话是按中文姓氏笔划为序的，我排在第三名。幸亏会前稍想了一下，讲了这样一些。
>
> ……我为什么写作，因为我从小数学就不好（大笑）。
>
> 我读初中时，有一位老师希望我将来读建筑系，当建筑师，——因为我会画一点画。当建筑师要数学好，尤其是几何。这位老师花很大力气培养我学几何。结果是喟然长叹，说"阁下之几何，乃桐城派几何"（大笑）。几何要一步一步论证的，我的几何非常简练。
>
> 我曾经在一个小和尚庙里住过。在国内有十几个人问过我，当过和尚没有，因为他们看过《受戒》（这里的中国留学生很多人读过《受戒》）。我没有当过和尚。抗日战争时期，日本人打到了我们县旁边，我逃难到乡下，住在庙里。除了准备考大学的教科书之外，我只带了两本书，《沈从文选集》和《屠格涅夫选集》。我直到现在，还受这两个人的影响。
>
> 我年轻时受过西方现代主义的影响，写诗很不好懂。在大学的路上，有两个同学在前面走。一个问："谁是汪曾祺？"另一个说："就是那个写别人不懂，自己也不懂的诗的那个人。"（大笑）我今年已经六十七岁，经验了人生的酸甜苦辣、春夏秋冬，我不得不从云层降到地面。OK！（掌声）
>
> 这次讨论会开得很成功，多数发言都很精彩。聂华苓

大为高兴。

陈映真老父亲（八十二岁）特地带了全家（夫人、女儿、女婿、外孙女）坐了近六个小时汽车来看看中国作家，听大家讲话。晚上映真的姑父在燕京饭店请客。宴后映真的父亲讲了话，充满感情。吴祖光讲了话（他上次到 Iowa 曾见过映真的父亲），也充满感情。保罗·安格尔抱了映真的父亲。两位老人抱在一起，大家都很感动。我抱了映真的父亲，忍不住流下了眼泪。后来又抱了映真，我们两人几乎出声地哭了。《中报》的女编辑曹又方亲了我的脸，并久久地攥着我的手。

宴后，聂华苓邀大家上她家喝酒聊天。又说、又唱。分别的时候，聂华苓抱着郑愁予的夫人还有一个叫蓝菱的女作家大哭。[1]

这封信写得很传神，画面感与人的诸种感情都得以栩栩如生地呈现。在国内不可能这么放松，经历了残酷的内乱，在大陆、台湾之外的第三地相向而望，感伤是必然的。中国近百年的命运，使许多文人不得舒坦地选择路向，华人的思想与艺术受制于政治环境，唯少数人得以自由书写，想起来大家都有些气闷的。

汪曾祺知道自己的跑马观花不可能知道美国的"真"面目。他在各地玩得很兴奋，但因为英语不好，显得不太自如，于是后悔早年的疏忽，没能熟练掌握外语。外出自然要应酬，要讲话。他先后被安排在耶鲁、哈佛、宾大等大学演讲。那时候大陆正在搞思想解放运动，洋人们很希望他谈谈政治问题。谨小慎微的他回避了这些

---

[1] 汪曾祺. 汪曾祺全集：第 8 卷. 北京：北京师范大学出版社，1998：119—120.

敏感的话题，所讲的无非是语言问题和责任感一类中性的内容。但这些内容也内藏荆棘，是带刺的。在审美理念上他完全不同于国内的主流。他的思路已经回到民国文学家的状态，语言深处个性主义的东西居多。在别人的眼里，他显得精明、自然、可爱。朱德熙甚至说，汪曾祺在美国华人眼里很有人缘，因为大家都喜欢他的作品的味道。

在汪曾祺看来，现在中国文坛最大的问题是，语言的表达出现了麻烦。普遍的八股，普遍的无趣充斥文坛。他到处讲文字的味道、智慧的语句的要义。看似形式主义的问题，实则精神的躯体被腐蚀了。在赴美前，他在《文艺研究》上就发表过《关于小说的语言（札记）》，在美国的大学依然在讲这个内容。比如在哈佛的讲演题目是《中国文学的语言问题》，就说起了古人所说的"气"的问题，他说：

  语言的美，不在语言本身，不在字面上所表现的意思，而在语言暗示出多少东西，传达了多大的信息，即让读者感觉、"想见"的情景有多广阔。古人所谓"言外之意""弦外之音"是有道理的。

  国内有一位评论家评论我的作品，说汪曾祺的语言很怪，拆开来每一句都是平平常常的话，放在一起，就有点味道。我想任何人的语言都是这样，每句话都是警句，那是会叫人受不了的。语言不是一句一句写出来，"加"在一起的。语言不能像盖房子一样，一块砖一块砖，垒起来。那样就会成为"堆砌"。语言的美不在一句一句的话，而在话与话之间的关系。包世臣论王羲之的字，说单看一个一个的字，并不怎么好看，但是字的各部分，字与字之间"如老翁携带幼孙，顾盼有情，痛痒相关"。中国人写字讲究"行气"。语言是处处相通,有内在的联系的。语言像树,枝干树叶,汁液流转,一枝动,百枝摇;它是"活"的。[1]

几次的讲演都属于老生常谈,引起的注意有多大,不太好说,但在我看来是重要的心得。他一生的经验差不多在几句话里都说出来了。据说当时听演讲的人很认真,他的语言也许感染了部分学子吧。美国人对表达的问题不太注意,本来就很注意自由精神的。而那时候的中国作家,能意识到此点的,也确实寥若晨星。

短短的三个月,令汪曾祺大开眼界。他开始想家了,觉出中国的好来,到美国最大的感受是寂寞。有留学生说,美国是好山好水好寂寞,国内是真脏真乱真快活。[2] 他是否有类似的感受也未可知,但一个月后就思念起妻子与孩子来了。这里有一个插曲,有一天他晚上睡觉时,屋里闯进一个小偷,拿走了一些钱。这让他大惑不解。社会公平,人却很杂,这是他强烈的感受。有趣的是此事除了和夫人说说,并不多谈。

在离开美国前,他给聂华苓写了一封信:

亲爱的华苓:

感谢你。

你和保罗·安格尔创立了迄今为止世界上独一无二的伟大的、美好的事业——国际写作计划。

你向全世界招手,请各国作家到这座安静、清雅的小城Iowacity来,促膝长谈,杯酒论文,交换他们的经验、

---

1 汪曾祺. 汪曾祺全集: 第4卷. 北京: 北京师范大学出版社, 1998: 221—222.
2 二〇〇九年我去美国拉斯维加斯黄笑生家做客,听到一些留学生的这样的口头禅,故记之。

二六 美国之行

体会和他们的心。所有的作家都觉得别人很可爱,并觉得自己比平日更可爱。这是受了你和保罗的影响,因为你们很可爱。

作为一个中国作家,我本来是相当拘束的。我像一枚包在硬壳里的坚果。到了这里,我的硬壳裂开了。我变得感情奔放,并且好像也聪明一点了。这也是你们的影响所致。因为你们是那样感情奔放,那样聪明。谢谢你们。

你是个容易感情冲动的人。因此你才创立了这样一个罗曼蒂克的事业。这种冲动持续了二十年,伟大的美丽的冲动。

你和保罗即将退休,但是你们栽种的这棵大橡树将会一直存在下去,每到秋天,挂满了绚丽缤纷的叶子,红的,黄的,褐色的……

谢谢你们![1]

聂华苓喜欢梁实秋,欣赏沈从文,对冰心、艾青也推崇备至。那么说来,对汪曾祺的价值也有会心吧。汪曾祺在这位美国华人学者那里感受到了自己存在的意义。他和梁实秋不同,和沈从文也不同,但他们背后又有相近的背景。在《怀念梁实秋》一文里,聂华苓写到对沈从文的喜爱,很有意思:

> 吃喝谈笑之中,偶尔也谈文坛旧事。我们巴巴地问道徐志摩、陆小曼、冰心、老舍、沈从文……三四十年代的作家们,那时他们都好像是另一个世界的人。我们对那些

---

[1] 汪曾祺. 汪曾祺全集: 第8卷. 北京: 北京师范大学出版社, 1998: 139—140.

身为作家的"人",远比任何文坛事件有兴趣。[1]

汪曾祺等人的到来,对聂华苓是一种旧梦的延续,而于汪氏则是一个新梦的开始。许多年后,我走在纽约的大街上,忽地想起汪曾祺当时在美国的感受。他说自己的硬壳裂了,极为传神。囚禁在思想笼子里的人,看到别人自由飞翔的时候,自己的心也会生出一种渴念。

有许多去过美国的作家,后来写作风格发生了变化,王蒙、王安忆就是例子。和那些人不同,汪曾祺强化了对自己选择的自信。东方人固有之文明,亦可在此世间与洋人对比地进化。文化其实是种活法,是精神表达的通道。汪曾祺知道,故国的精神通道尚未完全打开,但他以为自己正是这个通道的敲门人。

---

[1] 聂华苓. 枫落小楼冷. 南京:江苏文艺出版社,2008:76.

二七

聊斋新义

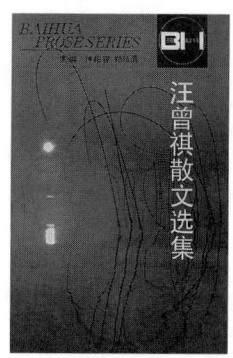

《汪曾祺散文选集》,一九九六年十二月,百花文艺出版社

汪曾祺，摄于二十世纪九十年代初期

二七 聊斋新义

秘鲁作家巴尔加斯·略萨在《谎言中的真实》一文里,讲到小说的隐秘乃"对逝去时间的收复,但这总是一种模拟、一种虚构,回忆的东西通过虚构溶解在梦想中,梦想又溶解在虚构里"[1]。这是小说家的经验之谈。不过,同样是虚构,西方现代作家想扮演的是上帝的角色[2],中国的小说家则是另一种身份。我们的小说不太易出现但丁、歌德的意境,连卡尔维诺式的传奇也不多。那大概是为思维的惯性所限。传统的文学最出奇的不过是志怪、录异那一类,作者扮演的角色有点"巫"的印记。《山海经》《搜神记》等乃儒生的心影,读书人的渴望渗透在字里行间。明清时代把这个传统推向极致的,是蒲松龄的《聊斋志异》,后来的小说家多受此影响。鲁迅在《中国小说史略》中说它是"出于幻域,顿入人间","使花妖狐魅,多具人情,和易可亲,忘为异类"[3]。民国间一些文人还保留着这样的偏好,在武侠作品里偶露其意,纯小说则与此道甚远。这类作品在中国后来的白话小说中流为小道,以为是文不雅驯,至于左翼作家,就与其更隔膜了。从"上帝"的角色到"巫"的角色,不独有哲学的差异,亦多审美的区别,不同的选择给文学史带来了多样的色彩。

---

1 〔秘鲁〕巴尔加斯·略萨. 谎言中的真实. 昆明:云南人民出版社,1997:77.

2 马原. 阅读大师. 上海:上海文艺出版社,2002:329.

3 鲁迅. 鲁迅全集:第9卷. 北京:人民文学出版社,2005:216.

巫的角色因为过于神奇，后来就流于"狐气"，再后来的志怪作品就有点世俗化的倾向，这是为士大夫者流欣赏的地方。此风一直延续到民国时代。民国的京派作家是欣赏谣俗与俚语的，对魔幻的笔记小说亦多垂青。他们以淡雅称世，可是也有非正襟危坐的一面，只是被文气所袭，不易看到。周作人就喜欢诙谐的文章，对徐渭、陈老莲诸人的旁门左道大加赞赏；废名早期的短文也有讽喻，只是后来被禅味遮掩了。中国的小品文有一种戏谑的意味，二十世纪八十年代后的文坛，在新潮迭起的时候，明清笔记风格的作品也浮出水面，但多走雅正的路，比如孙犁、阿城、李庆西都是。汪曾祺却弹起鬼怪之音，在小品与笔记体里偶展神姿。汪氏晚年的小说有多种尝试，一是走沈从文、废名的路，一是故意模仿《聊斋志异》。后者有其放浪形骸的一面，他称此为"聊斋新义"。作品皆为短篇，谈狐说鬼，怪意迭起。他很欣赏蒲松龄的民本意识和人道感，借荒诞的故事讲述民间的哀怨。汪曾祺创作这类短篇，一是觉得精神可以魔幻地行走，乃智性的游弋，在审美上亦多奇思；二是对人间苦乐有种变形的表达，其实是绕过世俗的眼光，寻找另类的精神空间。这些作品在当时反响不大，应者寥寥，在文坛上还是一种弱音。不过透过此处可以看到作者的另一世界，他的审美维度的多样性表现在这里。

蒲松龄写小说，满腹的无奈和情思，故以幻象开篇，借着百姓迷信的口吻，写世间乱象，笔锋多转，描出隐曲的衷情，是一种阅世极深的谈吐。清人蒲立德看到了这部小说的多重价值："其体仿历代志传；其论赞或触时感事，而以劝以惩；其文往往刻镂物情，曲尽世态，冥会幽探，思入风云。"[1]汪曾祺其实也看到了这些，他不得

---

[1] 朱一玄，编．明清小说资料选编·下．天津：南开大学出版社，2006：1011．

不佩服的，是蒲松龄对精神盲区的穿越，他有时候会感到文字背后无量的痛感，但行文的洒脱竟把此忘掉了。蒲松龄的鬼怪之作，乃用意为之，他自己不信，而别人信。[1] 这是他高明的地方。凡模仿蒲松龄者，倘做不到此点，总有些问题。汪曾祺学习蒲松龄，显得轻飘，写作的时候没有沉郁的倾诉，却有笔墨的游戏。他留下的志怪作品，有现代的笔法，那是受到外国小说影响所致。许多作品怪得真实，也出人意料，是打动读者的。不过，问题的复杂性在于，他写这些东西，总体上没有跳出蒲氏的窠臼，或仅作一点修修补补，就难以给人留下久远的印象。汪曾祺晚年用力于此，笔墨间复古的意味时隐时现。

当代小说家里喜欢"谈狐说鬼"的是贾平凹，他在作品里总要搞些离奇的幽魂和神仙类的元素。不过贾氏总被黑色的东西缠绕，枯寂的灰影使其文本有些怪异，氤氲着巫气。汪曾祺不是这样，他的小说流动的是清妙的韵致，从头开始，皆被优雅的旋律笼罩。贾平凹说他是"文狐"并非没有道理。这或许可以看出他唯美的倾向。《受戒》的笔法代表了其基本审美色调，传奇和唐诗式的流盼，增添了诸多悠然的风韵。他写离奇的故事，不都含巫音，可谓甜意的播散，美感把黑暗遮掩了。同样是向传统回归，汪曾祺还保留了一丝旧文人的洒脱的意象，时有诙谐之笔。贾平凹看到了他的野狐禅气，是有一点内在呼应的。

许多小说家要搞奇诡的意境，或把卡尔维诺式的情节拿来，或走狂放的路，王小波《红拂夜奔》在此表现得出人意料，在审美上有自己的妙意。莫言写《红高粱家族》时，还有明显的马尔克斯痕迹，未尝不是一种仿照；后来写《生死疲劳》，就中国化了，作品已成为

---

[1] 莫言在与作者的一次谈话里，专门议论到这一点，颇有启发。

他身体的一部分，让人不觉得离奇。那也是受到《聊斋志异》的影响，衔接的恰是古中国式的想象，境界有了精神的温度。二十世纪八十年代以来，汪曾祺第一个用此笔法换换角度，也可以说是先锋之路[1]。他无法像年轻一代那样从洋人那里学花样百出的形式，而是向古人学习，把明清笔记小说的因素激活了。

每谈到《聊斋志异》，汪氏都颇为佩服。他说："中国的许多带有魔幻色彩的故事，从六朝志怪到《聊斋》，都值得重新处理，从哲学的高度，从审美的视角。"[2]重写《聊斋》，倘还是老路子，自然有些问题。汪曾祺对此颇为自信。他晚年身边的青年多喜欢国外的新潮，现代派的因素在小说里增多。马原、余华的文本是有开拓之功的，汪氏不反对类似的选择，他年轻时代也有过这样的冲动。但他也觉得一味学西洋腔，可能存在问题，叙述还不能放弃古意，因为其中涌动着国人的血脉，遂自行其路，在风格上略作变化。这个摸索，得失皆有，难度一看即知。可惜他的尝试留下的诸多话题，未被深切注意，那里的审美转换，纠葛着智性的难点。他在实践中留下的文字，的确也显示了小说的另一种可能性。

从汪曾祺的《聊斋新义》系列，大略能看到他和传统读书人血缘上的联系。我们的文人的想象空间，到蒲松龄可以说达到了新的高度。阴阳两界的一切和狐仙之道，充溢着古人的情思；灵魂的游移和攀缘，就那么诗意地涂抹着。中国古文学自接受佛家思想后，有地狱和极乐世界之说，遂呈现出超拔的意蕴。但那些元素也往往和传奇纠结缠绕，说教气、道学气自不可免。《聊斋志异》的风格，乃中土的有无、生死观的集成，乡曲之见和信仰弥漫其间，社会学

---

1 程光炜.文学讲稿："八十年代"作为方法.北京：北京大学出版社，2009：358.

2 汪曾祺.汪曾祺全集：第4卷.北京：北京师范大学出版社，1998：239.

二七 聊斋新义

与民俗学的因素都有。汪曾祺意识到,这样的笔法合于读书人与乡民的趣味,里面的隐曲含混的意思,其实有中国人的哲学[1]。他得意于自己的旧调重弹,因为在思想不得畅达的时候,谈狐说鬼,亦可进入精神的另一种维度,折射着社会政治。

在《聊斋新义》里,汪曾祺的价值观还多停留在善恶之变的层面,是沿着传统的思路前进的。比如《蛐蛐》,情节颇为复杂,乃世间悲欢的另一种表达。孩子跳井自杀,身未死却,变作蛐蛐为父母争了气,成了能战斗的蛐蛐。那不过是乡民欲望的一种寄托。《双灯》中的人仙之恋,古人写得很多,汪氏只是用现代口吻重新叙述了一下。《虎二题》里《老虎吃错人》的故事,一看即知是儒家善恶观的民间版本。汪曾祺未必是宣扬这些,但想借此描摹一种世态,那是其用心所在。他觉得在这种故事里,可能孕育着儒家真正美好的东西,不足为怪,可惜有的失传了。轮回与道德寄托,乃百姓无奈生活中的一种形而上的诉求,知其内蕴多者,亦近凡俗。汪曾祺是个深味其乐的人,在梦幻般的文字间,他似乎找到了对象世界可以诗意栖息之所。

但在另一类文本里,他出离了传统的道德观,在造旧伦理的反,意境也取自蒲松龄,可谓离经叛道,将传统视为妖孽的存在看成美的化身。比如《捕快张三》写乡村女子出轨而丈夫容忍之事,显然没有道学气的一面。那种对无奈生活中美的描述,让人忽悟玄机,雾散天晴。故事短小、有味,余音袅袅,映射出人性的异彩。如果站在非道德化的角度,也可以看出诸多美意。在小说结尾的附记中,汪曾祺写道:

这个故事见于《聊斋》卷九《佟客》后附"异史氏曰"

---

[1] 汪曾祺.汪曾祺全集:第4卷.北京:北京师范大学出版社,1998:299.

的议论中。故事与《佟客》实无关系。"异史氏"的议论是说古来臣子不能为君父而死,本来是很坚决的,只因为"一转念"误之。议论后引出这故事,实在毫不相干。故事很一般,但在那样的时代,张三能掀掉"绿头巾"的压力,实在是很豁达,非常难得的。蒲松龄述此故事时语气不免调侃,但字里行间,流露同情,于此可窥见聊斋对贞节的看法。聊斋对妇女常持欣赏眼光,多曲谅,少苛求,这一点,是与曹雪芹相近的。[1]

他那么欣赏蒲松龄和曹雪芹,也流露出高傲的一面来。在他内心里,一定有狂放的意识。他不是张扬这些,而是放任飘逸的思绪,飞扬在陈腐的世界之上。风尘碌碌的感受阈限被踏在脚下。飘若流云,行似清风,一切都变了。他在心里喜欢自然无伪的飘逸之人,在污垢遍布的世界上,高蹈在天空的精神才是真的精神。

在另一类传奇式的文本里,他的笔力显得超出常人,似乎也多了《红楼梦》式的幽玄与深远,空幻之色的背后,有仙风般的清凉。小说《仁慧》在他晚年的作品里超群绝俗,乃一篇构思奇巧之作。作者写观音庵的尼姑仁慧,手巧而善待他人,一身纯净之气,不被俗物所累。她一是美丽,绝无尘世的污点;二是聪明,能做佛门的大事;三是有创意,善把美好的东西献给别人,自己却劳而不怨。经历了天下大变,无法生存,依然泰然处之,不改旧貌。作品的结尾写久经沧桑的主人公还能心静如水,颇有传奇性。

这篇小说是汪曾祺审美理想的一次外露。他的人生理念和价值态度,都可以在此章找到一二。他以为人生的美在于一个"素"字。

---

1 汪曾祺. 汪曾祺全集:第2卷. 北京:北京师范大学出版社,1998:271.

二七　聊斋新义

安之若素，淡之若素，望之若素，都是难得之态。于是可以取天地之气，得寰宇之音，行仙人之道。此为人生的一大境界。对汪曾祺来说，做不到这点不可苛责，常怀此心者则是高人无疑。写这样的故事，对他是一种解脱，也是沉闷生活的一种调剂。小说行文的安宁感，似乎都印证了独行的寂寞。

除对这种素美的选择外，他试图在这类旧式故事里表现小说的无限可能。用超逻辑的笔触试验作品的表现维度，这是他晚年出奇的地方。可惜因为气力不足，老态渐出，未能开拓新的境界。不过，他的想象力，在一些短篇中依然鲜活有趣，一些地方让人想起博尔赫斯与巴别尔。像《死了》，叙述的手段是前卫的，完全不见陈腐的语态。《熟人》，则是对话体，没有什么复杂的结构，但荒诞的感觉让人一看就发笑。最神奇的是改编自《聊斋志异》同名小说的《士人妻》，多神来之笔。写三个人做了一样的梦，在风格上有现代主义的影子，而手法不乏宋词的委婉。像夏夜的风笛的吟唱，无限神秘而忧戚。作者早期喜欢用现代派的手法为文，晚年又重拾旧技，参以古琴般的曲调，绕梁三匝，多回旋的余味。此间景象，唯有六朝或明清的狂士曾有。作者在变形的笔触里放大了自己的心性轨迹，以隐喻的方式与时代对话，伪道学的语境被消解了。

一面是离奇、荒诞的故事，一面也有六朝的飘逸趣味，这在小说间形成了一种扩张效果。文章的表面是旧的，但韵致远离士大夫的迂腐。看那些小说的题目都很有意思：《喜神》《水蛇腰》《唐门三杰》《丑脸》《合锦》《名士和狐仙》《侯银匠》……似乎这些作品都是旧时的笔记与野史的短章，其实多现实感的渗透。看似写古人，有的是借题发挥，乃现代人的苦乐哀愁。以变形的手法写世间的冷暖，在读书人那里有一个传统。汪曾祺希望恢复这个传统。他在那时候的复古的书写，轻巧地越过了"红色"文化的语境。

西洋小说因为有宗教的召唤，总能感到灵与肉的冲突，缘于此，作品就不乏忏悔与布道的痕迹，于是自然有形而上的光辉。中国的艺术只是在言及鬼魂和仙道的时候，才有幽玄的诗章。二十世纪八十年代出现的一些小说想要探索西洋式的笔法，张贤亮、礼平都有不凡之笔。可是与托尔斯泰的宏阔、迦尔洵的深邃比，总让人感觉少了些什么。现代小说涉及灵魂的，只有鲁迅的《祝福》可与洋人并论，后来的作家似乎没有这样的功夫了。鲁迅深通佛学的要义，对基督教也多有了解，精神是可以往来于此岸与彼岸的[1]。汪曾祺也只能回到过去，以《聊斋》式的寓意重写精神的一隅。这在形式上不过是老调重弹。谈狐说鬼，在民间颇有市场，百姓爱之，士大夫亦爱之。自新思潮卷来，老调子在青年中不再受人欢迎，五四前后，这样的看法很是普遍。"文革"前后，古文化传统受阻，域外的文明被割断，知识界显得十分可怜。向前走不得，固然不好，回到老路再摸索着行进，也未尝不对。汪曾祺在荒凉的文坛里犁出的绿色，人们也久不得见矣。

---

[1] 高远东. 现代如何"拿来"——鲁迅的思想与文学论集. 上海：复旦大学出版社，2009：178.

二八 狂放之舞

《独坐小品》,一九九六年十一月,宁夏人民出版社

一九八七年汪曾祺在美国

二八　狂放之舞

汪曾祺不止一次说自己是一个儒家，但细看他的戏曲作品，诙谐的笔墨处处可见，那也恰如周作人一样，是"非正宗的儒家"[1]吧。在小说的世界里，他显得矜持，没有一点激进主义的冲动和玩世的态度。其实汪曾祺是个有狂气的人，这一点也是在他酒醉的时候才表现出来。奇怪的是，在小说里他不太表现这样的酒神精神，倒是在剧本里，嬉笑四溅，谐语飞扬。研究者多讲其冲淡儒雅的一面，反倒把他狂放的一面忽略了。

汪曾祺因《受戒》而名噪文坛，从此便被看成审美上静穆的一派，细想起来有一种假象。简单地把他视为沈从文、朱光潜一脉的延续，自然不能看到他精神的全貌。其实汪曾祺身上有介于狂士气与匪气之间的幽默与洒脱，六朝文人的影子也现于此间。体现汪曾祺这一侧面的文字多在戏剧剧本中。比如《大劈棺》和《小翠》即是。前者以嬉戏之笔，写人欲与世情，用的是荒诞的笔法，那些对话与情节，令人想起加缪和萨特；后者是飘若仙人的浪漫咏叹，和西洋优秀的歌剧比亦有胜场，乃东方人的智慧。不仅民国的戏剧少见这样的文本，就是在二十世纪八十年代以来的戏剧中，有如此智慧者，也鲜之又鲜。他找到了一种真正的中国的荒诞精神的表达方式。那里有对庄子哲学的反讽，亦可见江湖文化的野性，还有昆曲式的缠绵。最怪诞的

1　周作人. 周作人文选：第3卷. 广州：广州出版社，1995：493.

与最柔性的存在都在此间呈现，形成了很少见的精神维度。汪曾祺傲世独立的一面，在此间得以彰显。

《大劈棺》借庄周与妻子感情的亲疏之事，外现了人性多面的颜色。竭尽空幻之笔墨，虚实有无之中，苦楚与坦然均流露无遗。哲人之悲哀和凡人之苦乐，点缀着人间的原色。作者对生活的嘲讽，在风格上直逼鲁迅的《理水》与《采薇》[1]，幽默之间响着警世的足音。汪曾祺拿庄子的哲学和命运间的对比进行调侃，处处有隐喻，比比是玄机。他很少在作品里表现出如此智慧的理性张力，那是一生思想的积淀，对古人的道德与人生间的对话进行了奇异的展示。一个大智者，其思想在妻子的爱欲里受到挑战，怎样的难堪，怎样的果敢，都栩栩如生。通篇回荡起伏，神哉妙哉。因此，他的精神显示出高远的灵色，现代主义的灰色也有体现。《大劈棺》的故事机智滑稽，多有奇思：庄周装死，幻化为楚王孙，考验自己的妻子田氏；妻子不仅不为丈夫之死哭泣，反而迷上楚王孙。人去情迁，庄周无限悲凉。作者幽默地写到人的无常和精神的变异，似乎是对世态的一种另类读解。此剧多用俗语，对白很民间，却在非哲学话语中伸展着哲学的意象。

按照一般人的思路，这个故事可能是个悲剧，通篇却洋溢着喜剧色彩。智者如庄周，也有无法摆脱的困惑，那就真的有些悲凉了。这里有汪曾祺的哲学。他击碎了神圣的思想之垒，把一个难堪的结果呈给世人。从圣哲的难堪里，折射了生存的荒谬，看破红尘的苦笑。这也看出二十世纪八十年代中国文化的风气，颠覆圣者，还原俗音。靠戏曲的真幻之变来写胸臆，似乎让汪曾祺找到了自我的表达式。

---

[1] 汪曾祺早期模仿鲁迅的《铸剑》而作《复仇》，晚年欣赏《故事新编》，不是巧合，表现了审美上的呼应。

这样的荒诞笔法，也有《世说新语》的意味，把作品的空间拓宽了。在汪曾祺的思想里，世间的道理经不起经验的试炼。存在的本质远比先验丰富，在流水般的生活里，无数新奇的存在都在验证着道德的尴尬。一切都不可思议，祖先遗下的信条被一点点消解了。我们在这里感受到了他的世界中隐秘的一隅，若说其文字不断被人喜爱，这样的谈吐背后的哲思，使他与世人拉开了距离。

与《大劈棺》不同的是，《小翠》是据《聊斋志异》改编的剧本。写狐仙之美，世态之黑，都有奇笔。助善祛恶的时候，神采迷人，如仙风拂面。汪曾祺写这样的美人，集中了自己的诸多想象，气韵生动，令人有绝俗之叹。剧情紧张、有趣，灰暗王国的天空，终于注进一线光明。百姓内心的期盼，被诗意地呈现出来了。本来，苦命乃人间难逃的魔影，作者却借狐仙的人妖转变，点染出期望的光环，并将其放大。你不觉得这是编造，似乎是我们生活的一部分，又有一种空幻的美召唤着我们的灵魂。人总可以通过善意克服绝望，但其间的张力，其实也是民间想象的一次文人式的表达。

一般的作家写这类作品的时候，要么是书斋气，要么过于市井味，反而将思想窄化了。汪曾祺文则文得高贵，俗则俗得可爱、逼真。虚也来得，实也真切，总是出笔不凡[1]。这显示了他对生活的体味的透彻，有人间烟火气。那些凡俗之人、平庸之事，讲起来津津乐道，流连忘返；但这不过是浅层次之乐，实不足观，重要的是能跳出江湖，看乾坤冷热，以闪电般的灵光，唤出幽冥里的爱欲，款款然，幽幽然，神驰于心灵之野。汉文明里奇异的形而上的诉求，几千年来不得升腾飞舞，近代以来的文人渐悟道理，有了神游的渴念。汪曾祺的价

---

[1] 林斤澜.《汪曾祺全集》出版前言//汪曾祺.汪曾祺全集:第1卷.北京:北京师范大学出版社, 1998:1.

值也许显现在这里。在一个物欲和道德观念笼罩一切的地方，能够拓展出一块绿地，大为不易。那里自由在呼吸，信念在舞蹈，一切沉浮的规则都倒塌了。我们在此看到了精神王国的另一种可能。后"文革"时期的文学的调整，在严格意义上来讲，是从类似的语境开始的。

戏剧与小说兼善的作家，创作维度一般是异于常人的。契诃夫写剧本时，用了小说家的笔墨，而在他的小说里，读者未尝没有剧场的感觉。文学史上这样的作家往往具有先锋性。汪氏对剧场与观众间的效果极为敏感，他将这种梨园的快慰融入了小说；而在剧本里，小说的意味也多了。这种两栖状态，给他的创作带来一种多致的韵味。其实，他的剧作丰富性不亚于小说文本。他通过俗语表现人间哲学的能力，是一般书生难以为之的。比如《一匹布》所写的换妻故事，是对国民内心的另一种剖示。剧本带一点魔幻的意味，也杂糅着超写实的怪诞。在这类文字里，你能感觉到他对底层生活恶的因素的警觉，那些染有劣根的存在，在他看来是一种灾难。人在苦海里如果选择了这样的典型，也许就无可救药了。

他写人性的黑暗，有点自我发现奥妙的惬意，也飘散着无限的悲凉。秉持这种戏谑的态度，要有深厚的阅世基础，王小波的文章发扬了此风，且一路狂欢下去，谈笑之间让人忍俊不禁。王小波大概比汪曾祺要彻底一些，狂放得像个野人，思想在科学主义与自由主义之间。汪曾祺的剧本却还保留着读书人一片文静的心，所以即使粗野，也不失文气。在王小波这样的作家看来，是可以放弃这些，赤裸地走向大地的。士大夫气在更年轻一些的作家那里，竟没有什么痕迹。好的一面是洒脱无累，弱的一面是没有悠远的历史意味。可惜选择前者往往很少，那也许是知识储备不够或别的什么因素所致。汪曾祺后来的寂寞，也不是没有原因。他同代的作家，能与其对话的真的不多。

二八　狂放之舞

一般研究汪曾祺的人，不太用心参详他剧本的玄机。因为他的小说智性过高，文采过人，戏剧的文本似乎不足道。就他的剧本而言，充满了可读性，却难以搬上舞台，没有得到广泛的传播。研究者注重他的小说和散文，固然不错，但戏剧也确实是他展示创作才华的地方，有的比小说更有精神的隐含。汪曾祺的特点，是从古文与俗文间寻得真意，结合最好的形式可能就是戏剧。俗语之中见性情，有生活的寓意在。梨园行给了他瞭望世界的另一双眼睛，久浸于此，也会把士大夫的一面消解掉。在这些作品里，他存在着反士大夫的革命的一面，既借助士大夫文本，又颠覆士大夫语境，"在"而不属于这两个世界[1]，给人的冲击力是同代作家中少见的。

传统的戏曲，愿意讲帝王将相、才子佳人的故事。汪曾祺对此不感兴趣。他写戏，是对人生的拷问，要有新的境界。这一点，和当年"革命文学"的看法很像。在致友人的信中，他说写剧本乃是造一下旧戏的反[2]，这是不是也能够注解他参与创作样板戏时欣然的感受？他的样板戏创作不能随心所欲，那是大家一看就知道的。一旦离开这样的紧张环境，放松地写自己心仪的故事，就潇洒起来。这种潇洒不是士大夫的高蹈，而是民间的狂欢。他把知识分子的话语和民间的话语放到了一个流程里，以最俗的方式表现最雅的梦幻，证明了他平民意识的可爱。汪曾祺熟悉民间话语，且以此为乐。野夫村妇的对白，落地有声，句句散发着泥土气，但那语言的背后，却含着儒家或道家的某些智慧，还带有现代主义的苦笑[3]。二十世纪

1　王乾坤. 鲁迅的生命哲学. 北京：人民文学出版社，2009. 其中对海德格尔观点的借用，颇有深度，这里借其语气表达对汪曾祺同样的认识，仅供参考。

2　汪曾祺. 汪曾祺全集：第8卷. 北京：北京师范大学出版社，1998：210.

3　汪曾祺. 汪曾祺全集：第4卷. 北京：北京师范大学出版社，1998：300.

八十年代，人们苦苦寻找洋人的表达方式，却不得其径。汪曾祺在戏剧里找到这些，中土的古风，与洋人的笔意，自然地流泻在一起。其实我们细想一下，如果不是深味戏曲的传统，他的小说也未必好看。在他的文字里，书法、绘画、戏剧的柔美与刚健的因子，都重新被排列组合过了。

在知识分子的话语里，因为积习太重，狂放起来太难，唯有民间叙事，能够自如地往来，神乎其笔，妙乎其意。和老舍一样，他醉心于对百姓口语的转换，只是不及老舍的绵软，力量不够。老舍写北京，净化了杂质，提炼了精美的意识。汪曾祺倒能欣赏匪意里的游戏，把江湖的粗鄙变为癫狂者的肤色，注入了艺术的肌体。那是闪烁在灰暗里的智慧，我们在徐渭、陈老莲、郑板桥的墨迹里有时能够感受一二。这样的传统，在中国一向被压抑。民间的流传中亦不免低俗。到了我们的作者笔下，一切都流转变化起来，成为智者面对世间的利器，没有向着世俗的萎缩发展，倒是直逼形而上的高天。西方的现代派给中国作家的多是皮毛的技巧，没有温度感，而我们民间谣俗里的舞蹈，却产生了荒诞派式的个性表达。从鲁迅以来，人们就已经注意了这份遗产，但并非所有的创作者都能点石成金。

六朝人的狂放，是士大夫文化的另类路数，俳谐戏谑之风，有祖先崇拜与鬼神崇拜的因素[1]，那或许是受到道家与佛门的影响吧。晚清的文人发现了这些，提炼出诸多元素，我们看了他们的诗文，能嗅出士的某种心境。后来的狂放者多是左翼的文化中人，比如郭沫若的狂飙突进，田汉的浪漫歌咏，夏衍的无畏反叛。这样的狂放，有点唯我独新的样子，是盛气凌人的，在审美上也不免显得单调。"文革"间红卫兵的狂扫一切，可谓"狂飙为我从天落"，那只有破坏，

---

[1] 张庆民．魏晋南北朝志怪小说通论．北京：首都师范大学出版社，2000：87．

没有暖意，给世间留下的唯有隐痛。经历了这一灾难的人，才知道狂放的尺度不该在那里，艺术还应当是爱意的流转，细雨般地滋润人心。曹雪芹、鲁迅不就是这样吗？所以汪曾祺学六朝人的放诞，而不失趣味；仿明清人的洒脱，却有情怀在。在当代语境里重写天地人心，也是一种古风习习的先锋派。

二十世纪八十年代的文学以怨报怨的殊多，而深味历史的汪曾祺知道还有别的路在。他欣赏明人小品，觉得其间有诸多可借鉴的传统。明朝人的身上也有戾气[1]，艺术就多个体的意味，是桀骜不驯的。但他们通天地之气，没有极端的偏执，在文字里透出柔软的脉系，汪曾祺进入了这样的心态，可是又不满足这些，于是加了些五四个人主义的因素，文本就带有现代的戏谑气息了。

晚年的汪曾祺看似回到了明清和民国的趣味里，实际上并没有真正告别京剧改革时的思路。不同的是他扬弃了诸多教条，将思想暗含其间，更有儒雅之风罢了。不是革旧文化的命，而是借旧文化，走新的个性的路，也就是"文学的复古"。革命不都是告别传统，而是转换传统的精神密码，让美德延续下来。戏谑也是一种否定的精神，克尔凯郭尔在《论反讽概念》中谈到了这一点[2]。我们近百年来能在传统中自由往来且带美丽的现代感的作家，数量有限。汪曾祺在对传统的借用里，完成了一个时代的对答。关于个性，关于传统，关于天地人心，他都有了另类的解释。在"复古"的路上，京派的路向也因之而改变。

---

1 赵园在《明清之际士大夫研究》（北京大学出版社，1999）一书有专章的论述，颇值得一阅。这其实也是知识分子的话题，汪曾祺在许多方面涉及了此点。

2 李静，编. 幽默二十讲. 天津：天津人民出版社，2008：113.

二九 食与色

《去年属马》,一九九七年八月,北京燕山出版社

汪曾祺与儿女们在饭桌边谈笑

二九　食与色

这是个难写的题目。汪曾祺的文本，多与此有关，甚至纠缠颇深。谈他的审美观，不得不于此驻足片刻，但要细说，又有点困难。因为"食色，性也"，世间的看法总难齐一。明代以来的文人谈食与色，要么吞吞吐吐，要么极端裸露，引起后人的批评。近人马一浮讲到感性的愉悦时，说精诚乃人生要义，"散乱"是不好的存在。儒家之道，以不散乱为美。士大夫坚持儒家遗训，就是在生命欲求的表现上持重而宁静。涉及心性问题，则要多考虑中和之音。爱而不淫，彬彬有礼也。汪曾祺说自己是一个儒家，却不是马一浮所说的那种儒家，与民国时读书人所崇仰的儒亦有区别。他有点顺生而动的意味，率性而随和；有时候也偏离士大夫的拘谨之路，在审美上与儒家的教义颇相反对。其小说动情的地方，往往在此。

在一次讲演中，汪曾祺说自己是一个"抒情的人道主义者"，后来偶尔言及于此，均未能深谈。他所说的"抒情的人道主义"，是什么意思呢？那就是在生命体验上，自觉与古风相接，保持内美，不与阴晦之音为伍。旧儒喜欢在治国、平天下上慷慨激昂，而他厌恶文章中的道统，只是合于心性之曲而舞之，外在的存在不太易左右其心。那又远离士大夫之道，有了别于文人的内在冲动。

这种冲动，典型地体现在食色的表现上。对食色，我们的古人并不讳言。《礼记·礼运》云："饮食男女，人之大欲存焉。"《诗经》里关于此的篇什都很美，把性的欲求升华到恬淡的境界里。后来理学出来,谈性而色变,一些话题,也只是士大夫的赏玩,流为小道,不足为观。可是汪曾祺看重这些,其写作每每涉猎于此,都有神异的一面,不是形而下的渲染,而是一种美的显现。生命成之于性,而性离不开食色。文学对此不是疏离,而是亲近,他的作品的深意常常在这个层面。

熟悉汪曾祺的文本者,都知道他是个美食家,谈吃,在他乃快慰之事。中国作家谈吃,都止于形式,不过文章的点缀,用意在别处,很少进入其内在。汪曾祺不同,他把自己的生命之乐融进来,学识、情调流溢此间。谈饮食之道,像对恋人一般,有欣然而往之意。古人只有面对山川河湖时可觅得快感,汪氏却于色香中得之,其会心之处,与游历美景一样乐在其中。

食色有美的一面,不可以无聊喻之。他写人,有美的眼光,写饮食,也多诗意的笔触。《家常酒菜》《宋朝人的吃喝》《昆明菜》《故乡的食物》都是香味儿扑鼻,不让人觉得庸俗,而是诗意的。他读到阿城的《棋王》,小说里写到了吃,那么神奇美丽,就感叹道:

> 文学作品描写吃的很少(弗吉尼亚·伍尔芙曾提出过为什么小说里写宴会,很少描写那些食物的)。大概古今中外的作家都有点清高,认为吃是很俗的事。其实吃是人生第一需要。阿城是一个认识吃的意义、并且把吃当作小说的重要情节的作家(陆文夫的《美食家》写的是一个馋人的故事,不是关于吃的)。他对吃的态度是虔诚的。《棋王》有两处写吃,都很精彩。一处是王一生在火车上吃饭,一处是吃蛇。一处写对吃的需求,一处写吃的快乐——一

种神圣的快乐。[1]

从这段话能看出儒者的世俗之乐，把近乎无诗意的存在诗意化。士大夫写吃，有醉心忘我的一面，流于肤浅也是自然的了。《随园食单》有趣，但失之单薄；阿城的作品就有点生命哲学的意味了。这使汪曾祺意识到用现代人的感觉处理这一题材的可能，他觉得那里也有让人神思飞动的因素。我们看他的一些关于杂食、菜谱的文字，就能感到弥漫其中的雅趣，在他那里，饮食可以当诗文来写。他自己写吃的文字很美，比如：

> 苏州人特重塘鳢鱼。上海人也是，一提起塘鳢鱼，眉飞色舞。塘鳢鱼是什么鱼？我向往之久矣。到苏州，曾想尝尝塘鳢鱼，未能如愿。后来我知道：塘鳢鱼就是虎头鲨，嗐！
>
> 塘鳢鱼亦称土步鱼。《随园食单》："杭州以土步鱼为上品，而金陵人贱之，目为虎头蛇，可发一笑。"虎头蛇即虎头鲨。这种鱼样子不好看，而且有点凶恶。浑身紫褐色，有细碎黑斑，头大而多骨，鳍如蝶翅。这种鱼在我们那里也是贱鱼，是不能上席的。苏州人做塘鳢鱼有清炒、椒盐多法。我们家乡通常的吃法是氽汤，加醋、胡椒。虎头鲨氽汤，鱼肉极细嫩，松而不散，汤味极鲜，开胃。[2]

上述文字有食文化的余香，还有杂学的厚度。谈故乡的饮食，他好

1　汪曾祺. 晚翠文谈. 杭州：浙江文艺出版社，1988：191—192.
2　汪曾祺. 蒲桥集. 北京：作家出版社，1991：198.

似受到周作人的暗示，调子是一致的。周作人谈杂食，乃人类学的观照，从中可看出民间审美的因素，自然也有历史的内涵在。那大概是受到明代文人的影响，日本江户时代的艺术之影，也是有的。那就把日常凡俗的东西诗意化、学问化了。不过周作人只是抽象地谈风俗和味道，没有味觉的展示。汪曾祺把味觉与诗、史连缀起来，文字间遂有性灵之光闪动，含幽思于斯，那也是超出周氏的地方。

有几篇文章，他用了考据之功写各朝代的美食，是读书得间的产物。他对历代文人言及饮食的文字很关注，以为那些非政治、非道德的话题更与人的生活相关。可惜一般士大夫不注重这些，把精力用到无聊的功名中去了。这看似很老的题目，旧气过浓，可是旧文人没有那样的视角。或者说，他用现代人的眼光改写了旧生活的图景。饮食也有妙意可言，是我们文明的一部分。此间所思所感，似乎也与士大夫气相距很远。

食之外，汪曾祺涉及色的笔墨中亦有奇音，有一点反道学的意味在。旧式士大夫，要么拘谨地述学论道，要么纳妾自乐，言行不一。汪曾祺大概觉得这些都是病态的存在，不及率性而为者可亲。坦然描绘性爱，且平淡清雅，不觉淫秽，甚至有神灵飘动之感。那时候的前卫派作家，亦难以做到此点。他以古典的美遮掩了内意，不细细体味，难察其内在的用意。

文学中的伪道学，或可说是文人的死症，他对此深恶痛绝。在小说中，他喜欢山野的味道，也欣赏儒家伦常之外合乎人性的选择，对人的欲求的流露多有同情，甚至欣赏其间的美。作品偶涉及男欢女爱，都以常态视之，并不苛求于他们。儒家以为不美的东西，他却看到了心性的灵光，不以道学的眼光读人。《受戒》写小和尚明子与小英子的爱，漫过了佛门之规。可是汪氏笔下的一切，都那么美好。爱，在汪曾祺看来是人性最高的形式，旧道德所云戒律等等，均无情之物，不足为道。《大淖记事》写乡下女子的爱情观，没有被理学异化的那些痕迹，系古风流转。小说介绍地域风情时说：

> 这里人家的婚嫁极少明媒正娶，花轿吹鼓手是挣不着他们的钱的。媳妇，多是自己跑来的；姑娘，一般是自己找人。他们在男女关系上是比较随便的。姑娘在家生私孩子；一个媳妇，在丈夫之外，再"靠"一个，不是稀奇事。这里的女人和男人好，还是恼，只有一个标准：情愿。[1]

对这样充满野性的风俗，作者满心地喜爱，言词里流溢着赞佩之情。儒的价值是利他、不该限制人的欲求的正当发展。原始民风里的自然选择，未尝不好。沈从文的创作涉及了这些，写得淳朴、清秀，汪曾祺深以为然。他们看社会风俗，用的是诗的眼光，剔除了伦常的因素，在看似旧风的文字里，流溢着旧风里没有的温情。

汪曾祺对婚外之情的描述，也大胆得很，不妨说有点温情里的放诞。他不像劳伦斯那样直观渲染，而像是对自然的礼赞，毫不龌龊，荡着感情的涟漪。比如《薛大娘》里对男女之情的展示，是一幅风俗图，作者对一切都以欣赏的眼光打量之，美的风情甚至醉人。他写薛大娘的率性、本真，大大方方、舒舒展展、无拘无束的人性，给人以爽快的印象。那段婚外情，写得顺乎自然，叙述中是肯定的语气。爱欲能否正当地释放，乃自我选择之事，旧礼教怎么能干涉呢？这里，作者不仅继承了沈从文的观念，甚至比自己的老师走得更远。

那些所谓出格之举，在作者眼里不但没有一点淫荡之处，而且更能显出精神上的健康。他觉得是环境出了问题，而非人性的毛病。

---

[1] 汪曾祺. 汪曾祺短篇小说选. 北京：北京出版社，1982：275.

汪曾祺写人欲，肯定其存在的价值，绝不受他人思想的暗示。他忠实于自己的感受，以民俗学家的眼光为之，距离感很强，有悠然打量的一面。《大淖记事》写恶霸毁了青年的爱情，民间的男欢女爱，并无恶俗之影。即便在灰暗的环境里，人依然有摆脱苦楚的诗意。《小孃孃》里的一首词，颇有坦然之态：

> 管什么大姑妈小姑妈，
> 你只管花恋蝶蝶恋花，
> 满城风雨人闲话，
> 谁怕！
> 倒不如远走天涯，
> 赤条条来去无牵挂，
> 倒大来潇洒。[1]

在这里，人世间凝重的一面被稀释了，作者不愿意驻足过多，倒对出离苦楚的精神有种神往。这些，是和旧文人不同的。在精神的根底上，他毕竟受过尼采、叔本华的影响，知道生命意志与欲求可以闪耀迷人的光彩。基于此，他的笔触不见老气。有一点飘逸，一点放荡，一点古意，文词是旧的，思想却是现代人的，是新旧之间的游弋，还是自然无伪的自我放逐。

在一些作品里，他大胆地写到了性。《护秋》写乡下人的故事，把一切置于自然律之中，主人公的私生活，仿佛乡下的流水，再自然不过。《小孃孃》写女子出轨，亦有美意于斯，不让人觉得丑陋。汪曾祺似乎觉得，人最动情的是男女之爱，性不过是精神的美的升华，

---

[1] 汪曾祺. 汪曾祺全集：第2卷. 北京：北京师范大学出版社，1998：468.

丝毫没有什么罪过。《窥浴》写男女之情,不是从道德的层面来看,而是以生命价值的角度揣度。在非常态的人生里,你会觉得人的可怜与可爱。汪曾祺笔墨停留在此的时候,异常地大胆,心是飞动的。其精神与五四那代人比,毫不逊色。我们在此能够感到他洒脱的一面,那些士大夫的旧影子,被其扬弃了许多。

汪曾祺笔下的爱情故事,有飘如神意的,《受戒》便是;有暮色凝重的,《小孃孃》如此。《受戒》写人的天然的感情,看似与戒律反对,却没有人觉得荒唐,反有一种美的感觉。佛门本来神圣,但到了小和尚那里,宗教与世俗交融,竟产生了一种更优美的味道。这是人性超过了神性的地方。《小孃孃》的故事有点悲楚,可是女主人公为了爱而不后悔的果敢,也让人动情。作品的结尾,写到主人公浪漫、果决的东西慢慢地消失,略有悲伤。作者惋惜于人的浪漫的消失,在他看来,人失去了这些,美感也随之而去了。

五四那代人写性,多是压抑的、苦闷的。郁达夫每每涉笔于此,便有悲楚的忧思涌来。惊心动魄之处,不乏抑郁的笔法。巴金的《家》在最美的爱情中,总有受难的苦音,让人觉得步履的沉重。到了汪曾祺那里,沉重的一面是淡淡的,代之而来的是微风吹拂下的阳光的亮丽,美的山水与美的人,和谐无间。这里,个性的张扬不伤于自我。虽有大苦,而心乐之,其美难损,其爱不消。《大淖记事》的主人公受了那么大的磨难,按一般作家的写法,可能是悲楚之音的流转,汪曾祺却唤起了画面中美丽的情思。人之美,逼退了灰暗之影,让人读起来觉得生命的快意仍在。

不过,汪曾祺写爱欲,多放在一个社会环境里。那是人生的一部分。他笔下也有畸形的人生,然都能以平常之态为之。《钓鱼巷》写一个读书人的命运,从性爱的插曲开始,到省城妓院的故事,再到抗日战争与反右斗争,人性与社会性之间的旧事,演绎得有声有色。

没有谴责,也没有抱怨,只是含着慨叹:"人活一世,草活一秋。"无奈与欣然,均在不言中。生命的可怜,人性的可怜,我们无法抗拒。叙述这样的故事,其沧桑之感,流水般冲刷着读者的心灵。

这一切源于他自己的儒家意识吗?好像不尽如此。不过细看其文字,还真的包容在旧儒的词语里,好像是老调的重弹。而实际上,体现的只是儒家的一面,另一面大概还是非儒的意识吧。在《认识到的和没有认识的自己》一文中,他说:

> 我大概受儒家思想影响比较大。一个中国人或多或少,总会接受一点儒家的影响。我觉得孔子是个很有人情的人,从《论语》里可以看到一个很有性格的活生生的人。孔子编选了一部《诗经》(删诗),究竟是为了什么?我不认为"国风"和治国平天下有什么关系。编选了这样一部民歌总集,为后代留下这样多的优美的抒情诗,是非常值得感谢的。"国风"到现在依然存在很大的影响,包括它的真纯的感情和回环往复,一唱三叹的形式。《诗经》对许多中国人的性格,产生很广泛的、潜在的作用。"温柔敦厚,诗之教也。"我就是在这样的诗教里长大的。[1]

他的自白说得清楚,把儒家定位在有"人情"味儿的层面、审美的层面,社会事功的一面被省略了。人情的通达与自然,在汪曾祺看来都很重要,是应该捕捉的存在。既然讲人情,就不妨释放人性的纯音。合乎爱意者当留之,自然的欲求也不妨任之。人不过是一种可怜的生物,支撑人的自然有欲求。古今的文人,多暧昧于此,

---

[1] 汪曾祺. 汪曾祺全集:第4卷. 北京:北京师范大学出版社,1998:299.

二九　食与色

不得真意而为，在汪氏看来，实在有些可惜。

仔细想来，他的人生哲学，在对食色的态度上都一览无余。借着旧闻旧事，道出的是内心的期盼。他说自己是个"抒情的人道主义者"，也许指此。一方面有平淡如水的柔情，一方面有逆俗之音的散落。前者不得进入形而上的层面，儒家的特点即在于此；后者是对禁忌的突围，就有点五四的余音了。

在汪曾祺看来，审美可以是享世的，而精神不该趴在地上，是该飞起来的。那些被掩饰、没能表达的存在，小说家可以为之表达；隐入精神洞穴里的思想、情感，何不被召唤出来呢？小说乃世间的隐秘的亮相，曾被否定的存在，原来也如此迷人。他忘乎所以地行于其间，乐其所乐，悲其所悲，带来了世人看不见的风景。这个快乐的异端者，和六朝、晚明的狂士们比，亦有相似的痕迹。儒家诗教的理念，被他改造成率性的文本。无所谓黑，无所谓白，一切都自然呈现、自然消失。这里，可以见到其心性的本色。如说他是个儒者，有对的地方，可是认真一想，也不尽然。他在对人性的看法上，不分明也与传统理念相去很远吗？

三〇 墨痕内

《中国当代才子书·汪曾祺卷》,一九九七年九月,长江文艺出版社

二十世纪八十年代末汪曾祺在家中写作

三〇 墨痕内

汪曾祺先生有本书叫《蒲桥集》，是取其当时居处蒲黄榆一座桥的名字。那座桥并不美，附近环境也差，不了解情况的读者或许会以为是很幽静的地方。我读过那本书，很是佩服，心想他在无趣的地方，却写了那么丰富的性灵之作，真是于红尘中得大自在、逍遥闲游的智者。偶和他接触，忘不了的是他的目光，以及他讲话的声调，是有刘勰所说的情采在的。印象里，这些和他的文字一样有趣。他曾给我编的副刊写过文章，字迹清晰漂亮，一气呵成，出神入化。明清文人的小品和五四学人的风骨都有一些，自己又独创一路，卓绝于艺林，现在这样的老人已难见到了。

汪曾祺去世十年后，我策划了他的生平展览，把汪家珍藏的大量手稿和书籍借来，令人大饱眼福。汪先生的手稿保存得不太多，像《受戒》那样的名篇的底稿，早就不知哪里去了。但留下来的几十篇手稿让我了解了先生修改作品的思路、其间的趣事，可以想象他的为文与为人之道。他的手稿分为两部分，一是"文革"期间的样板戏作品，二是新时期创作的小说、散文。读到那些熟悉的文字，似乎又见到了那位可爱的老人。

汪曾祺改作品，细致得惊人。比如《沙家浜》的剧本，就几易其稿，透出"文革"时期写作的背景与心态。汪家保存的《沙家浜》底稿有两册。一是一九六五年的版本，一是一九六九年的修改本。后者修改了三百多处，遣词造句，分外小心，也其乐可观。一九六五年的版本，已初步定型，一九六九年修改之处大多是局部的斟酌，所谓炼字的功底出来了。稿本上改得密密麻麻，兹举几例，可见其笔下的功夫：

原稿：七个儿有五个短命夭亡

遭荒年欠下了刁家的阎王账

改稿：七个儿有五个冻饿夭亡

遭荒年背上了刁家的阎王账

原稿：新四军打下了沙家浜

我的儿牢房重见阳光

改稿：新四军打下沙家浜

我的儿他得见阳光

原稿：我佩服你沉着镇静有胆量

竟敢在鬼子面前耍花枪

改稿：我佩服你沉着机灵有胆量

竟敢在鬼子面前耍花枪

原稿：慢着！司令，不能搜，你不是这里的人，还不太了解芦苇荡的情形。这芦苇荡无边无沿，地势复杂，咱们要是进去这么瞎碰，那简直是大海捞针。再说，我们在明处，他们在暗处，那可就净等着挨黑枪。咱们要向日本人交差，可不能做这种赔本的买卖。

改稿：慢着！不能搜，司令，你不是这儿人，还不太了解这芦苇荡的情况。这芦苇荡无边无沿，地形复杂，咱们要是进去这么瞎碰，那简直是大海里捞针。再则说，咱们在明处，他在暗处，那可净等挨黑枪。咱们要向日本人交差，可不能做赔本的买卖。

"文革"期间的样板戏，有许多荒唐的地方，汪曾祺不是不知道其中的问题。但他在笼子里学会了飞翔，字句颠来倒去，仿若游戏，实则揣摩世道人心，模仿人间世的魔鬼与素朴之人，在小天地里刻出精致的诗意之国。他这个习惯一直延续到后来。外面的世界纷纷攘攘，自己呢，自有清凉世界。八十年代后，他的笔墨渐趋放松，由笼子冲出庭院，照样我行我素，往来于昨日与当下、梦与现实之间，悠悠然有陶潜之风。不过其文也照样讲究，不滥情溢趣，表达自我时颇为节制，且看《米线和饵块》的手稿修改情况：

原稿：吃过的米线饵块难于计数。

改稿：吃过的米线饵块，可谓多矣。

原稿：烧饵块的饵块倒还有，但是不是椭圆的，变成了圆的。也不像从前那样厚实，薄薄一个圆片，肯定是机制的。现在还抹那么多酱么？还用炭火来烧么？这些变化是怎样发生的？为什么会发生？

这些变化是怎么发生的？为什么会发生？

你当然知道有两个什么字老是在我的思想里晃来晃去，像一双蝴蝶。

改稿：烧饵块的饵块倒还有，但是不是椭圆的，变成了圆的。也不像从前那么厚实，镜子一样的薄薄一个圆片，大概是机制的。现在还抹那么多种酱么？还用炭火来烧么？

这些变化是怎么发生的？为什么会发生？

看前辈修改作品，每每生出一种敬意。汪曾祺的身上有旧文人习气，精神则是现代的。生活上可以马马虎虎，而审美的过程绝对讲求纯净。这意识似乎太古板，但汪氏的成功，也就在这个层面上。浏览先生的遗墨，看其修改文章的过程，大致有以下的特点：多余的话删，露骨的话删，刺人的话删，忌讳的话删。这样的结果是朴素、自然，将难言之语隐去，有时不免过软，似乎逃逸着什么，其实也在求索着什么。作品仿佛出水的芙蓉，清丽脱俗。你毫不觉得作品是雕琢出来的。他的删改文字，力求呈自然之态，冲淡里见深思，和知堂、沈从文的风格略微接近，又多了《梦溪笔谈》《容斋随笔》式的笔意，杂以现代诗的空幻婉转，遂成奇调。形似古风，又胜似古风。

汪先生的手稿很美，干干净净，有古人的儒雅。他的文章一般一稿而成，偶有修改，不破坏整体美感。他的字很好，是清儒的那一路，内涵讲究。沈从文的字也好，但章法不及汪先生，字在纸张上涨得太满，有拥挤的感觉。汪曾祺手稿的段落大小、字距等方面都有讲究，无意间是多气象的。我对照他们师徒间的差异，觉得大概和汪曾祺是个画家有关。沈从文的审美气是自然流出的东西，汪曾祺乃穿过了唐宋墨迹的才子字，透出更为美丽的气息，读起来很是舒服。

现代作家的手稿，有迷人气息者多多。他们中许多人的学识今人只能仰望，流传于世间的多为正史，面目都很纯正，有的像是被供起来的样子，让人不敢亲近。但你如果看这些手札与书影，背后的故事则可使人有读野史般的快慰。我看那些作家的手稿时，不禁胡乱猜想：茅盾的字秀雅清美，可他写出了史诗般的《子夜》，那就没有江南才子的婉约，反倒似北方汉子的气魄了；郁达夫的字有点像周作人，古拙得很，但又少了周氏的含蓄，好像真露的东西多。字与人是统一的。周作人的书卷气与隐逸气，郁达夫就没有，所以他不会走周作人的路，也可由此找出蛛丝马迹。这都是胡乱的猜想，可想起来实在也有趣味。老舍的书法，很滑稽，像是微笑的样子，有时让人想起孩子的脸，但又多了一种幽默搞笑的痕迹，你自然能读到他内心的大爱吧。朱光潜的手稿，能看出文雅与宁静之气，联想到他文章的冲淡凝重，不与俗调为邻的生活，真是契合无间。读作家的书，知道他们的精神色调如何，而手稿则让我窥见其性格与气质。也许懂书法的人能看出更多的门道，我这样的外行怎能乱说！

三〇　墨痕内

记得一位前辈看到古人的书法，曾告我：这是生病时的字。我大为惊异，后来查那人的年谱，果然如此。

文人有热闹的，也有沉静隐名的。前者留下的痕迹多多，后者就不易被察觉到了。历史的题目似乎专留给热闹的人，那些沉潜的人往往被人忘掉了。学者江绍原先生也是一个很有意思的人，他与周作人多有交往。江氏文章很好，亦有才华，在民俗学上创见多多，后来遭受磨难，学识未被世人认可，其精神的高远却不亚于那些世俗意义上的成功者。我的朋友方继孝是个收藏家，搜求了大量的名人短札、遗稿，无意间也打捞出名人与非名人、名利场与寒士林的风风雨雨。在那些只言片语间，有时倒能嗅出文学作品之外的东西。比如人际关系、出版机制、政治环境、日常场景等等。文学史的边角余料，有时更能复原人之心态与社会氛围。像巴人、阿英、川岛的旧闻，都可入《儒林外史》，人怎样落难、绝望、挣扎和选择，都可以透视历史的烟云。现当代史的内涵，比近代中国的悲壮舞台并不逊色，其惊心动魄之处，毫不逊于晚清的乐章。

然而，遗失掉的人物片段，已没有谁能一一记起了，陈年旧账早已散落了许多。曾看过聂绀弩在北大荒写的诗文，写得百转千回，奇意缭绕，可是那时的旧物能见到的却寥寥可数，后人知道的旧年人物，永远是一枝半叶，完整的形象多是被想象合成的吧。回溯以往，与一个个有声有色的人物相逢，看别人的字迹间的气息，常生出一点幻想，要与那些有趣相识相交。攀识古人，乃读书人逃逸现实的短暂休憩，现在能让人驻足久视的文人，真的太少了。

我们看文人的手札，是能够嗅出其间的气息的。中国的汉字，乃一门艺术。总觉得汉字应是手写的，而非电脑生成的。因为是手书的艺术，便有绘画的功能，是一种美。所以文学的写作，也有美的因素，书法与诗意双叠，妙则妙矣。汪曾祺生前喜欢品评文人的字画，对书法的兴趣很浓。他谈书法时，眼光很毒，一下子就能发现其中的内蕴，优劣一目了然。比如他在《谈题画》一文中说：

> 字要有法，有体。黄瘿瓢题画用狂草，但结体皆有依据，不是乱写一气。郑板桥称自己的字是"六分半书"，他参照一些北碑笔意，但是长撇大捺，底子仍是黄山谷。金冬心的漆书和方块字是自己创出来的，但是不习汉隶，不会写得那样均。[1]

在许多文章里，汪曾祺谈到了文人的字和学问的关系。在《文人与书法》一文里，他写道：

> 自古以来很多文人的字是写得很好的。
>
> 李白的《上阳台诗》是不是真迹还有争议，但杜牧的《张好好诗》没问题。宋四家都是文学家兼书法家。有人认为中国的书法一坏于颜真卿，再坏于宋四家，未免偏颇。宋人是很懂书法之美的。苏东坡自己说得很明确："我虽不善书，晓书莫如我。"他本人确实懂字。他的字很多，我觉得不如蔡京的，蔡京字好人不好，但不能因人废书。
>
> 也有文人的字写得不好。我见过司马光的一件作品，字不好。四川乐山有他一块碑，写得还可以。他不算书法家，但他的字很有味，是大学问家写的字。大学问家字写得不好的还有不少，如龚定庵。他一生没当过翰林，就是因为书法不行。他中过进士，但没点翰林。他的字虽然不

---

[1] 汪曾祺. 汪曾祺全集：第5卷. 北京：北京师范大学出版社，1998：442.

好，但很有味。这种文人书法的"味"，常常不是职业书法家所能达到的。[1]

这是真懂字的人的独抒之见，不是随意的乱说。我读过他许多议论文人与书法的话，都是肺腑之言，非我们这些俗人能通晓的道理，他都讲出来。我暗想，汪曾祺的文章好，大概也因为他通书法，那些笔墨间的闲情，我们何能得到？而这些，都融化到他的血液里了。八十年代，有人说他是最后一个士大夫，有一点夸大，但也并非没有道理。因为那时候有他这样的修养的人，的确不易见到了。而在汪曾祺之前的作家里，那样通晓笔墨的人，真不知有多少呢。

当代的作家，字写得漂亮的不多，总觉得他们的文字缺少了什么，那就是古人的笔墨功夫吧。

---

[1] 汪曾祺. 汪曾祺全集：第6卷. 北京：北京师范大学出版社，1998：147.

三一
张爱玲的眼光

《汪曾祺书画集》，二〇〇〇年二月，家属自印

一九九五年初汪曾祺住院期间

三一　张爱玲的眼光

红色话语慢慢退却的时候,看似和政治无关的文学中,其实也未尝没有政治。作家是敏感的,在大陆文学转型的年代,其实深藏着个人主义的政治。自然,民国的遗风也回潮了。海外华人注意到了新的变化,他们发现了汪曾祺的价值。这里应提及的是张爱玲,这个远离大陆的作家对汪曾祺的印象较深,也说了些感慨的话。从一些材料看,她离开大陆后,对故土的文学评价不多,但也不是不关注它们的存在。她的艺术感觉很好,大陆上几乎没有什么知音,于是谈论文学批评的文字,不免有些挑剔,语态冷酷,有时几乎是一种苛求。一次,她读到汪曾祺的《八千岁》,却颇有感慨,说了些心里话:

> 前两年看到一篇大陆小说《八千岁》,里面写一个节俭的富翁,老是吃一种无油烧饼,叫做草炉饼。我这才恍然大悟,四五十年前的一个闷葫芦终于打破了。
>
> 二次大战上海沦陷后天天有小贩叫卖:"马……草炉饼!"吴语"买""卖"同音"马","炒"音"草",所以先当是"炒炉饼",再也没想到有专烧茅草的火炉。卖饼的歌喉嘹亮,"马"字拖得极长,下一个字拔高,末了"炉饼"二字清脆迸跳,然后突然噎住。是一个年轻健壮的声音,与卖臭豆腐干的苍老沙哑的喉咙遥遥相对,都是好嗓

子。卖馄饨的就一声不出,只敲梆子。馄饨是消夜,晚上才有,臭豆腐干也要黄昏才出现,白天就是他一个人的天下。也许因为他的主顾不是沿街住户,而是路过的人力车三轮车夫,拉塌车的,骑脚踏车送货的,以及各种小贩,白天最多。可以拿在手里走着吃——最便当的便当。

战时汽车稀少,车声市声比较安静。在高楼上遥遥听到这漫长的呼声,我和我姑姑都说过不止一次:"这炒炉饼不知道是什么样子。"

"现在好些人都吃。"有一次我姑姑幽幽地说,若有所思。

我也只"哦"了一声。印象中似乎不像大饼油条是平民化食品,这是贫民化了。我姑姑大概也是这样想。

有一天我们房客的女佣买了一块,一角蛋糕似地搁在厨房桌上的花漆桌布上。一尺阔的大圆烙饼上切下来的,不过不是薄饼,有一寸多高,上面也许略撒了点芝麻。显然不是炒年糕一样在锅里炒的,不会是"炒炉饼"。再也想不出是个什么字,除非是"燥"?其实"燥炉"根本不通,火炉还有不干燥的?

《八千岁》里的草炉饼是贴在炉子上烤的。这么厚的大饼绝对无法"贴烧饼"。《八千岁》的背景似共党来之前的苏北一带。那里的草炉饼大概是原来的形式,较小而薄。江南的草炉饼疑是近代的新发展,因为太像中国本来没有的大蛋糕。[1]

---

1 张爱玲. 重访边城. 北京: 北京十月文艺出版社, 2009: 162—163.

三一 张爱玲的眼光

显然,汪曾祺在民俗方面刺激了张爱玲,她内心感谢《八千岁》这样的作品也是自然的。汪先生的小说在调子上有异样的声音,平和的美和洞察人世的惬意,总能唤起想象吧。况且对民间食品的了如指掌,是只有美食家才有的笔法。他对乡下的美食过于敏感,就像张爱玲对声音、色彩敏感一样。两个敏感的人发现了不那么敏感的话题。其实好的小说家,就是对细节敏感的人,在别人看不到内容的地方,能发现故事。

汪曾祺是看过张爱玲的作品的。一九九〇年五月八日,时在北京大学读博士的学者张国祯到蒲黄榆拜访汪曾祺,就二十世纪四十年代以来一些被忽略或遗忘的文学现象请教汪先生。谈到张爱玲,汪曾祺说:

> 四七(一九四七)年我到上海,(喜欢看我小说的——张国祯注,下同)女孩们对我讲,你的小说很像张爱玲(指心理描写)。我这时还不知道张爱玲是谁,到上海之后才知道她的文章在这里流行,而且她这个人也引人注目,她搞时装设计,据说很独特,比如设计的旗袍据说下摆一边方的一边圆的。
>
> 我看现在台湾和海外他们把张爱玲捧得太高了(指将张爱玲和鲁迅并列等那样的评价),怎么能捧得那么高?我认为该是第二流作家(汪老解释是指一般说的"名作家",而非一流大家),相当于美国的流行小说家。[1]

---

[1] 张国祯. 汪曾祺漫谈四十年代流行文学. 中国现代文学研究丛刊, 2015, 12 (1): 200—201.

张国祯问及张爱玲的代表作和徐訏、无名氏的作品比较起来在哪一方面更胜,汪曾祺说:

> 张爱玲有沧桑感,她是豪门之后,经历了大的变故磨难,这种沧桑感表现在她的作品中。
>
> 张爱玲的一个特点是俏皮,这种俏皮正是现在我们几乎所有(现当代)女作家都普遍缺少的,看不到,是一种英国式的俏皮,表现出相当的机智,这是很难得的。
>
> 行文上她绝不滥写,非常简练,简练到超乎平常的地步,可说是惜墨如金。她的描写是非常节省、恰到好处的,可以说是文字家。[1]

与汪曾祺这样的儒雅的文人比,张爱玲是更内敛的人物。她的作品也非社会结构的宏伟描述,情感多是身边的问题的盘绕,去革命话语甚远。王安忆在《世俗的张爱玲》里说:

> 她对日常生活,并且是现时日常生活的细节,怀着一股热切的喜好。在《公寓生活记趣》里,她说:"我喜欢听市声。"城市中,挤挨着的人和事,她都非常留意。开电梯的工人,在后天井生个小风炉烧东西吃;听壁角的仆人,将人家电话里的对话译成西文传给小东家听;谁家煨牛肉汤的气味。这样热腾腾的人气,是她喜欢的。……
>
> 张爱玲对世俗生活的兴趣与苏青不同。胡兰成对宁波人苏青的评价很对,他说宁波人过日子多是兴兴头头的,

---

[1] 张国祯. 汪曾祺漫谈四十年代流行文学. 中国现代文学研究丛刊, 2015, 12 (1): 201.

三一　张爱玲的眼光

但是缺少回味,是真正入世的兴趣。张爱玲却不是,她对现时生活的爱好是出于对人生的恐惧,她对世界的看法是虚无的。在《公寓生活记趣》里,她饶有兴味地描述了一系列日常景致,忽然总结了一句:"长的是磨难,短的是人生。"于是,这短促的人生,不如将它安在短视的快乐里,掐头去尾,因头尾两段是与"长的磨难"接在一起的。只看着鼻子底下的一点享受,做人才有了信心。以此来看,张爱玲在领略虚无的人生的同时,她又是富于感官,享乐主义的,这便解救了她。[1]

有人说王安忆在什么地方像张爱玲,或许不太准确。在汪曾祺和张爱玲之间,她更欣赏前者。王安忆的小说也写市井,但别有追求,路径明快者居多。张爱玲的世界,则是内部的角斗,灰色天空下的一个人的战争。她眼里不乏恶意的泛滥,作者对此且有咀嚼的快慰,许多作品是家常的因素居多,一面也有了紧张的旋律。我们读张爱玲,觉得她笔下演绎的是无望的人生苦剧。她看人入木三分,绝不是温情的流溢,而是直逼人心的病态,《倾城之恋》《金锁记》压抑中流动的是市井的秋意,变态的人性里也藏有小夜曲的音符,遂唱出一曲暗夜之歌。《十八春》叙述几个男女青年的爱情,烦琐而细致,通篇是沉郁的调子,而我们却看出作者有滋有味的打量,无聊的生活也会生出趣味。何以如此?那大概是画面的作用。她用浓浓的笔墨,画出上海、香港、南京等地的凡人的衣食住行,楼台雨意,街市流风。丑也可生出幽情,在审视那些无奈的存在时,她或许获得了一种审视的快感。

---

[1] 王安忆. 男人和女人,女人和城市. 北京:新星出版社,2012:122—123.

汪曾祺对江南水乡风情的表述，有几分飘逸的韵致，他的文字是笔墨间的思绪，空蒙中见出几分安详。张爱玲没有这样的闲情，她在宁静的时候也有苦意，无边的虚无就那么流动着。在她的眼里，人注定存在于一种死亡与幻灭里，最靠不住的恰是人自己。汪曾祺的态度恰取其反，是另外的美丽，感人的是人间的爱意与亲情，那才是自己活下去的动力。

张爱玲在残忍地审视我们的历史与民间的时候，目光中寒气习习。人怎样利己、无情，都尽收眼底。琐碎里的人生是一道浊流，慢慢把青春洗污了。可是我们在汪曾祺那里却看见了美丽的乡间，那些飘忽的印记像彩虹般跨在思想的天幕里，一点点渲染出清晰的图景，美丽得让我们心动。这样的时候，我们感到活着的喜悦，感官是一片温情的渲染。

张爱玲的笔触也不乏诗意，画面的浓烈映着晦气。她的作品使我们进入自我的审视，士大夫的温吞完全消失了。那些文字透出丝丝凉意，人的阴郁灰暗的一角完全呈现出来了，让我们看出了自己的渺小。在认识论的层面，张爱玲的世界给我们的是无边的苦楚，类似于鲁迅的黑暗。但正如刘再复所说，她缺少的是承担感和对绝望的拒绝。[1] 鲁迅的空间是明暗相间的，有深的关怀在；张爱玲却只有自己，没有对他人的自我的敬意。

若是细细分析就可发现，汪曾祺是从现代派小说而进入士大夫文本的，张爱玲则是从旧小说来到新派艺术中，两人创作的路途方式迥然有别。起点与终点的不同，加之态度也会迥异，至于审美上就更有些路径不同了。汪曾祺对现代派的理解，有一点皮毛，未必进入了精神的深层领域，只是那些感觉吸引了他而已。张爱玲的现

---

[1] 刘绍铭，梁秉钧，许子东，编. 再读张爱玲. 济南：山东画报出版社，2004：42.

代主义感受是真的,可是却包藏在古典的语境中,以很东方的方式出现,味道就新鲜了。用旧式的语言谈洋场的太太小姐,就有一点像晚清海派的绘画,一面是洋风下的街市和楼台,一面是古中国儿女的劣态,殊为庞杂,文本里的情调就丰富了。张爱玲给我们的是暮色下的苦命男女的变态的背影,每个动作都散发着晦气。汪曾祺显然没有这样的复杂的语态,他倒是把爱欲净化成山间流水,洗人心肺。那些无望的、黑暗的影子通通消失了。人是有一种纯粹的精神的,不该把自己染在黑暗里。他乐于凡俗又跳出凡俗,以逍遥的心境漫游于世,于是精神的天空一片朗然。中国士大夫的雅趣加上一点现代人的荒诞,不从根本上害义,士大夫文章反而更开阔美丽了。

在绘画上,两人亦多有不同。张爱玲对油画很有研究,喜欢的是塞尚、梵高,那些凌乱的美与虚无中的感官刺激,也唤起了她的想象;汪氏则一派旧文人的笔墨感觉,从文人画里走来,加之一点野味,精神怎能不很中国呢?张爱玲对绘画中的世界也同小说的世界一样,喜欢没落、无望的意象。《忘不了的画》中写到了对高更《永远不再》的感受:

> 有些图画是我永远忘不了的,其中只有一张是名画,果庚(高更)的《永远不再》。一个夏威夷女人裸体躺在沙发上,静静听着门外的一男一女一路说着话走过去。门外的玫瑰红的夕照里的春天,雾一般地往上喷,有升华的感觉,而对于这健壮的,至多不过三十来岁的女人,一切都完了。……想必她曾结结实实恋爱过,现在呢,"永远不再了"。虽然她睡的是文明的沙发,枕的是柠檬黄花布的荷叶边枕头,这里面有一种最原始的悲怆。不像在我们的社会里,年纪大一点的女人,如果与爱情无缘了还要想

> 到爱，一定要碰到无数小小的不如意，龌龊的刺恼，把自尊心弄得千疮百孔，她这里的却是没有一点渣滓的悲哀，因为明净，是心平气和的，那木木的棕黄脸上还带着点不相干的微笑。仿佛有面镜子把户外的阳光迷离地反映到脸上来，一晃一晃。[1]

这样的感觉，比汪曾祺要复杂，更带有现代人的荒凉感。我以为汪曾祺不会这样看女子的命运，在这个男人的视线里，女子有的是美丽与智慧，可作观赏的存在。可是张爱玲把那些通通打碎了。沈从文说，美丽是忧伤的，但张爱玲却从忧戚里看到无助的美。这是一种颠倒的存在。

汪曾祺是沿着沈从文的审美趣味走下去的，又增之一种旧文人的含蓄、冲淡之美。他的绘画，是以淡为美，古中国的写意之趣飘然而至。张爱玲的绘画感觉是一东一西、一土一洋的。眺望的眼光有湖水般的深，是反士大夫化的傲慢，连传统的李清照、柳如是的一切也放弃了。她不仅远离了古文的酸腐，也远离了五四的激情。在她的世界里，人类走向无望乃不可避免的宿命。曹禺似乎有这样的感觉，可是还保有一点怜悯，而张爱玲有什么呢？除了灰色还是灰色吧！这个对生活有兴趣又对抗趣味的人，比起汪曾祺更有自己的气场，颠覆力与吸引力也非汪氏可以比肩。

读张爱玲的书，发现她不太愿意谈同代的文人，对现代的作家最看重的是胡适和周作人。喜欢胡适，那可能因为都属于自由派的人士；欣赏周作人，则是审美上的心有戚戚焉。一九五〇年，周作人在《亦报》上以"十山"的笔名开专栏，张爱玲看了颇为感动。

---

[1] 张爱玲. 张爱玲散文. 杭州：浙江文艺出版社，2000：139.

那些文章都很短，学识与诗意都有，平静里有无边的苦楚在。她便写下《亦报的好文章》，其中有云：

> 我到店里去买东西，看见店伙伏在柜台上看《亦报》，我马上觉得自己脸上泛起了微笑。又有一次去看医生，生了病去找医生，总是怀着沉重的心情的，但是我一眼瞥见医生的写字台上摊着一份《亦报》，立刻有一种人情味，使我微笑了。一张报纸编得好，远远看见它摊在桌上就觉得眉目清楚，醒目而又悦目。报纸是有时间性的，注定了只有一天的生命，所以它并不要求什么不朽之作，然而《亦报》在过去一年间却有许多文章是我看过一遍就永远不能忘怀的。譬如说十山先生写的有一篇关于一个乡村里的女人，被夫家虐待，她在村里区里县里和法院里转来转去，竟没有一个地方肯接受她的控诉，看了这文章，方才觉得"无告"这两个字的意义，真有一种入骨的悲哀。[1]

那时候她是否知道"十山"的真名，我们难以知道。如果了解内幕的话，也就有声援的意味的。从轻松的谈吐里，能够看出一种心境，对周作人的态度，也正如沈从文。我们暗暗猜测，汪曾祺也是这样吧。汪氏在二十世纪五十年代后不太敢谈周作人，但走的路子，有一点像，对女性、野史、民风都有好奇心，其间也不免流溢着淡淡的哀愁。那些不经意散出的惆怅和悲悯，张爱玲也有。孤寂的文人面对同样的事物的时候，总有同样的眼神，假如他们都幻灭地忧伤的话。

---

[1] 张爱玲. 重访边城. 北京：北京十月文艺出版社，2009：1—2.

不过张爱玲对周作人也有不满意的地方，比如谈吃食，总是一个路子，缺少变化，那原因是不懂小说家的笔法，想象力匮乏。周作人太讲学理，张爱玲、汪曾祺则欣赏学识与诗意，且以一种虚构的方式连缀它们，灵动的意味就浓了。周作人之后，在文本上穿越宁静的文人，张爱玲是一个，汪曾祺也庶几近之。他们从小说的虚构里一洗士大夫的沉闷，将精神的微尘荡涤了。

张爱玲的眼光很毒，看事看人有怀疑的一面，一旦与新奇的文本相遇，暖意就有了。就兴趣来说，她比汪曾祺广泛。《爱默森的生平和著作》《梭罗的生平和著作》都是好文章。因为懂得英文，能读出洋人的妙处，汪氏则徘徊在古老的母语世界，与西洋的艺术总归是隔膜的。他曾说，自己一生最大的遗憾是没有学好英文，这个缺欠，后来的中国作家都有，文人们读人读世的目光受限，也是无可奈何的。德国学者顾彬批评我们的当代作家，也并非毫无道理。

后记

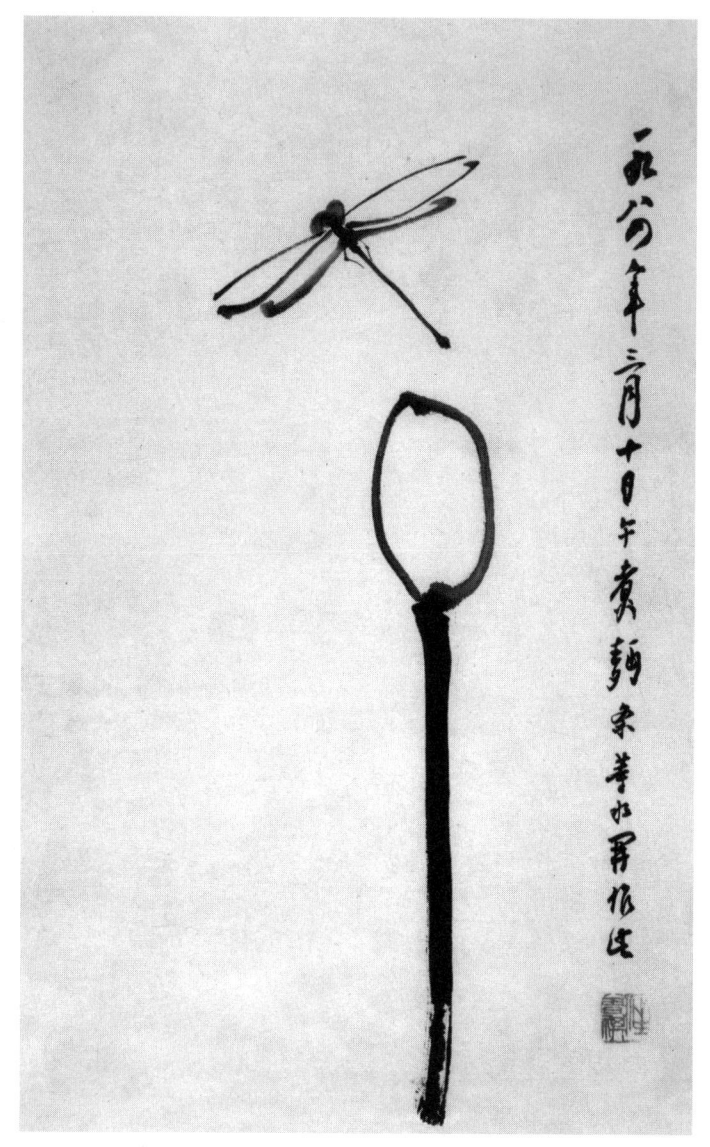

汪曾祺画作

后记

　　我在教书之余，陆续用了两年时间写出此书，总算告一段落了。编出目录后，才发现与预期的样子有别，然而，生出来的孩子也只能如此。这本书，是对自己年轻时期的记忆的一次回溯，自然也有内心的寄托在。但要说有什么意义，却有些茫然，自己也理不清的。我只是想通过汪曾祺，来写一群人，沈从文、闻一多、朱自清、浦江清、朱德熙、李健吾、黄裳、黄永玉、赵树理、老舍、邵燕祥、林斤澜、贾平凹、张爱玲……在革命的时代，他们有着挫折的体验，不都那么冲动，还有士大夫的遗传在。这些文人数目不多，在二十世纪五十年代已经溃不成军，但其余绪却奇迹般保留下来。我们的文化没有被无情的动荡完全摧毁，大概和他们的存在大有关系。

　　现代以来的革命，自然有必然的逻辑，是社会矛盾与历史合力的结果。看秦汉以来的历史，我们似乎摆脱不了这样的剧变，那也是潮流所致。但回望那个血色的年代，我个人的经历中快乐殊少，总是蒙受着难以承受的痛苦。所以现在有谁歌颂"大跃进"与"文革"，我的内心总是不舒服的，那是因为自己做过奴隶。如果那样的革命是对的，我以为还是拒绝为好。它和李大钊、鲁迅那代人理解的革命殊远，也是对先贤的背叛。无奈，我们就是从这样的背叛先贤的时代走过来的。

　　我感到幸运的是，在革命起伏不定的青年时代，结识了几个老人。他们在没有暖意的地方，给世间留下了温情。我见过许多"革命者"的面孔，一个个都很无趣，在那些入世的隐者那里，却见到了美丽的性灵，神异地闪现在灰色的天幕上，给无聊的寒夜些许明快之色，才使我知道思想还可以那样开始，诗意的表达原来能够那样进行。那是怎样的有趣，我的冻僵的心似乎蠕活了。也恰是那样的遇合，有了我人生的变化。我知道了应做什么，不做什么。虽然已晚，而望道无先后，其乐是一样的。

不错，士大夫有士大夫的问题。汪曾祺那代人，比起鲁迅那代知识分子有退化的一面，比如中庸，比如不可避免的奴性，等等。在那样严酷的时代，我们也不必苛求前人。在我看来，几千年来的中国，有一个士的传统，这个传统被各类革命基本荡涤后，优劣俱损，连闪光的一面也难见了。倘能还有六朝的清峻、唐人的放达与宋明的幽婉，也是好的吧？我幼时受到的教育是历史的虚无主义居多，那是一种偏执。现在已经没有前人那样俊美的神采了，因为已经读不懂古人，对历史也知之甚少。

写这本书，是一次补课，许多陌生的资料给我诸多的提示。历史离我们并不远，而有许多存在要理解起来却很难了。我们已经失去了老北大的氛围，失去了西南联大的语境，失去了与古人对话的通道。这些也许只有靠年轻人的重新启动才能解决。那么我的劳作，不过是多种尝试中的一种，也算一种微弱的过渡，后继的人当会做得更好。

现在学界的争论很多，派别林立，是不可免的生态。在我看来，无论左与右，都失去了暖意的叙述，缺乏智性的文本，青年人是不会亲近的。鲁迅、沈从文、张爱玲、张中行、汪曾祺的文章还在被不断地阅读，大概是还含着不灭的智慧，有人性的温度。就审美而言，他们把传统的与域外现代的艺术结合得较好，或者说是融会贯通了。当代的作家，有此功夫的不多，汪曾祺等人也因此显得弥足珍贵。

后记

我沉入此中,不过是寻梦,以填补自己多年无聊的心境而已。

书在,已无须多言了。只是还想听听读者的意见,哪怕是相反的声音,也是好的。出版作品,不都是荣耀,更多的是曝露自己的原态,温暾与偏狭,固执和短视,都藏在字里行间,巧饰是骗不了人的。如果因此而受到批评,知道自己的盲点,摆脱晦气,也是重新自省的机会。那么,我会更加感激。

二〇一一年一月三十一日